扣人心弦的精彩

——何泗忠语文悬念教学实录

何泗忠◎著

民主与建设出版社
·北京·

图书在版编目（CIP）数据

扣人心弦的精彩：何泗忠语文悬念教学实录 / 何泗忠著. — 北京：民主与建设出版社，2020.9

ISBN 978-7-5139-3220-2

Ⅰ. ①扣… Ⅱ. ①何… Ⅲ. ①中学语文课—课堂教学—教学研究—高中 Ⅳ. ①G633.302

中国版本图书馆 CIP 数据核字（2020）第176603号

扣人心弦的精彩：何泗忠语文悬念教学实录

KOURENXINXIAN DE JINGCAI：HESIZHONG YUWEN XUANNIAN JIAOXUE SHILU

著　　者　何泗忠
责任编辑　刘　芳
封面设计　言之凿
出版发行　民主与建设出版社有限责任公司
电　　话　（010）59417747　59419778
社　　址　北京市海淀区西三环中路 10 号望海楼 E 座 7 层
邮　　编　100142
印　　刷　北京政采印刷服务有限公司
版　　次　2022年 6 月第 1 版
印　　次　2022年 6 月第 1 次印刷
开　　本　710 毫米 × 1000 毫米　1/16
印　　张　15.25
字　　数　275千字
书　　号　ISBN 978-7-5139-3220-2
定　　价　45.00 元

注：如有印、装质量问题，请与出版社联系。

何泗忠人生理想

从内心喜欢当教师，希望做一个特立独行的个性化教师，做一个知识渊博的学者型教师，做一个能让学生永远记住的优秀教师。

何泗忠教育理想

手拿方方正正的书籍 写着方方正正的汉字

要做方方正正的文人 教出方方正正的学生

何泗忠教学理念

与其灌输一万次，不如真正唤醒学生一次。

教室是平的。教室是师生平等交流，享受身体自由、精神自由与生命自由，进而促使师生共同成长的学习场所。

何泗忠教学模式

“语文‘待完满’课堂教学模式”，适时创设悬念，让课堂存在足够的“未定点”和“不确定性”，千方百计唤起学生的求知欲望，点燃学生的智慧火花，让学生手舞足蹈地（身体自由）、浮想联翩地（精神自由）、兴趣盎然地（生命自由）参与到教学过程中。

何泗忠教学方法

语文悬念教学法：在语文教学过程中，教师采用倒叙法、问题诱导法、语言节奏法、开合教材法、故意错误法等手段适时地创设“悬念”，构建一种期待，这种期待使学生在听课过程中产生一种关注、好奇、牵挂的心理状态，使教学过程成为师生不断想象、不断推理、不断思考、不断质疑、不断批判、不断发现、不断求证、不断交流、不断享受的过程。

何泗忠教学风格

浮想联翩、旁征博引、幽默风趣、激情四射、天马行空、脚踏实地、悬念迭出、扣人心弦、虚实相生、神妙莫测、民主和谐、师生共鸣

何泗忠课堂结构

奇特、怪异、险峻、充满悬念

何泗忠课堂氛围

民主和谐，师生互动，有趣、有味、好玩、有效

何泗忠人生格言

生命不息，激情不止

眼中有人，心中有法：新课程理念课堂教学方法的伟大变革

噫吁嚱，美乎妙哉！悬念之法，法如天上来。捧读何泗忠老师具有开宗立派之地位的扛鼎之作《语文悬念教学法》，再读他的《诗意的癫狂——何泗忠语文悬念课堂教学实录》一书，我深深地为他课堂教学的精彩演绎生出的无穷魅力所迷醉，有一种从未有过的迷狂享受。

走进何老师的语文课堂，就像走进了一个异彩纷呈、别有洞天、风景独好的美妙境界。在他的语文课堂教学中，我们看到了传统"读"的教学法得到了精彩演绎——素读读出了学生的原生态体验，美读读出了文章丰富真挚的情感，研读读出了语言的独特魅力，品读读出了精彩传神的艺术手法，唱读读出了作者内心的灵魂神韵，创读读出了师生智慧的独具匠心；在他的语文课堂教学中，我们真正听到了学生们在课堂上发出了自己的声音——听到了学生对文本的真切感受，听到了学生对语言的独到品味，听到了学生对文本的深刻理解，听到了学生对问题的智慧争论，听到了学生对创造的强烈冲动；在他的语文课堂教学中，我们看到了教师对课堂教学的智慧引领——看到了教师对文本准确深刻的独到理解，看到了教师对教学流程的精美设计，看到了教师示范朗读时的神采飞扬，看到了教师在学生愤悱之时的精彩启发，看到了教师在阐述重点时的旁征博引，看到了教师对文本创造的精妙技艺；在他的语文课堂教学中，我们体会到了师生之间的和谐共融——师生之间幽默风趣的自然交流，师生之间发自肺腑的真诚赞赏，师生之间探求真理的智慧碰撞，师生之间创设情境的精彩表演，师生之间其乐融融的民主氛围。此课只应天上有，人间哪得几回闻？语文课堂不再沉闷、不再僵化、不再压抑、不再专制、不再死气沉沉，

而是充满悦耳的读书声、开怀的欢笑声、激烈的争论声、智慧的交流声、创造后的赞叹声。

何老师的语文课堂精彩纷呈、魅力四射，得益于“悬念教学法”的巧妙运用。在他的语文课堂中，悬念教学法涉及课堂教学的方方面面：有预设性悬念、生成性悬念、导入性悬念、过渡性悬念和拓展性悬念，还有主题性悬念和非主题性悬念，课堂教学中悬念环环相扣，精妙绝伦。尤其在悬念设置艺术上更是变化多端：或在文本空白处设置悬念，或以问题诱导设置悬念，或以情境体验设置悬念，或以倒叙法设置悬念，或以开合教材法设置悬念，或以填空法设置悬念……他归纳和创造的22种悬念教学法，异彩纷呈，让学生在课堂教学中始终产生一种关注、好奇、牵挂的心理状态，使教学过程成为师生不断想象、不断推理、不断思考、不断质疑、不断批判、不断发现、不断享受的过程。这样的课堂，才是真正践行新课程理念的语文课堂，是学生收获知识、增长智慧和生命狂欢的理想课堂，是真正闪现着科学性和艺术性的魅力课堂！

什么样的课是好课？我认为眼中有“人”的课才是好课！这里的“人”特指学生，语文教学最根本的目的就是促使学生全面健康的发展。当今语文教学之所以沉疴重重、痼疾不改，是因为很多语文教师的教学理念是“人为”的教学，是为分数、为升学、为名利的物化教学。这种教学不把学生当作主体，没把人放在教育教学的核心地位，没有张扬人性的大旗。语文教学如果把人边缘化，那么无论我们进行怎样的课改，无论我们进行怎样的教学实践，我认为都只能是“在黑暗中摸索”！

何泗忠老师的语文课堂之所以深受广大师生的喜爱、欢迎和赞美，就是因为他把学生当作了“人”。何老师参加工作至今已有36个年头，在他漫长的教育生涯中，他始终关注学生，是一个心中始终装着学生的人文主义者。我读过他的两本教育专著《赢在师生关系》和《不让学生跪着读书》，从这两本书中我们才能真正了解何泗忠老师的语文教育理念，才能真正明白他的语文课堂为什么能如此的魅力四射，“为人”是他语文课堂教学成功的根基！在这两本专著中，通过许多的事例，我们可以看到何老师和学生的关系是如此的亲密和亲切。年轻时，他把学生当成弟弟妹妹；年长时，他把学生当成自己的儿女。为了教育好每个学生，何老师“处心积虑”想尽办法，把心融入学生的心灵，努力教好每一个学生。

何泗忠老师除了关心关爱自己的学生之外，他还深刻地关注着中国的教育现状。面对当今功利主义应试教育的种种不良现状，他深刻地思考，大胆地质疑，勇敢地批判。他提出我们的校园应该是人性化的学校，应该有一种丰富、和谐、疏朗、博大、自由、宽松的人文环境，校园应该成为学生和谐发展的空间，应该成为学生幸福的家园；他认为教育应该对学生多一些宽容，多一些人情味；他提出教育不应该过于统一，而应该百花齐放，否则难育创新人才；他认为应该给学生多些自由的生活，应该给学生多些做梦的时间；他认为我们应该学习国外的先进教育理念，教育不应该只培养听话、本分的学生，而应该给学生多点民主、自由、个性和创造性，培养学生面向未来的想象力和创造力……他的教育专著中，处处体现了关注人、思考人、改变人的“为人”的教育理念。

一名教师不但要眼中有“人”，而且要心中有“法”，只有这样，他的语文课堂教学才真正吸引学生，才能让学生有所收获。然而，我们当今的语文课堂教学依然存在很多的问题：语文教学僵化呆板，死气沉沉；教师满堂灌，学生被动接受；教学专制高压，扼杀了学生的生命体验……语文教学进行了一轮又一轮的课程改革，之所以不能取得很好的效果，不是因为新课程理念不好，而是因为我们的语文课堂教学方法没有取得根本的突破！而何泗忠老师的语文悬念教学法之所以能取得成功，就是在语文教学方法上取得了根本性的突破，真正实现了教师与学生、学生与教材、输出信息与输入信息的完美融合！

何老师为了找到一条语文教学的正确道路，36年来，他“独上高楼，望尽天涯路”，他“衣带渐宽终不悔”，孜孜以求，不懈探索。熟悉何老师的人知道他的教学也经历了几个历史阶段的蜕变。年轻时的何老师上语文课很有激情，上课很有味道，学生很喜欢听他的课，但是由于课堂教学只重视上课的形式，教学内容肤浅空洞，没有注重培养学生的知识和能力，他教的学生考试成绩并不理想。壮年时的何老师，为了追求语文的实效，注重了语文知识和能力的培养，但是那种教师一讲到底、满堂灌的教学却使得他的课堂教学沉闷、乏味，学生又不喜欢了。什么样的课堂既能够让学生活跃、喜欢，又能够让学生学到知识和提高能力？这个问题使何老师感到矛盾和苦闷。

为解决这个矛盾，他进行了艰难的探索。他向书本学习，阅读了大量中外教育名著，力求从中外教育家的教育著作中汲取营养。何老师到湖南科技大学进修期间，无论上课还是休息，无论周末还是假期，他一心读书，阅读了200多本教育著作，写了几十本读书笔记，字数达到1000多万。通过读书、进修、思考，不断地去反思、求证自己的教育思想。他积极参加各种语文教学培训，博采众长，不断学习。他参加过全国许多语文名家的学科教学研讨会，吸收了很多名家的教育思想，还把他们的教学理念和实践运用到自己的教学当中。他写过许多的教学反思，同一篇课文在不同的年代，他努力运用不同的教学方法，力求达到新课程教学理念的理想境界。长期的阅读、培训、实践和反思，使得何老师的教学理念和实践逐渐丰富起来，对自己的语文教学法的追求逐渐清晰起来。

2008年，何泗忠老师被评为湖南省语文特级教师。此时，他并没有躺在“光荣榜”上睡大觉。相反，他放下自己的一切，到深圳市第二高级中学去追求自己更高的语文教学理想。在深圳，他有幸遇到“语文味”流派的创始人程少堂老师，加入了语文味教学流派，汲取了语文味教学的“一语三文”（语言、文章、文学、文化）的教育思想，丰富和拓宽了自己的教学内容和领域。他创立了“何泗忠名师工作室”，在“以尊重的教育培养受尊重的人”的教育理念的正确指导下，在“三实”课堂（真实、扎实、朴实）和“语文待完满”课堂教学理念的指导下，何老师积极地探索“语文悬念教学法”，他带领一批语文教师进行了实验，通过几年的语文课堂教学实验，课题组取得了丰硕的成果。我有幸阅读了何老师关于课题的专著《“三实”课堂是真善美的课堂》，从这本书中，我看到了何老师的“语文悬念教学法”的形成过程。近几年，何老师带着他成熟的“语文悬念教学法”到各处讲学，上了一堂堂精彩的课，长期的教学实践使得他终于创立了自己的“语文悬念教学法”，这是语文课堂教学的伟大变革与实践，这是新课程语文教学理念的伟大胜利。

本书启示我们，一个语文教师要实现自己的教学理想，要像何泗忠老师一样，在“为人”的教育理想的正确指引下，真实、扎实、朴实地落实自己的教学目标。在“待完满”教学理念的指导下，相信学生，依靠学生，充分相信学生的潜能，让学生在读中识，在读中悟，在读中问，在读中说，在读中议，在读中写，充分调动学生学习的积极性、主动性和创造性，语文课堂教学就能真正散发出生机和活力。而要实现这样的教学境界，一个老师就要像何泗忠老师一样经历一个长期而艰苦的修炼过程，借用何老师十分喜爱的《西游记》一书来说，即一个教师要做到“眼中有人，心中有法”，成功地进行语文课堂教学，必须进行这样的修炼：在教学理念上，要像如来佛祖一样做一个“麦田的守望者”；在师生交往上，要像观音菩萨一样拥有博大的胸怀；在教学生活上，要像猪八戒一样拥有阳光的心态；在教学仪表上，要像白骨精一样“眉目传情”；在知识储备上，要像孙悟空一样具有非凡的本领；在教学方法上，要像菩提祖师一样注重启发诱导。长期的内外兼修才能使我们成为一个真善美的人，而只有具有真善美的教育素养，我们才能使学生亲其师、信其道，才能使自己的教育教学深入学生的灵魂，我们的语文教学才能真正散发出生机和活力，才能散发出人性的光辉。

何泗忠老师的“语文悬念教学法”还启示我们，一个教师只有树立眼中有学生的观念，充分尊重学生的思想、学生的情感、学生的个性、学生的成长，同时想尽一切办法去寻找语文教学“法”，相信学生、唤醒学生、激发学生，语文课堂教学才能真正发生变化。阅读何老师的《语文悬念教学法》，就好像痛饮了一壶何老师用自己的30多年的辛劳和智慧酿造的散发着人性光辉的美酒，它是如此的清香扑鼻、醉人，让人神往，也让人追随！

何老师说他的书要出版了，希望我能写篇序言，我听后倍感压力，因为我只是一名普通的语文教师，而何老师应该算我的前辈、我的导师、我的指路人！但我又感到高兴，感到何老师对我的信任，因为我是他的同乡、曾经的同事，一个相当于他学生辈的语文老师，一个与他经常交流讨论语文教学的同行者。于是，我欣然答应，本篇序言，就当是我对本书的学习体会，更是我对何老师30多年语文教学探索和追求的感佩和致敬！

何老师出生于湖南省资兴市一个偏远山区，但是巍巍八面山，浩浩东江湖，培育了他诚实、善良、求实、进取、包容的真善美的性格，使得他能够走出资兴，走向深圳，甚至走进全国每一个真诚探索中国语文课堂教学的语文教师的心灵。“山不厌高，海不厌深。周公吐哺，天下归心”，何老师的语文悬念教学法，用巧妙的悬念给我们演绎了许多精彩的语文课堂，相信如果我们也能像何老师一样，眼中有“人”，就一定能心中有“法”，我们的语文课堂教学就一定能真正实现新课程的教学理念！何老师说他是一个特立而不独行的人，让我们与何老师同行，一起创造和演绎更多精彩的课堂，让我们的每一堂语文课都成为学生终身幸福的回忆！

张孟光[1]

2018年8月20日

① 张孟光，系湖南省资兴市立中学语文高级教师，特立独行的语文教育教学探索者。在语文教学和写作上长期坚持自己的探究和实践。在《中学语文教与学》《中学语文教学》《中学语文教学参考》《语文教学通讯》《语文月刊》等全国核心专业期刊发表论文130多篇。

序言 2

何泗忠：在课堂上癫狂的语文大神

一进入课堂就自动打开“忘我”模式，他的课堂充满悬念和激情，他会激情澎湃地演说，还会含情脉脉地歌唱，他所任教的班级学生高考成绩优异，他是学生心目中的“语文大神”，2014年他被推选为深圳市首批“学生最喜爱教师”。他就是深圳市第二高级中学语文特级教师、正高级教师何泗忠。学生们亲切地叫他“何特”，在他们眼里“何特”有一种魔力，会让人无可救药地爱上语文。

不癫狂不成诗词课

“古诗词其实很难讲”，有着36年教学经历的何泗忠说。但是学生们对他的古诗词课却十分着迷。诗词课上，何泗忠就成了“诗仙”李白，在课堂上肆意挥洒着激情，有的时候为了更好地表达诗文的内容，他还会在课堂上手舞足蹈，忘我表演。何泗忠的儿子也曾是他的学生，第一次听自己父亲讲课，儿子简直惊呆了，回想父亲在课堂上的表现感叹道：爸爸平时在家，根本不是这个样子，一上讲台，完全变成了另外一个人，两眼发光，激情四射，幽默风趣，我怀疑讲台上的爸爸，不是我爸爸。这根本不是生活中的老爸，有点“放肆”啊！

可在何泗忠看来，这种“癫狂”和“放肆”本该是课堂的常态。如果只追求让学生弄懂每句诗词的意思，教师就会变成课本的“传声筒”，让教学内容变得无趣；但如果完全不理教材，全然自主发挥，就会脱离客观文本。多年的教学经验使他发现了不少教师在古诗词教学方面的问题。所以，他追求的是把客观的教材文本和主观理解结合起来，让学生、教师和教材之间产生互动和碰撞，在信息的输入和输出的过程中碰撞出智慧的火花。

除了自己“癫狂”之外，他还不忘带着学生一起“癫狂”。在讲屈原的《离骚》时，他带着一把宝剑、一顶帽子、一块手帕和一支眉笔来到课堂。学生们还没搞清楚他“葫芦里卖的什么药”，就被告知要一边跟着注解读文章，一边思考这些道具要在文中哪些句子中使用。随后，他让学生们上台表演，演示道具如何与诗文内容匹配。只见学生们一会儿拿着手帕“掩涕”，一会儿又手持宝剑神情肃穆。就这样一堂课下来，学生们不仅理解了《离骚》的诗文内容，还对屈原和他所处的时代文化背景有了深刻的理解，“学生在审美愉悦的过程中，不知不觉就把握了《离骚》的语言、主题和艺术特色”。

何泗忠认为，上课有不同层次：第一层次是使学生难受的课，学生思维不动；第二层次是使学生忍受的课，学生思维被动；第三层次是使学生承受的课，学生思维微动；第四层次是使学生接受的课，学生思维波动；第五层次是使学生感受的课，学生思维主动；第六层次是使学生消受的课，学生思维激动；第七层次是使学生享受的课，学生思维互动。何泗忠的课，经常能让学生的思维主动起来，激动起来，互动起来。何泗忠认为，教育不是用知识把学生的脑袋填满，而是用方法让学生的思维飞跃。课堂上，他用自己的“癫狂”，激发学生的“癫狂”，他千方百计唤起学生的求知欲望，点燃学生的智慧火花，让学生手舞足蹈地（身体自由）、浮想联翩地（精神自由）、兴趣盎然地（生命自由）参与到教学过程中。他能最大限度地让学生在活动中学习，在主动中发展，在合作中进步，在探究中创新，在享受中达成语言建构与运用、思维发展与提升、审美鉴赏与创造、文化传承与理解的目标。

老师上课要“狡猾”一点

在古诗词的课堂上解放天性，面对现代文又该怎么办？何泗忠的办法是设置悬念。“在语文教学中学生和老师都有‘三怕’。学生一怕文言文，二怕周树人（鲁迅），三怕写作文，老师们也怕讲这三样。”他说。学生和教师尤其是怕周树人，因为鲁迅先生的文章有着强烈的时代背景特色，学生缺乏对那个时代的了解；而且，那个年代白话文刚刚兴起，因此鲁迅的文章语言与现在的文章用语有所不同，同时，鲁迅先生的文章中经常使用典故，因此要读懂他的文章还需要了解这些典故。对于教师来说，讲鲁迅的文章难度很大，因此不少教师在碰到鲁迅的文章时会选择逃避。可是，“鲁迅的敢于较真，鲁迅的那股血性，那种无处不在、深厚沉雄的忧患意识，那种直面现实百折不屈的精神气概，那种敢于批判、只身赴死的义勇果敢，还有鲁迅文章的幽默风趣，我们怎么能不讲”。于是，何泗忠总结出了一套“语文悬念教学法”。

例如讲到鲁迅的《祝福》时，他打破传统教授小说的路子，不再专门分析环境、人物性格，梳理情节以及揭示小说主题，而是先让学生在课堂上阅读、思考，然后采用问题诱导法设置悬念：小说中的祥林嫂在祝福之夜，死在了漫天的风雪中，是自然死亡，还是意外死亡？是自杀，还是他杀？问题一提出，课堂气氛顿时活跃起来，学生们纷纷发言，展开了一场热烈的讨论。有的说是自然死亡，因为她身上没有伤痕；有的说是饿死的，因为她死前变成了一个乞丐；有的说是冻死的，因为倒在雪地里。这时，有一个学生站起来说，以上这些说法都只是看到了表面现象，其实，祥林嫂是被人谋杀的，属于他杀。接着何老师让学生根据课文内容来寻找凶手和死法，并找到证据支撑自己的观点。最后，通过倒叙追问的方法，找出“封建礼教”是杀害祥林嫂的凶手。整堂课，何泗忠紧紧抓住学生好奇的心理特点，给学生抛出一个又一个悬念，学生纷纷响应他的“召唤”，积极参与，使课堂教学呈现出人与人交流、灵魂与灵魂碰撞、输出信息与反馈信息相融的美妙境界，使课堂教学呈现出一种“百花齐放，百家争鸣”的精彩生态。

“做人要老实，上课要狡猾。按部就班地讲语文课，固然不失其自然与本色，应用悬念讲语文课则使课堂更精神，更具情趣。”何泗忠介绍。语文悬念教学法，就是教师把希望学生掌握的重点，设置成一个又一个的悬念。一方面，悬念让学生产生好奇和期待；另一方面，它又给教师提供灵感，一步步地铺设后面的“情节”，也就是课堂内容。“教学的艺术在于激励、唤醒、鼓舞”，何泗忠说。

课堂有趣了，好玩了，成绩怎么检测？为此，何泗忠还为学生量身定做语文试卷，并且为每一套试卷定制了主题，“宝剑锋从磨砺出”“小荷才露尖尖角”“待到山花烂漫时”“鹰击长空”……每套试卷都遵循个性定制的原则，针对每一届学生的情况，精心筛选或者自创适合的题目，学生都说“这些试卷的主题串起来就是我们热血沸腾的青春”。

何泗忠认为，好的老师就应该不断地了解学生的兴奋点，只有越了解学生，才能离学生越近。

学生们说，何泗忠的语文课，在内容上，有厚度、有深度、有高度；在风格上，时而奔放，时而酣畅，时而灵动，时而癫狂；在形式上，悬念迭出。癫狂与悬念，让我们无可救药地爱上了他的语文课。

魏秧子[①]

① 魏秧子，《南方教育时报》著名记者。

目录

《雨霖铃》悬念教学实录

上课时间：2008年5月20日上午

上课地点：湖南省资兴市立中学报告厅

上课班级：高一（128）班

听课教师：来自湖南省郴州市各地教师共约600人

师：在上课之前，先给同学们看一首诗，同学们猜一下下面的文字是谁写的。（幻灯片出现以下文字，教师在讲台上富有感情地朗读这首诗歌。）

挥手从兹去，更那堪凄然相向，苦情重诉。眼角眉梢都似恨，热泪欲零还住，知误会前番书语。过眼滔滔云共雾，算人间知己吾和汝。人有病，天知否？

今朝霜重东门路，照横塘半天残月，凄清如许。汽笛一声肠已断，从此天涯孤旅，凭割断愁丝恨缕。要似昆仑崩绝壁，又恰像台风扫寰宇。重比翼，和云翥。

师：同学们猜一猜，这首诗歌是谁写的？

生：老师。

师：我写的？我肯定没这个才华，谁写的？

生1：柳永。

师：不是，是毛泽东。（学生们发出一阵感叹声）毛泽东这个铁骨铮铮的男子汉，他写出了一首柔情蜜意的词，这是毛泽东在1923年的时候写给他夫人杨开慧的。里面“汽笛一声肠已断，从此天涯孤旅”，能感觉到一种离愁别绪，可见，即使是叱咤风云的伟人，也有这种普通人的情感。人生最恨离别，最怕离别，最苦离别，却又不得不离别，离愁别恨成了人的一种难以割舍的情结，无论是伟人，还是普通人，都有这么一种情结。我们今天再来学一首离别词，这首词就是柳永的《雨霖铃》。（幻灯片上出现柳永《雨霖铃》这首词。）

一、初读文本，琢磨词的感情基调

师：好的诗词，要多诵读，在诵读的过程中，推敲字、词、句的意思，体会作者在作品中所要表达的感情，这是十分重要的。有句话说“书读百遍，其义自见”，讲得很有道理。我们学习这首词，也从读开始。这首词是柳永离开汴京到南方去，告别他的红颜知己时写的，在读的过程中，请同学们展开想象，感受词所描写的意境，把握词的感情基调。好的，请同学们下面自由朗读这首词。

（教师说完课堂上响起学生们带有感情的读书声。）

师：好，我们找一位同学读一下，请同学们认真听，他读完后，我们来评价一下，看他读的字音、读的节奏、读的感情怎样。

（这时有一男生举手。）

师：好，请你读一下。

（男生大声朗读起来。）

师：哪个同学评价一下，来，这个男同学评价一下。

生1：首先，他朗读还是比较流畅的。除“竟无语凝噎”中的“凝噎”（níng yē）错读成“níng yī”外，其他的读音都正确。但我总感觉声音大了一些，节奏快了一些，读起来显得有些高亢，有些豪放。诵读不是比谁的气长，不是看谁更适合练狮吼功。诵读要有一定的艺术性要求。我们应当以一种和文学作品所包含的情绪相协调的感情来掌控和润饰好我们的声音。正如我们不能把《满江红》读得欣喜若狂，不能把《健康歌》唱得悲悲切切一样，所以确定我们所诵读的作品的感情基调就很重要了。

师：那你认为这首词的感情基调是什么呢?

生1：应该是悲戚低沉。

师：你从哪些词语可以体会到呢？具体分析一下。

生1：如寒蝉，秋后的蝉，活不了多久了，一场秋雨过后，便只剩几声断断续续的哀鸣，因此，寒蝉也成了悲凉的代名词。例如长亭，送别的地方，是表现离愁别绪的常用意象之一。这是景物意象给我的一种悲戚低沉之感，另外

“凄切”“凝噎”“伤离别”等词语，直接告诉我们，这首词的感情基调是悲戚低沉的。

师：对了，你通过对意象的理解和“凄切”“凝噎”“伤离别”这些词，把握了这首词的感情基调是悲戚低沉的，感觉挺准的。

生1：低沉的词，声音就不能太大，节奏就不能太快。

师：假如你来读这首词，你会怎么来处理这首词的读法呢？

生1：“寒蝉凄切”，拖音，“切”字韵要读得鲜明，读长体现凄切情感。“竟无语凝噎”，“竟”要稍重、稍停，“无语凝噎”读出哽咽之声、冷涩之感。“念去去，千里烟波，暮霭沉沉楚天阔”，“念”要稍重、稍停，拖音，“沉沉”要拉长，要读出一种苍茫、孤独、失意之感。“今宵酒醒何处？杨柳岸，晓风残月”，“何处”要读出疑问语气，“杨柳岸，晓风残月”，应一景一顿，声断气不断。以上我只是举了一些例子，其实，在具体朗读时，需要处理的地方太多了。

师：那请你按照你自己的理解，把这首词朗读一下好吗？

（生1带着感情读这首词，节奏舒缓，语调低沉，感情饱满，读完以后教室里响起热烈的掌声。）

师：哪个同学评价一下，来，这个男同学评价一下。

生2：感情很真挚。

师：感情确实很真挚。

生2：读得很有情感，把悲的感情读出来了。他的声音很好听。

师：我们的同学具有一双聪耳，非常灵敏的耳朵，评得不错。读词不但要正确把握词的感情基调，还要读出词的起伏感，作者的思想情感是有变化的，我们要学习用轻重缓急的语音语调把感情读出来。

（点评：诵读的过程也是鉴赏的过程，要让学生敢于读出来，声情并茂地读，有感情地在众人面前读，读出自己对文本的独特理解。）

二、改写文本，捕捉词的缠绵意境

师：非常好！尽管是一个男同学，但他读出了悲切离情，刚才通过这两位同学的朗读，我们初步把握了词的感情，要进一步把握，还要深入词的意境。这是一首离别词，但又好像一篇微型小说，叙述了一个离别的故事，你们细读文本，仔细斟酌这首词就会发现，这里面包含离别的时间、离别的地点、离别的心情、离别的工具、离别的去向、别后的痛苦。

（教师板书。）

离别的时间—离别的地点—离别的心情

离别的工具—离别的去向—别后的痛苦

师：请同学们先闭上眼睛想象一下这离别的场景，然后用散文的形式改写一下这首词，好不好？

（面对这个悬念设置，学生们感到新奇，纷纷闭上眼睛想象画面，并动笔写起来，约5分钟后，教师让学生们朗读自己改写的作品。）

师：谁能把自己改写的作品分享一下？（一生举手）好，你把改写的文章读给大家听。

生3：一个萧瑟的深秋的黄昏，暴雨初停，经过雨水洗涤过的山林愈发显得清冷，残叶飘零，满地枯黄，漫天的雾霭是不能相守的叹息，抬头望去，只见根根枯枝在寒风中瑟缩着，枝头传来秋蝉的阵阵凄厉的叫声，那叫声仿佛是对自己的生命即将终结的哀叹，又像是为离人鸣唱的一曲离歌。想起曾经和你在一起的美好时光，我们仿佛苍老了很多，让我觉得幸福近在咫尺，却又突然变了味。口中就算有千言万语，却也是哽咽，花开终有时，落地却无声。船将要出发，望着你那渐行渐远的背影，想起你的归期，强忍的泪水终于落下。你走后，陪伴我的将是冰冷的秋天，对着树梢的那只寒鸦，独自畅饮，做着一个个遥不可及的梦。酒醒了，梦碎了，再看着那苍茫的大海，心脏仿佛有千万根针在扎一样，一滴泪水，一点忧愁，我们的未来在不绝的哀伤中，轻轻地落下帷幕。

（生3读完，学生们热烈鼓掌。）

师：太感人了，我都听得流泪了，真的是很感人，那你说一说，你改写的文章，离别的时间，是定在什么时候？

生3：秋天的晚上。

师：你为什么定在这个时候？你的依据在哪里？是哪一句定格在秋天的晚上？

生3：“寒蝉凄切”，寒蝉感觉是秋天。“对长亭晚”，一个“晚”字，就是秋天的晚上啦。

师：哦，很有眼力，秋天的蝉才叫寒蝉，“对长亭晚”指的是晚上，交代了离别的季节和具体的时间。加拿大籍华人学者叶嘉莹在《唐宋词十七讲》中这样说：“柳永特别喜欢写秋天的季节，也最喜欢写日暮的景色。”清秋，傍晚，在这特定的季节、特定的时刻，真诚、敏感的词人，感触总是最丰富、最深刻的。以后我们读其他诗人的作品，也可留意这一点。那么，地点呢？

生3：地点是在长亭。

师：嗯，城郊的长亭。“何处是归程？长亭更短亭。”“长亭送别”，崔莺莺送别张生上京应考也是在长亭。定在长亭。好的，离别的心情呢？

生3：“都门帐饮无绪，留恋处，兰舟催发。执手相看泪眼，竟无语凝噎。”

师：你定了这一句，那在你的文章当中，哪一句对应这个心情？

生3：口中就算有千言万语，却也是哽咽，花开终有时，落地却无声。船将要出发，望着你那渐行渐远的背影，想起你的归期，强忍的泪水终于落下。

师：千言万语，却也是哽咽，那就是说“竟无语凝噎”，没有话说。好，离别的工具是什么？

生3：船。

师：文章中哪一句话对应？

生3：“留恋处，兰舟催发”，一边是留恋情浓，一边是兰舟催发。正在留恋之时，开船的号子穿透层层雾霭急促地响起，可见词人是乘船离开的。

师：兰舟催发，那离别的去向呢？

生3：“念去去，千里烟波，暮霭沉沉楚天阔。”

师：你的文章写的是去哪里？

生3：去远方。

师：去远方，具体来说就是“楚天”，“楚天”是哪里啊？

生3：南方。

师：南方的天空，那别后的痛苦呢？

生3：“杨柳岸，晓风残月。”

师：“杨柳岸，晓风残月”，这是别后的痛苦？那不是很美吗？我站在杨柳岸边，还有迷人月亮。

生3：“河岸”“杨柳”“晓风”“残月”，“柳”“留”谐音，写难留的离情；晓风寒冷，传达出离别后凄冷的心境。还有“残月”，似乎象征着今后难以团圆。

师：体会得很深切，是在用心读书。这几句景语，确实将离人凄楚惆怅、孤独忧伤的感情，渲染得十分真切、充分，词人酒醒梦回，扁舟临岸，只见习习晓风吹拂萧萧疏柳，一弯残月高挂枝头，这是一种别后的无家可归的痛苦，那词人别后除了无家可归这一重痛苦外，到底还有几重痛苦呢？讨论一下，看谁能多归纳几条出来，同学之间相互讨论一下。

（教师话说完，学生们开始在下面相互讨论。）

师：讨论好了吗？想好了没有？这个同学举手，请你来讲一下。

生4：首先是不能和红颜知己在一起。

师：哪个地方体现了不能和红颜知己在一起？哪一句？

生4：“此去经年，应是良辰好景虚设。”

师：嗯，“此去经年，应是良辰好景虚设”，这个时候不能和他的红颜知己在一起，这种情况下再美的景色也没有心情欣赏，我们把它概括成无心赏景，对不对？无心赏景，这是第一重痛苦。（教师同时在黑板上写下“无心赏景”。）

生5：还有，他离开汴京是因为他仕途失意。

师：嗯，因为他仕途失意，与他恋人离别的痛苦有什么联系？

生5：在他离别恋人痛苦上又增加了痛苦。

师：在他离别痛苦上又增加了痛苦，那我们用四个字来形容一下，这里是无限什么？

生5：无限伤感。

师：对，无限伤感，“多情自古伤离别，更那堪，冷落清秋节！”“多情”是指多情的人。自古以来，多情的人都是感伤离别的，更何况是在凄清冷落的秋天时节。江淹《别赋》：“黯然销魂者，唯别而已矣。”李商隐《无题》诗云：“相见时难别亦难。”无限伤感，这是两重痛苦了。

生5：还有一层就是，他要离开很久，文中“此去经年”，代表离开这么多年，对红颜知己的相思之苦更甚。

师：对红颜知己的相思之苦，最后他说了一句什么话？

生5：“便纵有千种风情，更与何人说？”

师：千种风情，万般的柔情蜜意，万般愁绪，和谁去说，这个叫作什么？

生5：无人诉说。

师：对，无人倾诉，这是第三重痛苦了。现在我们把它归纳为“四无”啦！这就是别后的痛苦，无限伤感、无心赏景、无人倾诉、无家可归。（教师在黑板上写下这四重痛苦）到此为止，我们通过师生互动，把这首词句意理解了，那么我们加深对词的理解了吧？

生：嗯。

三、点评文本，鉴赏词的精妙语言

师：接下来，请同学们讨论一下，你读完这首词以后，哪一句话让你感触最深，哪一句话是你最喜欢的，以及为什么喜欢这句话。

（一个学生举手。）

师：你喜欢哪句啊？

生6：“今宵酒醒何处？杨柳岸，晓风残月。”

师：你为什么最喜欢这句话？

生6：柳自古就有离别的愁绪之意，诗人写柳就是写离别的愁绪。

师：柳被诗人用来写离别的愁绪，为什么诗人写愁绪的时候写柳呢？

生6：因为与“留”谐音。杨柳岸象征送别之地。我记得王维在《送元二使安西》中写“渭城朝雨浥轻尘，客舍青青柳色新。劝君更尽一杯酒，西出阳关无故人”。这个“柳”字有留之意。

师：对，《诗经》中就有“昔我往矣，杨柳依依”的诗句，隋代也有“柳条折尽花飞尽，借问行人归不归”的诗句。还有吗？

生6：“晓风残月”，写的是一个天还没完全亮的早晨。

师：早晨的风给我们一种什么感觉？

生6：有一点凄清。

师：有一点凄清，还有呢？

生6：他写的月亮是残月，并不是很美好的月亮。

师：这个月亮是残月，假如我们改一下，杨柳岸，春风圆月。这个意境就大不同了。圆月在我们中国有一个传统意象，月亮圆，人也圆，“人有悲欢离合，月有阴晴圆缺，此事古难全”。月圆月缺暗寓人的离合，月前加一个“残”字，借悲凉之景抒写离别之情，境界全出。因此，我们可以看出这句看似简单地写景，实则匠心独运，所见所闻无不饱含作者的深情，可以说字字悲切。王国维曾说“一切景语皆情语”，你很有品位，说得很好。

生6：还有，“今宵酒醒何处”，说的是喝醉了然后再醒过来。在这个过程中到底有没有睡着，我们并不知道，可能是在说一种状态也说不定。

师：他睡着了没有？

生：没有。

师：“酒醒何处”，不是说睡着了的睡醒，而是酒喝醉了醒过来，这是借酒消愁，愁更愁。

师：还有没有？

生6：没有了。

师：好。

生7：“执手相看泪眼，竟无语凝噎。”

师：你喜欢这一句，为什么？

生7：首先，我认为这句话生动地刻画了离别时两人恋恋不舍的情态，属于特写镜头，很是传神。其次，作者在这里“无语凝噎”的描写极能打动人。流泪眼观流泪眼，断肠人送断肠人，满怀哀伤情，尽在不言中，试想，在这样一个离别的时刻，“无语”明显要比互道珍重的效果好得多。白居易有“此时无声胜有声”，苏轼有“相顾无言，惟有泪千行”，和这一句堪称有异曲同工之妙。

师：这对恋人即将分别，作者只写他们“执手相看泪眼，竟无语凝噎”的动作情态，没有写他们千叮咛万嘱托的语言，假如他们这时说话了，那么，他们会说些什么呢？

（学生中有沉思者，有查阅资料者，也有互相讨论者。片刻后，举手者众。教师示意作答。）

生8：男方可能会说“在天愿作比翼鸟”，女方就说“在地愿为连理枝”。相互表达永不分离的美好愿望。

生9：女方说“时时为安慰，久久莫相忘”，男方说“誓不相隔卿……誓天不相负！”

（全体师生大笑。）

生10：他们可能会对天盟誓，“上邪！我欲与君相知，长命无绝衰。山无陵，江水为竭。冬雷震震，夏雨雪。天地合，乃敢与君绝！”

生11：我觉得这时用《上邪》来模拟他们的语言并不恰当。从表达忠贞不渝的爱情决心看，是讲得过去的，但它不符合本词的情调。这首词是婉约词，写得非常凄婉，抒情主人公的情怀是缠绵的。《上邪》诗是豪放的，一泻千里，显得热烈而直率……

生10：那就说“君当作磐石，妾当作蒲苇。蒲苇纫如丝，磐石无转移”吧。

（热烈的掌声响起。）

师：同学们想象丰富，通过补充，打通了我们教材中学过的不少爱情诗，拓展了《雨霖铃》这首词的意境，丰富了词中主人公的形象。我们还回到前面，你最喜欢词中的哪个句子？为什么？

生12：我喜欢“此去经年，应是良辰好景虚设，便纵有千种风情，更与何人说”这一句。

师：为什么？

生12：这句话最打动人。在词人眼前的“良辰好景”，因为没有心爱的人共同享受，所以是“虚设”的。

师：也就是说一个人在心情不好的情况下，再好的景致对他来说，如同虚设，无心赏景。我记得唐代有一个诗人叫孟郊，曾经写过一首《登科后》，那相当于高考考上了，写下“昔日龌龊不足夸，今朝放荡思无涯。春风得意马蹄疾，一日看尽长安花”。在长安非常欢快，要是在他高考失意、心情不好的时候，还会有心情去走马观花吗？肯定是不会的。你欣赏得非常到位。

（有一位学生举手。）

生13：我最喜欢“念去去，千里烟波，暮霭沉沉楚天阔”。

师：为什么喜欢这句？

生13：“千里烟波”让人联想到烟波浩渺的江面，想到江面上的一叶孤舟。黄昏已过，暮色沉沉，诗人正像在黑暗中前行，前途不定，空有望不到边际的辽阔楚天，却不知道下一步该走向哪里，前途渺茫。诗人的这种忧伤、无望、彷徨的复杂心情，跃然纸上。

师：欣赏得很到位。“念去去，千里烟波，暮霭沉沉楚天阔。”既曰“烟波”，又曰“暮霭”，更曰“沉沉”，着色可谓浓矣；既曰“千里”，又曰“阔”，空间可谓广矣。天地是那么广大，形单影只的诗人，乘坐着一叶扁舟，到南方去，孤苦无依，断肠人在天涯。诗人想到前路茫茫，自己将越走越远，离心爱的人越来越远，心越来越苦，愁思也越来越深。全句写景，又全句写情。

（一学生举手。）

师：你喜欢哪一句？

生10：我喜欢第一句，“寒蝉凄切，对长亭晚，骤雨初歇”。

师：为什么？

生10：第一句很有味道。一个“寒”字点出了送别的季节，凄切的蝉鸣使人想到离人的哽咽；长亭一直以来被视作离别的象征，作者一开篇就勾起了读者阵阵离愁；“骤雨初歇”交代了送别时的天气，烘托出深秋的寒意，也为后一句的“兰舟催发”做铺垫。全句之中，“凄切”一词是关键，也是整首词的重点所在，为全词奠定了悲凉的基调。

师：的确如此，这一句为全词定下了悲凉的基调。我问你“寒蝉凄切”表示诗人的心情怎么样？

生10：也是凄切的。

师：有时候，我们讲寒蝉固然凄切，但也是诗人内心心境的一种反应，同样是一种景物，同样是一种声音，你心情不同的时候，感受也不同。比如说猿猴的叫声，在白居易的《琵琶行》里面，写的是“其间旦暮闻何物？杜鹃啼血猿哀鸣”，因为此时的白居易被贬；但是在李白的笔下就不同了，“朝辞白帝彩云间，千里江陵一日还。两岸猿声啼不住，轻舟已过万重山”，这里猿猴的声音就不那么凄凉了吧，因为李白此时是被赦！如果柳永不是与恋人告别，而是不远万里回来，与他的恋人重逢，那么这个时候寒蝉就不那么凄切了吧！就成了“寒蝉为我歌唱，花儿为我开放，一切是那么美好，世界充满爱情”。

（学生们听到这里，发出笑声，情绪高涨起来。）

生14：我喜欢的是“多情自古伤离别，更那堪，冷落清秋节”。伤离别的人“我”不是第一个也不是最后一个，自古至今不知有多少，这样就使得离情不是个体感受到的，而成了具有共性的情感。这段离情发生在“清秋”之时，离情就更甚于平常。

师：同学们的赏析都文采飞扬，我知道我们同学啊，都很喜欢这些诗句，每一句诗都是经典。我们通过师生的互动把握这些诗句以后，把握这首词的意境，从上下两阕来看，上阕主要是写什么？

生：写景。

师：对了，下阕主要写什么？

生：抒情。

师：同学们能具体说明一下情景的处理关系吗？

生：这首词以冷落的秋景作为衬托，表达和情人难分难舍的离愁别恨。仕途失意的郁闷心情和失去爱情慰藉的痛苦交织在一起，情调凄恻、哀婉，意致绵密。

生：全词以“离情”为线，贯穿全篇，不管写时间还是空间，都紧紧围绕它。以时间而论，先点出“秋天”，后点出“傍晚”，再想到“今宵”，又遥想“经年”，不管时间怎样变化，处处都是只写“离情”。以空间而论，从送别都门的“长亭”到执手相看泪眼的“兰舟”旁，从暮霭沉沉的“江上”，到晓风残月的“远方”，以及良辰好景虚设的“某地”，空间万变，“离情”不易。抓住了主线，突出了主题。将真挚的爱情写得淋漓尽致。

师：妙极。后排的同学意见如何？

生：词人表现“离情”，写得层次井然，重点突出。从离别之前到离别之时，再到离别之后，不论是勾勒环境，还是刻画情态，遐想未来，词人都注意把景物染上主观色彩。或借景抒情，或因情而设景，以景传情，从而使情景和谐统一。

生：全词表达的离别之痛，作者选择冷落的秋景作衬托，情和景水乳交融，创造了富有诗意的境界。“念去去，千里烟波，暮霭沉沉楚天阔”“杨柳岸，晓风残月”，词人孤寂冷落，所以选用的景物也孤单冷清，在这些句子里，词人并未写自己如何苦闷。但从这些景物里，我们已经深深地窥见词人心灵深处的沉痛哀伤。

师：同学们分析得很好，“一切景语皆情语”，同时，我们感觉到柳永把那种离愁别绪层层铺垫，并把它推到了极致，没有给我们一丝的安慰。全词写离别之情，诚挚委婉，离别之苦，一层比一层推进。离别苦，天气不好，离别更苦，正在留恋之时，船儿催发，离别最苦，别后孤独，无人诉说，苦不堪言，柳永这种执着的感情，没有给我们留下一丝安慰。犹如奔马收缰，有住而不住之势；又如众流归海，有尽而未尽之致。

（幻灯片同时出现教师所说的以上文字。）

师：他不像苏轼，苏轼在悲伤的时候还会给自己一些安慰，“人有悲欢离合，月有阴晴圆缺，但愿人长久，千里共婵娟”。

四、美读文本，品味词的婉约风格

师：我们通过点评，对这首词进一步地理解了。美学家朱光潜先生说：“要培养纯正的文学趣味，最好从读诗入手。”让我们用丰富的情感去品读这样一首哀伤的“离歌”，这首词的主人公是位男士，他送别的是位红颜知己，此词一出，当时就受到了广大女士的欢迎与追捧，下面先请女同学朗读一下，“寒蝉凄切”，预备读。

（教师读完开头，教室里响起女生富有感情的读书声。）

师：毕竟是女同学啊，柳永他虽然是男性词人，但他身上更多的是女性的多愁善感。接下来，请男同学读一下。

（教师放背景音乐，男生全体诵读。在幽怨的配乐声中，学生们忘我投入，齐声诵唱。）

师：嗯，的确把握了柳永词的婉约，那种低沉、悲伤的情感，接下来，我们来听名家的朗读，看他朗读得怎么样，是否把握住了这种特点。

（伴随着悲凉的背景音乐，教师播放《雨霖铃》的名家朗读。）

师：读得好吧，从刚才的录音朗读中，不难发现这首词的基调格外低沉。作者运用了“切”“歇”“噎”“阔”“别”“月”“设”“说”等10个入声韵，不押韵的地方也多以仄声来收句，如“绪”“处”。大家都能感觉到，入声字短促急迫，容易传达悲切痛楚的情绪，加上又用了双声的齿音，如“凄切”，令人想象到那种抽泣哽咽之声。宋代词坛有婉约派和豪放派，曾经苏轼问一个歌者他的词和柳郎中的词比起来怎么样。歌者说，柳永的词适合十七八岁的女郎，拿着红牙板，在那里歌“杨柳岸，晓风残月”。学士的词需山东大汉，在那里高唱“大江东去”。这段话，生动形象地道出了柳词与苏词的不同风格。下面，我们来了解一下柳永其人。

（教师出示幻灯片。）

柳永，原名三变，字耆卿。景祐元年（1034年）进士，官至屯田员外郎，世称柳屯田。他通晓乐律，是北宋第一个对宋词进行全面革新的词人，是以描写城市风貌见长的婉约派代表词人。

师：柳永对北宋词的发展有重要的贡献和影响，对后来的说唱文学和戏曲也有很大影响。柳词在宋元时期流传最广，柳永可谓那个时代的superstar，有超级多的粉丝。（生会心笑）他估计堪比现在的方文山、周杰伦，因为当时有句话叫“凡有井水饮处，即能歌柳词”。这首词，不仅能读，还能唱，接下来看台湾著名的歌唱家邓丽君，看她是怎样演唱的。

（教室里播放《雨霖铃》歌曲。班级里寂然无声，学生们抬头看着幻灯片，随着音乐的播放，大家都沉浸在柳永词的悲凉气氛中，随着音乐感受词人的心情，领悟诗的意境。）

师：我们读也读了，评也评了，然后又听了歌。

生：又听了歌。（老师和学生同时说出。）

师：在读词的过程中，我们领略了词中和谐的韵律、隽永的语言，还有凄美的意境，我们被伤怀的离愁别绪感染。好，接下来我给大家4分钟时间，背诵这首词。（教师指着黑板上文章结构思路的板书说。）

离别的时间—离别的地点—离别的心情

离别的工具—离别的去向—别后的痛苦（无限伤感、无心赏景、无人倾诉、无家可归）

师：刚才我们师生一道，通过改写梳理出了这首词的思路，得出以上结构，按照这个结构程序背诵就很快，4分钟以后，我要以小组为单位，检验大家背诵的效果。同时也可以比较一下，哪个小组中的成员强记的本领最强。大家现在可以开始背诵了。

（大家各自轻声朗读，边读边背。）

师：好，时间到。让我们先从第一小组开始，前一位同学在背诵时发生“卡壳”或错背，就请坐下，由下一位同学接着背。我们一起来看一看，哪一组用最少的同学完成《雨霖铃》的背诵。

（教师隐去投影幕上的全文显示，四个小组依次背诵。）

师：刚才同学们进行了背诵比赛，第二组取得胜利。下面，我来寻找背诵大王，谁可以背了就举手。看看谁背下来了？

（一学生举手，站起来背诵，背诵的时候富有感情。）

师：背得很流畅，感情也基本把握了，女同学背了，男同学有没有敢挑战女同学的。

（一男生站起来开始背诵，同样富有感情，背完以后，教室里响起阵阵掌声。）

师：我们这节课，通过初读文本，琢磨了词的感情基调；改写文本，走进了词的缠绵意境；点评文本，鉴赏了词的精妙语言；美读文本，品味了词的婉约风格，全词以“离情”为线索来贯穿全篇。全篇如行云流水，自然流畅，主题突出，不愧是婉约词派的代表作品之一。

今天，我们的课就上到这里，同学们再见！

生：老师，再见！

《黄州快哉亭记》悬念教学实录

上课时间：2010年4月16日

上课地点：广东省肇庆市

上课对象：来自肇庆市各校高二学生80人

听课教师：肇庆市高中教师约400人

师：上课之前，我们先来欣赏一副对联。（教师出示幻灯片。）

一门父子三词客，

千古文章八大家。

师（指着对联说）：同学们，这副对联写的是什么人？

生1（迫不及待地回答）：曹操、曹丕、曹植，他们是父子三人，都是著名诗人、文章大家。

生2：不对。曹操、曹丕、曹植固然是一门父子，但他们是诗人。我认为是苏洵、苏轼、苏辙，他们是父子三人，而且都是词人，对联中说的是一门父子三词客。“三苏”更恰当。

生3：我也同意是“三苏”，下联“千古文章八大家”更能证明是“三苏”。“八大家”，是指“唐宋文章八大家”，苏洵、苏轼、苏辙父子三人，都属于“唐宋文章八大家”。

师：的确是“三苏”。“三苏”既是著名的词人，又属于“唐宋散文八大家”。我们学过苏轼的《赤壁赋》《念奴娇·赤壁怀古》，学过苏洵的《六国论》，今天，我们来学习一篇苏辙的散文《黄州快哉亭记》。首先，我们听读课文，从语言角度掌握字音节奏。（教师出示幻灯片。）

一、听读课文，从语言角度掌握字音节奏

师：下面，我先播放专家朗读，请同学们认真听，尤其要注意下列加点字的读音。（教师出示幻灯片。）

沅（ ） 沔（ ） 子瞻（ ） 东西一舍（ ）

风云开阖（ ） 变化倏（ ）忽 舟楫（ ） 草木行（ ）列

皆可指数（ ） 睥（ ） 睨（ ） 骋（ ） 骛（ ）

飒（ ）然 而风何与（ ）焉 会（ ）计 蓬户瓮（ ）

牖（ ） 濯（ ）长江之清流，揖（ ）西山之白云

之所以悲伤憔悴而不能胜（ ）者

（教师播放课文朗读，学生们认真听，并不时在课文中标注读音，听读完后，让学生们对以上加点字正音。）

师：刚才同学们听了专家的课文朗读，并进行了正音，下面，请同学们自由朗读课文。

（学生们在下面大声地自由朗读课文。）

师：好，同学们读得很有兴致，下面，我们请一个同学来朗读一下课文，好不好？

（一男生站起来朗读，字正腔圆，流畅自然。）

师：他读得很流畅。同学们通过刚才的听读、自由读等环节，基本熟悉了课文。这篇文章的标题叫《黄州快哉亭记》。快哉亭，是一个亭子的名称，快哉亭是谁取的名字？

生4：苏轼。

师：从哪里看出是苏轼啊？

生4：第一自然段最后一句“而余兄子瞻名之曰‘快哉’”。

师：这句话中，并没有出现苏轼呀？

生4：子瞻，就是苏轼。苏轼，字子瞻，号东坡居士。

师：对了，这句话中，有一个活用的词，你能找出来吗？

生4：“名”字是名词活用为动词，命名，取名。整句话的意思是我的哥哥苏子瞻为其取名叫快哉亭。

师：很好。快哉亭的确是苏轼命名的。下面，我们进一步研读课文，从文

章的角度探究这篇文章的思路结构。（教师出示幻灯片。）

二、研读课文，从文章角度探究思路结构

师：元丰六年（1083年），与苏轼同谪居黄州的张梦得，为了观览江流，在住所西南建造了一座亭子。苏轼替它取名为快哉亭，苏辙则为它作记以纪念。那么，苏轼为什么给这个亭子取名为“快哉亭”呢？你能从这篇文章中找出依据吗？请同学们认真研读课文，从文中找出取名为快哉亭的依据。

（教师利用课文标题，设置悬念，此悬念吻合学生心理需求，学生们纷纷响应教师，认真研读课文，不时在课文上写写画画，有时同桌还相互讨论。悬念设置，充分展示学生自我价值，大大提高了学生学习文言文的兴趣和积极性，学生在这一过程中有效提高自主发现问题、提出问题、参与竞争的能力。约4分钟后，有学生回答问题。）

生5：之所以取名为快哉亭，是因为亭中所见之景物变化很快。

师：你能说具体一点吗？

生5：“盖亭之所见，南北百里，东西一舍。涛澜汹涌，风云开阖。昼则舟楫出没于其前，夜则鱼龙悲啸于其下，变化倏忽，动心骇目，不可久视。”意思是说，在亭子里能看到长江南北上百里、东西三十里。波涛汹涌，风云变化不定。在白天，船只在亭前来往出没；在夜间，鱼龙在亭下的江水中悲声长啸。奔腾的江水，汹涌的波涛，往来的船只，鱼龙的悲鸣，景物变化很快，犹言惊心动魄。这段文字，将景色的奇幻和壮观描写得淋漓尽致，可见“快哉”。

师：很好，这是从自然景观的角度找到快哉亭命名的由来。

生6：老师，从自然景观的角度，我还有点补充。刚才那位同学是从亭中所见之景来说的。其实，这个亭子所处的地理环境也令人快哉。

师：你能找到依据吗？

生6：第一自然段。“江出西陵，始得平地。其流奔放肆大，南合沅、湘，北合汉沔，其势益张。至于赤壁之下，波流浸灌，与海相若。”文章开篇，气势奔放，快哉亭所处地理位置使人心旷神怡。

师：很好，作者先从江水着笔，写黄州附近长江的浩渺的水面和壮阔气势，突出描绘江流之三变，让人感受到江流之盛。作者以江流的壮阔象征眼界与心境的渐次开阔畅快，他从亭子的地理位置找到了快哉亭命名的由来。

生7：之所以取名为快哉亭，是因为长洲之滨、古城之墟是曹操、孙权进行赤壁之战的地方，更是周瑜、陆逊在这里建功立业的战场。“曹孟德、孙仲谋之所睥睨”，“睥睨”本是斜视的样子，这里可引申为傲视，传神地描绘出当时曹操、孙权气吞对方的气概。“周瑜、陆逊之所骋骛”，“骋骛”，犹言驰骋、疾驰，形容来往活跃，形象地再现了周瑜、陆逊在战场上快速出击、争胜角逐的情景。他们的风流遗韵也足以令人称快。

师：很好，这是从人文景观的角度找到了快哉亭名称的由来。

生8：从人文景观的角度，苏辙又想到了楚襄王游于兰台之宫时披襟挡风的故事。“昔楚襄王从宋玉、景差于兰台之宫，有风飒然至者，王披襟当之，曰：‘快哉，此风，寡人所与庶人共者耶？’”“有风飒然而至”，风吹时沙沙作响，十分爽利。“王披襟当之”，楚王敞开衣襟，迎着风。从这些地方，也可以找到命名为快哉亭的原因。

师：说得很好，这个故事其实为我们交代了“快哉”两字的来历，那么，作者引用这个故事，还有什么其他用意吗？

生9：作者写这个故事，是为了引出快与不快，其实是源于人的一种心境的观点。“士生于世，使其中不自得，将何往而非病？使其中坦然，不以物伤性，将何适而非快？”意思是说，读书人生活在世上，假使心中不坦然，那么，到哪里没有忧愁？假使胸怀坦荡，不因为外物而伤害天性（本性），那么，在什么地方会不感到快乐呢？

师：讲得真好。全文思路是先叙张梦得建亭的地理位置及造亭的目的。再释“快哉亭”命名之由，后就“快哉”二字畅发议论，最后一段，就是称赞张梦得情怀之坦然。全文主旨在说明人心坦然自得，不受制于外物，便能无往而不快。与范仲淹写《岳阳楼记》“不以物喜，不以己悲”的情怀有异曲同工之妙。我们通过师生互动，终于弄清了文章的思路结构。

（教师出示幻灯片。）

1. 亭子所处地理位置“快”（第一自然段）

2. 亭子所观自然景物“快”（第二自然段）

3. 亭子所观人文景物“快”（第二自然段）

4. 快与不快全在人的心态（第三、四自然段）

师：全文紧扣一个“快”字，将写景、叙事、抒情、议论熔于一炉。同学们，这篇文章以“快”字为文眼，下面请大家找一找，全文共直接出现了“快”字的句子有多少句？

（教师再次以课文标题设置悬念，意在解决字词句问题，同时继续质疑，将研究引向深入。这一悬念设置，充分体现了“以学生为主体”“师生互动、生生互动”的悬念教学法理念，学生们果然再次认真研读课文，寻找课文中有“快”字的句子，约4分钟后，学生们纷纷举手回答问题。）

师：好，这么多同学举手，我们每人说一句。

生10：第一次出现“快”字的句子是“而余兄子瞻名之曰‘快哉’”。

生11：第二次出现“快”字的句子是“此其所以为快哉者也”。

师：找得对，那么，这一句中的“所以”是什么意思呢？

生11：什么什么的原因。全句的意思是这就是把亭子称为“快哉”的原因。

师：很好，找到两处了。

生12：第三次出现“快”字的句子是“亦足以称快世俗”。

师：嗯，很好，那些流传下来的风范和事迹，也足够让世俗之人称快。同学们已经找到3处了。还有吗？

生13：第四处是“快哉，此风！”

师：你把这句话带着感情读出来。

（生13带着感情读，但感情还不到位。）

师：这里“快哉”这个虚词对表情达意非常重要。要读出这句话的味道，必须把“快”重读，同时要把“哉”字拖长。“快哉，此风！”（教师边读边摇头晃脑以示范）下面，请同学们按照我刚才的提示把这句话读一下，要读出一种享受。

（学生们兴致盎然地读，边读边摇头晃脑，读出了一种享受和沉醉感。）

师：读得很好。这是第四处出现“快”字。

生14：“士生于世，使其中不自得，将何往而非病？使其中坦然，不以物伤性，将何适而非快？”这里是第五次直接出现“快”字。

师：你能把你对这段话的理解说给大家听一听吗？

生14：读书人活在世上，假如他的心中没有自得之乐，那么走到哪里他会不忧愁呢？

师：这是一个反问句，意思是？

生14：一个人的内心不畅快，到哪里都会忧愁。

师：正确。

生14：假如他的心里坦然，不因为外物影响而损伤精神，那么走到哪里他会不快乐呢?

师：一个人的内心坦荡，无论到哪里都会快乐。看来，这些贬谪之人快哉的根本原因，在于“坦然”。（板书）《论语》中有一句话，叫作——

生：君子坦荡荡。

师：对，这就是坦荡荡的君子情怀。君子以坦荡豁达的处世态度面对所有不快，才能聆听自然之美，才能由衷感到快乐。所以张君能放情山水，由衷地“快哉”！我们把这两句话连起来读一读，体会一下这种君子情怀。

（学生们齐声朗读。）

师：刚才同学们找到了第五处直接出现“快”字的句子，并且进行了较为深入的解读，很好。还有直接出现“快”字的句子吗?

生15：还有，“今张君不以谪为患，窃会计之余功，而自放山水之间，此其中宜有以过人者。将蓬户瓮牖无所不快，而况乎濯长江之清流，揖西山之白云，穷耳目之胜以自适也哉！”

师：这段话中有几个关键词，“不以谪为患”中的“患”字该如何理解？“蓬户瓮牖”该如何理解？“穷耳目之胜”中的“胜”字该如何理解？

生：“患”是“忧患”的意思，“不以谪为患”，是说张君虽遭受贬谪，但不以为忧，而是放纵心灵、胸怀超脱。“蓬户瓮牖”这里是词类活用，“用蓬草编门，用破瓮做窗”，“穷耳目之胜”中的“胜”字是美好景物的意思。整段话的意思是现在张君不把贬谪当作忧愁，利用征收钱谷等事的剩余时间，自己纵情漫游于山水之间，这是因为在他的心里大概有超过别人的东西吧。即使是用蓬草编门，用破瓮做窗，也没有什么不快乐的，更何况在长江的清流中洗涤，面对着西山的白云，尽享耳目所能听到、看到的美好声音与景物来自求安适呢!

师：有没有谁注意到这三个词语？“自得”“自放”“自适”。它们分别怎么解释？可参看注解。

生：自得（板书）——自己感到舒适自在。

师：对，自己对自己的认可，内心充实、圆满、坚定，无论何种境遇都不要妄自菲薄。哪怕是在“尘泥渗漉”的百年老屋中，也可以得到“借书满架，偃仰啸歌”（师生同说）的人生境界。

生：自放（板书）——自我放纵，放情。

师：放情于山水之间。山水之间，自有浩然之气。在失意时，“大道如青天，我独不得出”，还可以“且放白鹿青崖间”（师生同说）。

生：自适（板书）——自求安适，自得其乐。

师：不以个人得失为怀。即便仕途不顺，独居山野，也能“采菊东篱下，悠然见南山”（师生同说），才能宠辱不惊，笑看庭前花开花落。这三个词语又都强调“自”，快乐源于自己的内心。

师：这种情怀与我们初中学过的《岳阳楼记》中，“不以物喜，不以己悲”有相通之处吗？（学生议论，答“有”）那么，与“先天下之忧而忧，后天下之乐而乐”一样吗？（学生议论，有些说“一样”，有些说“不一样”）大家做一下准备，我们下节课将讨论这个问题。

现在我们一起把这几句话再来读一遍。读出点浩然之气来！

（学生们朗读“士生于世……”）

师：内心充盈圆满，穷山恶水我能快哉，清风明月我更能快哉；春风得意我能快哉，穷途恶遇我亦能快哉。内心坦荡的人，才能在人生不遇时，还能畅快地玩赏江流胜景，还能从容地感受前人的流风遗迹。内心的和谐自足才是快哉的真正原因。

师：同学们已经找出了6处直接出现“快”字的句子。还有吗？

生16：老师，还有一处，“不然，连山绝壑，长林古木，振之以清风，照之以明月，此皆骚人思士之所以悲伤憔悴而不能胜者，乌睹其为快也哉！”

师：这一段话中，有什么特殊句式？

生16：有状语后置句。“振之以清风，照之以明月”，清风吹动着它，明月照耀着它。还有反问句。“乌睹其为快也哉！”哪能看到这些是畅快的呢！

师：你能翻译一下这段话吗？

生16：如果不是那样，那连绵的群山、幽深的峡谷、宽广的森林、古老的树木，清风吹拂，明月照耀，这些都能成为诗人思士情绪悲伤、容貌憔悴而不能忍受的原因，哪能看到这些觉得畅快呢！

师：一个人如果心情不好，即使看到很美的景物也会不高兴。譬如说花朵，同样是花，杜甫看到花，他是“感时花溅泪，恨别鸟惊心”，因为他此时正处于安史之乱，而孟郊则是“春风得意马蹄疾，一日看尽长安花”，因为他此时科举高中。可见，快与不快，全在人的心态。

我们通过找“快”字，可以看出文章的思路。第一个“快”字，出现在文中第一自然段，记载快哉亭的建造和其命名。

后两个“快”出现在文中的第二自然段，讲述“快哉”名字的由来，其他几个“快”出现在文中的第三、第四自然段，以“快哉”二字抒发议论。因此，整个文章分三个层次：第一层，记快哉亭的建造和命名；第二层，以“快哉”命名的原因；第三层，以“快哉”二字抒发议论。

（教师出示幻灯片。）

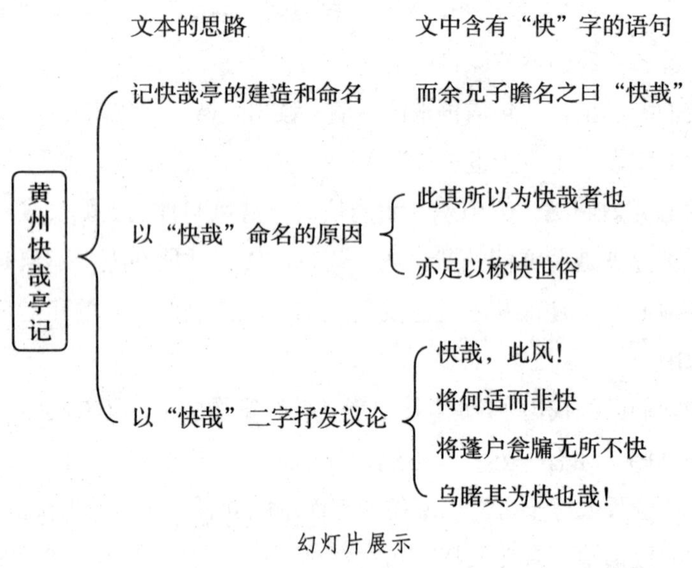

幻灯片展示

师：通篇紧紧围绕“快哉”两字来作文章，一篇之中而“快”字七出，极写其观赏形胜与览古之快，抒发了其不以个人得失为怀的思想感情，道出了人生的一条哲理——心中坦然，无往不快。（教师出示幻灯片。）

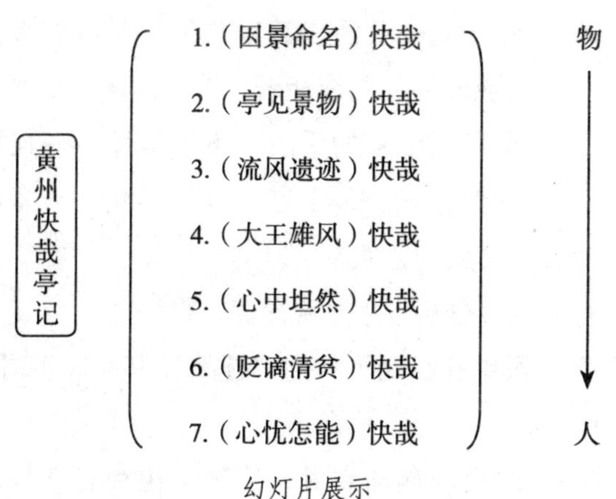

幻灯片展示

师：以上我们研读课文，从文章的角度探究了《黄州快哉亭记》的思路结构。下面，我们从文学角度品味《黄州快哉亭记》的用词精妙。（教师出示幻灯片。）

三、细读课文，从文学角度品味用词精妙

师：为体现“快哉”之意，文中第一、二自然段除直接使用“快”字外，还出现大量与“快”字意思相近的词语。请仔细阅读第一、二自然段，把这些词语找出来。看谁找得多。

（针对教师提出的这个问题悬念，学生们兴趣盎然，再深入读文本，细读课文，并动手在书上写写画画，8分钟后，学生们纷纷举手回答问题。）

生17：老师，第一自然段我找到了出、奔、肆这些词。

师：你为何认为“出”字也有“快”字之意呢？

生17：“江出西陵”，陵，是高地，可见江都是在高山峻岭的峡谷中流动的，联系后句“始得平地”，可见之前落差很大，其水流速度很快。

师：分析十分到位。

生17：“其流奔放肆大”，可见此时河道变宽，“奔”字，表明水流更加畅快，“肆”字，表明水流畅通无阻，这些字眼，其实就是“快”字的另一种表达。

生18：老师，第一段中，还有张、灌二字也体现了“快”字之意。

师：哦，又有新发现。你能加以阐释吗？

生18：“南合沅、湘，北合汉沔，其势益张。”可见水流更大，水势更猛。“至于赤壁之下，波流浸灌，与海相若。”“浸灌”，波浪滚滚，汹涌澎湃，可见水流奇快。文章运用铺陈的手法，不借笔墨，一连数语，始言其流“奔放肆大”，继曰“其势益张”，末道“波流浸灌，与海泪若”。凡作三层，写出水势的三变，而且愈变愈大。

师：同学们读得很细，分析也十分有深度，很好。

生19：老师，第二段中我找到了汹涌、开阖、出没这些词，它们其实也体现了“快”字。

师：汹涌，有一个成语叫汹涌澎湃，体现了快和有气势。开阖，大开大合，也是快和有气势。很好，第二段还有体现“快”字的词语吗？

生20：还有“倏忽”“骋骛”这些词。

师：找得仔细，请把这些词放在原句中翻译一下。

生20：“变化倏忽”，就是景物变化很快，“周瑜、陆逊之所骋骛”就是周瑜、陆逊驰骋战场的地方，这些都体现了快的意思。

师：刚才，同学们在第一、二段中找到的词语，都很好地体现出了快哉之意，作者用词十分丰富，体现了高超的写作技巧。下面，我们情读课文，从文化角度体悟忧乐情怀。（教师出示幻灯片。）

四、情读课文，从文化角度体悟忧乐情怀

师：现在请同学们合上书，不看书了，听我说，同学们，我通过认真阅读课文，发现一个有趣的现象，全文共4个自然段，第一、二、四自然段都没有用到问号，唯独第三自然段，句子断句用了4个问号，请带着感情阅读我给同学们提供的第三自然段，请同学们看幻灯片。（教师出示幻灯片。）

昔楚襄王从宋玉景差于兰台之宫

有风飒然至者

王披襟当之

曰

快哉

此风

寡人所与庶人共者耶
宋玉曰
此独大王之雄风耳
庶人安得共之
玉之言
盖有讽焉
夫风无雌雄之异
而人有遇不遇之变
楚王之所以为乐
与庶人之所以为忧
此则人之变也
而风何与焉
士生于世
使其中不自得
将何往而非病
使其中坦然
不以物伤性
将何适而非快

师：（指着幻灯片）请同学们阅读以上文字，并给这段文字加上四个问号，看问号加在哪儿。

（学生们热烈响应教师，认真在上段文字中找能加问号的句子，同桌之间不时交换意见。）

师：下面我叫同学加问号，你来说，问号加在哪些句子上？

生21：“寡人所与庶人共者耶”一句要加问号。

师：为什么这句要加问号啊？

生21：因为“耶”是表疑问的。

师：好，你是从虚词的角度来看要加问号对不对？另外呢，你判断它是个问句，还可以从哪里看出来？

生21：从后一句看，“宋玉曰”，宋玉回答了，可见前面是个问句。

师：对了，从上下文来看，这是一问一答。好，还有什么句子用问号？

生21：最后一句“将何适而非快”。

师：为什么判定这句也用问号？

生21：句中“何……非”有疑问的语气。

师：发现了“何……非”句式，不错。嗯，你发现了这两处。但有4个问号啊！看看谁还来加一下？

生22：“而风何与焉”后加问号。

师：你为什么加在这儿？

生22：因为“何……焉”是表反问的语气。

师：这句话你能翻译一下吗？

生：这跟风又有什么关系呢？

师：他加对了，而且翻译也很准确，这是一个典型的反问句式。还有一处加在哪里？

生23：“盖有讽焉”。

师：是不是加在这里啊？

生24：不是。

师：为什么不是？

生24：这个句子的翻译是“宋玉的话在这儿大概有讽喻的意味吧”，这是针对前面楚王的疑问，作者对宋玉的话得出来的一个结论性的句子，因此，不应该打问号。

师：你从文脉来分析，很不错，这里的确不该加问号，那么，剩下的那个问号到底该加在哪里呢？

生24：加在“将何往而非病”一句之后。

师：说说道理。

生24：一是“何……非”是疑问语气，二是最后一句也是这个句式，作者连用疑问，使文章显得很有气势。

师：分析很到位，其实，加问号的过程，就是理解文意文脉的过程，就是理解文章忧乐情怀的过程，通过反问语气，强化了忧乐情怀。好，现在我们带着感情来美读一下这段文字。（教师出示幻灯片。）

昔楚襄王从宋玉景差于兰台之宫

有风飒然至者

王披襟当之

曰

快哉

此风

寡人所与庶人共者耶？

宋玉曰

此独大王之雄风耳

庶人安得共之

玉之言

盖有讽焉

夫风无雌雄之异

而人有遇不遇之变

楚王之所以为乐

与庶人之所以为忧

此则人之变也

而风何与焉？

士生于世

使其中不自得

将何往而非病？

使其中坦然

不以物伤性

将何适而非快？

师：（指着幻灯片）左边四行同学读黑字，遇到加点句，全体同学读，好不好？

（学生们带着感情认真阅读课文。）

师：读得很好。“何适而非快”，去哪里不感到快乐呢？可见快与不快，全在人的心态。那么作者引用楚襄王问宋玉关于风的问题的故事，目的是什么？

生：就是为了阐明快与不快全在人的心态的观点。

师：对啦，快与不快，全在人的心态。“楚王之所以为乐”，这个“所以”翻译成什么?

生:“……的原因”。楚王快乐的原因。

师:楚王快乐的原因。“与庶人之所以为忧”,“庶人”是什么意思?

生:平民百姓。

师:这句话的意思是?

生:平民百姓感到忧愁的原因。

师:“此则人之变也”,这是人们的境遇不同啊,跟风又有什么关系呢?可见,人的心态影响快与不快。纵观全文,“快”体现为以下几大方面。(教师出示幻灯片。)

近观美景、远眺胜景皆能使人快。

自然之美——眺望古迹、缅怀历史亦能使人快。

人文之美——自得其乐、心胸豁达更是无往而不快。

精神之美——核心。

师:在我们的现实生活中,不乏有人承受不住生活的压力和不幸的遭遇,做出极端举动,如自杀、自伤等。其实我们知道人生不可能一帆风顺,难免经历痛苦抉择,这时该怎么办?我们要懂得自我排遣,或寄情山水,或听音乐,或与同学、老师交流,求得帮助,等等。

如果你觉得快乐,你就拍拍手;如果你觉得快乐,你就跺跺脚;如果你觉得快乐,你就笑一笑;如果你觉得快乐,你就放声唱一唱……

同学们,这节课,我们就讲到这里。

《老王》悬念教学实录

上课时间：2011年10月27日

上课地点：贵州省遵义市

上课对象：来自遵义各校初二学生共100人

听课教师：来自遵义各校教师共500人

（我听过不少老师讲《老王》，一般是先讲作者介绍，再出示文章写作背景，接着从老王的苦与善的角度分析老王形象，再分析散文的写作技巧。由于学生对“文化大革命”缺乏理解，学生很难参与课堂教学活动。于是讲课不顾学生感受，教师一讲到底。我则采用悬念教学法，千方百计调动学生的学习积极性，激发学生思维的火花，使课堂教学充满感染力。）

师：听说今天来听课的都是喜欢语文的同学，能够来到遵义与同学们一起学习，我十分高兴，今天这节课，我相信同学们一定会勇敢地表现自己。好，下面我们开始正式上课。

上课之前，我请同学们读一段文字。（教师出示幻灯片）我们来分角色朗读，要求读出人物内心情感。

我把他（老王）包鸡蛋的一方灰不灰、蓝不蓝的方格子破布叠好还他。他一手拿着布，一手攥着钱，滞笨地转过身子。我忙去给他开了门，站在楼梯口，看他直着脚一级一级下楼去，直担心他半楼梯摔倒。等到听不见脚步声，我回屋才感到抱歉，没请他坐坐喝口茶水。可是我害怕得糊涂了。那直僵僵的身体好像不能坐，稍一弯曲就会散成一堆骨头。我不能想象他是怎么回家的。

过了十多天，我碰见老王同院的老李。我问：“老王怎么了？好些没有？”

“早埋了。”

“呀，他什么时候……”

“什么时候死的？就是到您那儿的第二天。”

（学生们分角色朗读以上文字后，教师指导学生朗读。）

师：同学们读得还算流畅，但还没读出情感。老王的死，“我”很吃惊，“呀”字要读出吃惊的感觉。“呀，他什么时候……”为什么用省略号？谁能回答这个问题？

生1：作者不忍心说出来，意思就是死，他什么时候死的。

师：后面回答的人，为什么直接说“什么时侯死的？”可不可以换成“什么时候老的？”

生1：不行。“什么时候死的？”说明回答的人对老王的死很冷漠。

师：理解正确，因此老李回答的那句话读的时候感情要——

生：平淡。

师：好，请同学们按照我们刚才的理解把以上这段文字再读一遍。

（学生们再次分角色朗读。）

师：同学们，刚才你们读的片段选自杨绛写的散文《老王》一文的结尾部分，老王之死，作者吃惊，我们也吃惊，老王到底是怎么死的，请同学们认真阅读全文，探究老王死亡的原因。

（这里采用倒叙追问法设置悬念，让一篇写人散文有了侦探色彩，自然激发起学生们阅读的兴趣，学生们果然好奇地打开课本，阅读起课文来，6分钟后，教师让学生举手回答问题。）

生2：老师，我认为，老王死于疾病。

师：你认为老王是病死的啰。

生2：是的，老王病得不轻，医治无效，死了。

师：课文中哪里写老王病了，你能找出来吗？

生2：第七、八自然段。

师：你读给大家听听。

生2：“可是过些时老王病了，不知什么病，花钱吃了不知什么药，总不见好。开始几个月他还能扶病到我家来，以后只好托他同院的老李来代他传话了。”

“有一天，我在家听到打门，开门看见老王直僵僵地镶嵌在门框里。往常他坐在蹬三轮的座上，或抱着冰伛着身子进我家来，不显得那么高。也许他平时不那么瘦，也不那么直僵僵的。他面如死灰，两只眼上都结着一层翳，分不清哪一只瞎，哪一只不瞎。说得可笑些，他简直像棺材里倒出来的，就像我想象里的僵尸，骷髅上绷着一层枯黄的干皮，打上一棍就会散成一堆白骨。我吃惊地说：'啊呀，老王，你好些了吗？'"

师：的确，这是写老王病了的段落，同学们，你们看了这个段落后，感觉老王病得重不重？

生2：很重。

师：你能从文段中，找出表现老王病重的词语吗？

生2：扶病，"扶"字用得好，说明老王走路很艰难，病得不轻。

师：很好，同学们，除了"扶"字用得好之外，还有哪些词能表现老王病重的吗？

生3："老王直僵僵地镶嵌在门框里"，"镶嵌"用得好，说明老王这个时候已经没有生命力了，没有活力了，像一件东西，摆放在那儿。

生4："面如死灰"，说明脸上没有血色了。

生5："骷髅"，说明骨瘦如柴，是个活死人了。

生6："枯黄的干皮"，说明皮肤干瘦，不光滑了。

生7："直僵僵"，说明老王濒临死亡了。

师：总之，这是一个活死人，死活人。但刚才这位同学说是医治无效，医治了吗？

生8：没有，为什么没医治？没钱吧。老师，我觉得老王病死只是一个表层原因，深层原因应该是穷死的。

师：是吗？你能说出依据吗？

生8：老王经济困难，很穷，无钱治病。这一点，可从第二段和第七段看出。

师：那你把第二段先读给大家听听。

生8："据老王自己讲：新中国成立后，蹬三轮的都组织起来，那时候他'脑袋慢''没绕过来''晚了一步'，就'进不去了'，他感叹自己'人老了，没用了'。老王常有失群落伍的惶恐，因为他是单干户。他靠着活命的只是一辆破旧的三轮车。有个哥哥，死了，有两个侄儿，'没出息'，此外就没什么亲人。"

师：现在你分析一下，第二段中，哪里可以看出老王经济困难，很穷。

生8：从第二段可以看出，老王是蹬三轮车的，是个下层的劳动人民，收入不高，而且他的车，是“破旧”的，说明没钱，买不起新车。总之，三轮车，体现老王地位的低下和身份的卑微，可以看出老王的贫困、生活窘迫与生计艰难。

师：分析很细，从你的分析，确实可以看出老王经济困难，很穷。我注意到了里面这样一句话：“他靠着活命的只是一辆破旧的三轮车。”这里面哪些词用得好？

生8：活命。

师：换成“生活”行不行？

生8：不行。

师：“活命”跟“生活”有什么不一样？

生8：“活命”可能仅仅是活着，谈不上尊严啊，幸福啊，就是在生存线上挣扎吧；“生活”是有品质地活着。

师：了不起啊，这位同学，说得深刻。

生9：我觉得“只是”也用得好，说明老王别无选择，就靠这辆破旧的三轮车活命，维持生计。

师：分析得很好，刚才，同学们从第二段看出，老王经济困难，很穷，说明老王无钱治病，是穷死的，有道理。同学们还说第七段，也可看出经济困难、穷。下面，我们来看看第七段。（投影展示。）

我们从干校回来，载客三轮都取缔了。老王只好把他那辆三轮改成运货的平板三轮。他并没有力气运送什么货物。幸亏有一位老先生愿把自己降格为“货”，让老王运送。老王欣然在三轮平板的周围装上半寸高的边缘，好像有了这半寸边缘，乘客就围住了不会掉落。我问老王凭这位主顾，是否能维持生活，他说可以凑合。

师：这段话，哪些地方可以看出老王生活的困境，看出他经济困难，很穷？

生10：“载客三轮都取缔了”，“取缔”意味着老王断了经济来源。这可是老王唯一的活命方式啊。

师：抓得很准。取缔是政府有关的组织明令这个事不能做了。当时老百姓就是那些踩三轮车的工人，连踩三轮车的自由都没有了，都被取缔掉了。在这里，我跟大家补充一个资料。（教师出示幻灯片。）

“蹬三轮的都组织起来”，是指1956年起全国倡导的“公私合营”——要求把各个行业的人都组织起来，反对私营，反对单干。后来因为要彻底地反对所谓“阶级压迫”，不准“骑在劳动人民头上作威作福”，三轮车就被取缔了。

生11：“老王只好把他那辆三轮改成运货的平板三轮”，我觉得“只好”用得好，这个“只好”，心酸地写出了老王的活命状态。

师：说得真好啊。同学们啊，除了这个“只”之外，文中还有太多的“只”。我们来读这些句子，每个都要重读。“他靠着活命的——”

（幻灯片展示。）

他靠着活命的只有一辆破旧的三轮车

他只有一只眼

他只好把他那辆三轮改成运货的平板三轮

开始几个月他还能扶病到我家来，以后只好托他同院的老李来代他传话了

他只说：我不吃

（学生们动情朗读。）

师：同学们啊，在现代汉语当中，最走投无路、最孤苦无依的一个汉字就是这个“只”字。上天无路，下地无门，别无选择，这就叫作什么——活命。老王就以这样的状态度过了一生。的确，与其说他是病死的，不如说他是穷死的，无钱治病而死。

生11：老师，那他为什么没钱呢？他又不懒，我看了全文，我感觉他好像是个社会的弃儿，没有亲人，别人也不关心他，他是在冷漠孤独中死去的。因此，他的死，与别人也有关。

师：精辟啊！你能从课文中找到依据吗？

生11：能。第一个依据，“有个哥哥，死了，两个侄儿‘没出息’”，说明帮不了他什么忙，此外就没什么亲人了。

师：噢，亲人能帮忙的死了，活着的帮不了什么忙，对吧，啊，很好。

生11：第二个依据，蹬三轮的都组织起来了，他也没有赶上，成了单干户。

师：哦，单干户。孤家寡人。老王成了个边缘人物，被排除在体制外。单干户在当时就等于无依无靠的流民，地位低，很丢人。

生11：第三个依据，由于他一只眼睛瞎了，许多人都不愿坐他的三轮车，

不仅不愿坐，不仅不同情他，还嘲笑他。文中第三段有一句话是“有人说，这老光棍大约年轻时不老实，害了什么恶病，瞎掉了一只眼”。“老光棍”“不老实”“瞎”，这是对他的嘲笑。

师：嗯，别人说他不老实，那么老王到底老不老实呢？

生12：老王应该是一个老实人。

师：文中有依据吗？

生12：有，文章表现老王“老实”，写了几件事。一是送冰。

师：对，送冰。大家能从“老王给我们楼下人家送冰，愿意给我们家带送”这句话读出什么言外之意？

生12：别人不愿意。

师：为什么别人不愿意为杨绛他们家送冰呢？

生12：因为当时是“文化大革命”，杨绛一家受到了牵连，别人可能不愿意或不敢接近他们。

师：是的，1966年爆发了“文化大革命”，那是中国比较艰难的年代。当时有很多高级知识分子受到了残酷迫害，钱锺书、杨绛夫妇此时也被打为“反动学术权威”，经受了漫长的苦痛折磨。别人的确是不愿意或不敢接近他们。但老王却在杨绛一家最困难的时候，帮助他们。其他人不愿意而老王愿意，这表现了老王的老实。老王的老实更表现在他不但愿意带送，而且——

生12：减半收费。

师：老王为什么要减半收费啊？

生12：因为是顺带送的啊。

师：你看多老实的一个人。不欺负外来户，不欺负好欺负的人。顺带的，就收一半钱。这是够老实的。还有表现他老实的事吗？

生13：有。送钱先生看病不要钱。可就是这样一个老实人，没有人关爱，物质上穷，也就罢了，精神上还极苦恼，又有病，还被人瞧不起。因此，我觉得老王的死，当时的社会也有责任。

师：当时是处于什么时代？

生13：“文化大革命”时期。

师：是的，“文化大革命”时期，有时，父子之间、夫妻之间，都有斗争，人与人之间缺乏信任，关系冷漠。这是一个苦难的年代。好的，刚才同学们探究老王的死，有病死的原因，有经济的原因，有社会的原因。那么，这里就有个问题，社会冷漠，人们不关心老王，那么，作者杨绛关不关心老王呢？

生14：关心，从第一段可看出，她常坐老王的三轮车。而且一路上闲聊。如果作者不与他说话，也许就没人与他说话了。这给老王带来温暖，带来愉快。

师：坐车给钱没有？

生14：给了，一分钱都不少。这应该算帮助他，关心他，因为其他人不敢坐老王的三轮车。

生15：杨绛不仅自己照顾老王的生意，连她的女儿也受了影响给老王送鱼肝油，让老王晚上能看得见。他们一家都在用各种方法帮助老王。

生16：老王临死前，给杨绛一家送香油和鸡蛋，老王不要钱，但作者一定要给老王钱。因此，作者还是关心老王的。

师：既然作者关心老王，为什么文章结尾有一句话——“那是一个幸运的人对一个不幸者的愧怍”呢？什么是愧怍？

生17：也就是惭愧。

师：老王死后，作者说对老王感到惭愧。作者为什么会感到惭愧呢？谁来说说对这句话的理解？

生18：最后一句话中说“几年过去了，我渐渐明白：那是一个幸运的人对一个不幸者的愧怍”。其实从客观的角度来说，我认为这两人都是不幸的，因为他们都受到了“文化大革命”时期社会的一种压迫。可是在此句中，我认为这个“幸运的人”应该指的是作者。因为在“文化大革命”的背景之下，虽然他们都受到了同样的压迫，可是从生活的条件、居住的环境和身边的亲人来看，作者相对于老王来说是个幸运的人了。那么这个不幸的人就应该指的是老王。这个句子反映了作者在多年之后，对当初没有更好地关心老王，没有更好地照顾老王而感到愧怍。她只注重了一种物质上的给予，而看轻了精神上的给予，从而感到了深深的懊悔、惭愧。

生19：老王是把作者一家当作朋友，甚至当作唯一的亲人。而作者认为老王勉强算得上是朋友，大多是对老王的同情。作者在几年过去后才渐渐地明白这一点。于是，她就觉得自己对老王这个无依无靠的人关心甚少，所以非常惭愧。

师：理解有些道理，那么请问，临死前，老王为什么要把好香油、大鸡蛋送到作者家来呢?

生19：老王因为经常受到作者一家的接济和帮助，所以他心存感激，认为滴水之恩，当涌泉相报。在他重病之中、临死之前还心念旧恩，给作者送来了好香油和大鸡蛋，以此感恩。而作者却误会了老王的好意，用钱来衡量老王的心意，而且居然没有请老王进来喝茶，送老王下楼，回想起来，作者对老王的关爱还很不够，为他做的事太少，所以愧怍。

师：作者的愧怍表现了一个知识分子对待苦难人们的悲悯情怀，作者的愧怍是悲悯情怀的表现，彰显了纯美人性，《老王》这篇课文，从两个人物的角度表现了一个共同的内容，那就是纯美人性、真情实感，滴水之恩，当涌泉相报。好，这节课，我们采用倒叙追问法，从语言（品词句）、文章（析片段）、文学（赏人物）、文化（滴水之恩，当涌泉相报）的角度，学完了这篇文章。

接下来，请同学们写一篇作文《老王之死调查报告》，要求条理清楚，有理有据。

好！谢谢同学们，下课。

《虞美人》悬念教学实录

上课时间：2013年5月15日上午第三节课

上课地点：广东省深圳市第二高级中学四楼考务室

上课班级：高一（17）班

听课教师：来自深圳市各校教师共约200人

师：上课。

生：起立。

师：同学们好！

生：老师好！

师：同学们请坐！

一、激趣导入

（教师出示幻灯片，上有“李杜诗篇万口传，至今已觉不新鲜。江山代有才人出，各领风骚数百年”的诗句。）

师：（指着幻灯片上的诗歌）请同学们把这首诗齐读一遍。

（学生们齐读。）

师：同学们刚才读的这首诗歌是什么意思呢？说的是一个时代有一个时代的代表作家和代表文学。前段时间，我们从《诗经》学到《楚辞》，再学到《古诗十九首》，然后学到了唐代的诗歌，接触了李白、杜甫等诗人，到了宋代，又产生了一种新的诗歌体裁——宋词。在中国词坛上，写词的高手不计其数，但哪些人是代表作家呢？最近，我看了余秋雨的一篇文章《中国文脉》，余秋雨对宋词作者进行了排名，并且排出了写词的四大高手，同学们猜猜看，会是哪四大高手呢？

（设置导入型悬念，激发学生们的学习兴趣，学生有的说是苏轼、柳永、李清照、辛弃疾，有的说是苏轼、李清照、辛弃疾、姜夔，有的说是苏轼、辛弃疾、陆游、李清照。）

师：（出示幻灯片）余秋雨认为是李煜、苏轼、李清照、辛弃疾。我也同意余秋雨的观点，但在这四位词人中，我最喜欢一个人的词，大家猜猜看，这四位词人中，我最喜欢谁？（采用提问法再次设置悬念，激发学生们的学习兴趣。）

生1：苏轼。

（教师摇头。）

生2：李清照。

（教师摇头。）

生3：李煜。

师：对啦，我最喜欢李煜的词。我第一次接触李煜的词，是在读高中的时候，也就是你们现在这个年龄，当我第一次读到李煜的一首词时，我感动得哭了。（学生露出十分惊讶的样子）这首词就是李煜的《虞美人》，今天，我们就一起来学一学李煜当初让我感动得流泪的这首词——《虞美人》。请同学们打开教材。

（教师采用悬念教学法激趣导入，学生们听说这首词让老师感动得流泪了，于是纷纷好奇地迫不及待地打开教材。）

二、以“读”攻“读”

步骤一：素读《虞美人》，咬准词音

师：在学习诗词的时候，我记起了北京大学中文系主任、教授温儒敏先生的一段话。（教师出示幻灯片并读幻灯片上的内容。）

教学美文，要注意“涵泳”，或者说“浸润式习得”，这是语文阅读教学最佳的境界，尤其是诗词课，还有文言文的课，更要求阅读主体的融入，没有反复的阅读，那情味就出不来，语感就出不来。

师：李煜的《虞美人》，是古诗中的绝品，在讲授这样的美文时，除诗歌本身内涵值得反复品味外，诗歌节奏、韵律、语调等这些外在的形式美都有着特定的教学意义。因此，我们今天从朗读的角度，分5个朗读的层级来学习这首词，来个以“读”攻“读”，让我们在读中识、在读中悟、在读中问、在读中说、在读中议，好不好?

生：好!

师：鉴赏诗歌的第一步就是素读课文，从我自己的经验来看，我拿到一首词，不管三七二十一，首先就是读，把课文读正确，读流利，不丢字，不添字，不错字，争取把词念得字正腔圆。下面请同学们朗读《虞美人》，自由地读，大声地读。

（学生们兴致盎然地自由读起来，教师在一旁巡视，了解学生的读书情况。）

师：谁首先来试着读一下这首词?

（一男生举手站起来读了起来。）

师：我们请一位同学来点评一下。

生1：读得还算流畅，但有些字读错了。“春花秋月何时了”的“了”读错了，不是读“le”，而是读“liǎo”。“雕栏玉砌”的“砌”字读成了“qiè”。

师：这位同学听得很仔细，同学们，朗读首先要把字读准。大家把“春花秋月何时了”这一句齐读一下。（学生朗读）这个“了”字为什么读“liǎo”而不读“le”?

生1：因为“了”是结束的意思。李煜降宋后被封为违命侯，名虽王侯，实为阶下囚。在对生命已经绝望之时，“春花秋月”是对他的一种讽刺，让他觉得厌烦，希望这一切都结束。

师：对，可见这里的“了”不是轻读的助词“了”，而是动词。

（教师再请一位女生读。）

师：看哪位同学来评价一下，她读得怎样?

生2：她字音咬得很准，字正腔圆，但声音过于洪亮，感情表达还不到位，读得过于豪放，没有通过低沉的音调和悠长的语气读出诗歌的意境来。

师：她的评价可以说是实事求是，既指出了优点，也指出了不足之处。下面，我们就一起来体会一下这首词的情感。

步骤二：美读《虞美人》，体会词情

师：我们读诗词，不能仅仅满足于读准字音，还要读出感情。古人读书很讲究吟诵之道，吟诵得口到、心到、情到。请同学们美读课文，体会情感。然后说说自己对这首词的第一感受、原初体验。

（学生们摇头晃脑地自由朗读。）

师：现在，请同学们说说读这首词的原初体验与感受。

生3：读这首词，我读出了一份悲凉和无奈，词人问天，“春花秋月何时了”，问人“雕栏玉砌应犹在”，自问“问君能有几多愁”，只有悲凉和无奈的人，才会这样抒发感慨。

生4：我读出了诗人作为亡国之君的哀痛，“雕栏玉砌应犹在，只是朱颜改”，“朱颜”包含“后宫佳丽的容颜”“词人的容颜”和“国家的容颜”。“只是”一词，无限痛惜之情尽在其中。

生5：我读出诗人的血泪，正如王国维所说，“后主之词，真所谓以血书者也”。

师：同学们第一感觉不错。通过美读，感受到了词人的悲伤、痛苦、忧愁。现在请大家相互读给对方听一下，看你读出了这份感情没有。

（邻座学生相互读给对方听，然后讨论。）

师：下面请两位同学来示范一下美读这首词，将作者的文字美转化为语言美。

（一男生、一女生先后诵读。）

师：他们读得怎么样?

生6：男生读得声音洪亮，韵律清楚，但感情高亢了些。女生的感情处理好一些。

师：其他同学还有什么评价吗?

生7：我觉得他们读得都不太好，重音上只处理好了最后一句，前面的读得不怎么样。

师：依你说，应该怎么处理?

生7：我觉得何时、多少、又、不堪、应、只是、几多这几个词要读好。这些词特别能表现诗人的痛苦的内心世界，另外，节奏要舒缓一些，有些词语读时要拖长。

师：那你来读一下，好不好？

（生7十分投入地读。）

师：他是用心来读的，读的节奏很缓慢，很抒情，把往事之叹、亡国之恨、离家之痛、思家之苦都读出来了。下面，让我们齐读一遍，读时，每句的后三个字由男生重复读，最后一句“恰似一江春水向东流”中的“向东流”三个字重复读四遍，声音呈递减状态。（教师出示幻灯片。）

虞美人

李 煜

春花秋月何时了？
往事知多少。
小楼昨夜又东风，
故国不堪回首月明中。
雕栏玉砌应犹在，
只是朱颜改。
问君能有几多愁？
恰似一江春水向东流。

（学生们读得很投入，直诵得整个教室声音波澜起伏，尤其是最后一句“向东流”“向东流”“向东流”“向东流”，重复四次，声音由大到小，呈递减状态，仿佛那一江春水渐行渐远，读出了李煜的无限愁情。）

步骤三：研读《虞美人》，探究词心

师：刚才同学们通过素读课文、美读课文，感受到了这首词的情感，但对词要有更深层次的理解，还得研读课文，探究词心。请同学们每人自读两遍，边读边想，以研究的形式、欣赏的眼光，去感悟、去发现《虞美人》一词最打动你的地方，并说说打动你的理由。

（学生们边读边写，捕捉自己随时出现的灵感与体验。）

师：同学们读后，谈谈最能打动你的是哪句，为什么打动你？

生8：打动我的是“问君能有几多愁？恰似一江春水向东流”。

师：这句话，为什么会打动你？

生8：因为它写到了一种人类普遍的情感——愁。

师：是的，愁是人类普遍的情感，它能够引起不同时代、不同地域的人的共鸣。自古以来，人们就有不少写愁的诗句，同学们能列举一些吗？

生9：李白有“抽刀断水水更流，举杯消愁愁更愁”。

生10：李清照的词充满愁情，“花自飘零水自流，一种相思，两处闲愁”“只恐双溪舴艋舟，载不动许多愁”。

生11：现代人也有愁，台湾著名诗人余光中有一首诗歌叫《乡愁》。

（师生情不自禁地齐背起《乡愁》来。）

生8：老师，“问君能有几多愁？恰似一江春水向东流”这句话最打动我，除了因为它写出了人类一种普遍的情感外，还因为它巧用比喻，此句以浩荡东流的江水比喻愁之深远，形象地表现了李煜满怀的愁、无穷无尽的愁、汹涌澎湃的愁。

生12：我喜欢“雕栏玉砌应犹在，只是朱颜改”两句。故国的雕栏玉砌还在，可自己容颜已改，宫女们的容颜已改，国家的容颜已改，这让我想起了“物是人非事事休，欲语泪先流”的诗句。

师：通过研读，同学们对这首词的理解又进了一层，下面请同学们分角色朗读这首词。（教师出示幻灯片。）

（女生单读）虞美人
李　煜
（男生单读）春花秋月何时了？
（学生齐读）往事知多少。
小楼昨夜又东风，
故国不堪回首月明中。
雕栏玉砌应犹在，
只是朱颜改。
（女生单读）问君能有几多愁？
（学生齐读）恰似一江春水向东流。
向东流。
向东流。

向东流。

向东流。

（教师播放背景音乐，学生们分角色朗读，音乐如怨如慕，朗诵如泣如诉，最末一句，“恰似一江春水向东流。向东流。向东流。向东流。向东流”学生越读越轻，渐至无声，他们通过研读，使诗歌朗诵达到了一个新的境界。）

步骤四：品读《虞美人》，赏析词艺

师：缪塞说“最美丽的诗歌是最绝望的诗歌，有些不朽的篇章是纯粹的眼泪”。李煜的这首词，就是用自己的眼泪写的，那么，李煜在表现自己的愁的时候，到底采用了怎样的手法呢？在讲这个问题之前，我讲一个故事。据说，法国诗人克洛岱尔读了李煜的《虞美人》（也有人说是读了李清照的《声声慢》）以后，非常感动，于是把李煜的这首词改写成了一首名为《绝望》的诗歌。（教师出示《绝望》诗的幻灯片。）

绝望

呼唤！呼唤！

乞求！乞求！

等待！等待！

梦！梦！梦！

哭！哭！哭！

痛苦！痛苦！

我的心充满痛苦！

仍然！仍然！

永远！永远！永远！

心！心！

存在！存在！

死！死！死！死！

（教师让一学生带着感情读《绝望》，这位学生读得十分有感情，学生们对他很欣赏，纷纷鼓掌。）

师：同样是抒发一种愁苦不堪的痛苦之情，但两首诗在抒发感情的时候，采用了不同的抒情手法。请同学们说一说，《绝望》这首诗采用了什么抒情手法？

生13：直抒胸臆。

师：对，那么《虞美人》呢？

生13：间接抒情。

师：再具体一点。

生13：借景抒情。

师：对了，李煜是借景抒情。那么，李煜借的是什么景呢？请同学们找一找李煜词中的景物意象。

（学生们边读边找李煜词中的意象，教师在下面巡视。）

师：下面请一个同学把自己找到的意象说给大家听一听。你说说看。

生14：春花、秋月、东风、明月、雕栏、玉砌、朱颜、一江春水。

师：找对了没有？

生15：找对了，但还有一个“小楼”意象漏了。

师：以上这些意象，都是一些十分美好的事物，够赏心悦目的，但为什么在李煜的眼里却变得可悲了呢？“春花秋月何时了？”“春花秋月”是美好的事物，作者为何希望它早点结束？

生16：这与作者的心情有关。“感时花溅泪，恨别鸟惊心”嘛！例如，同样是猿猴的叫声，白居易笔下是“其间旦暮闻何物？杜鹃啼血猿哀鸣”，而李白却是“朝辞白帝彩云间，千里江陵一日还。两岸猿声啼不住，轻舟已过万重山”，心情不同，一个是被贬，一个是被赦，所闻的猿猴的叫声就不同了。

生17：“春花秋月”的确是美好的事物，然而随着词人身份地位的改变——李煜降宋后被封为违命侯，过着囚徒般的生活，他对人生已经绝望，所以见了春花秋月的无尽无休反而觉得厌烦，徒增无限伤悲。因此，这美好的事物还不如结束。

师：同学们分析得真精彩，由此看来，这首词，不仅是借景抒情，而且是以乐景抒悲情。下面请同学们小声读这首词，尤其要体会一下加点词的情感。

（教师出示幻灯片）。

春花秋月何时了？

往事知多少。

小楼昨夜又东风，
故国不堪回首月明中。
雕栏玉砌应犹在，
只是朱颜改。
问君能有几多愁？
恰似一江春水向东流。

（学生们在下面小声读，教师巡视。）

师：下面，我们再请一位同学读一下这首词。

（生18举手，站起来读词，词的节奏和感情把握十分到位，赢得师生一片掌声。）

师：到此为止，我们对这首词进行了素读、美读、研读、品读，但鉴赏诗歌的最高境界就是吟唱。

步骤五：唱读《虞美人》，捕捉词韵

师（出示幻灯片，并指着幻灯片说）：《毛诗序》言“诗者，志之所之也。在心为志，发言为诗。情动于中而形于言，言之不足，故嗟叹之，嗟叹之不足，故咏歌之，咏歌之不足，不知手之舞之足之蹈之也”。诗词源于歌，词是可以合乐歌唱的，尤其是李煜，他通晓音律，作为皇帝，他创作的词，更是会谱成曲子，让宫女们演唱。可惜的是，远古妙音早已失传。好在今人揣摩其古韵，把李煜的不少词再次谱成了曲加以传唱，多少弥补了这一缺憾。其中台湾歌手邓丽君唱的《虞美人》，忧伤的情调与李煜词《虞美人》凄切的情境十分吻合，我不善于唱歌，但我却喜欢唱邓丽君演唱的《虞美人》，让我们唱读课文，捕捉词韵，随着邓丽君的歌曲走进李煜的内心吧。

（教师播放《虞美人》歌曲。教室里寂然无声，随着音乐的渐渐展开，教师用男中音吟唱《虞美人》，学生们情不自禁地跟着吟唱，师生如醉如痴、手舞足蹈，歌声荡气回肠，作者一字一泪，读者一字一泪，歌者一字一泪，师生一字一泪，《虞美人》鉴赏达到高潮。）

师（总结）：这节课，我们采用五个朗读步骤——步骤一，素读《虞美人》，咬准词音；步骤二，美读《虞美人》，体会词情；步骤三，研读《虞美人》，探究词心；步骤四，品读《虞美人》，赏析词艺；步骤五，唱读《虞美人》，捕捉词韵——来学习品味了李煜的《虞美人》。而且这五个步骤，由一、二的感性开始，到三、四的理性，再到五的感性，但五是一种更高层级的感性。通过反复诵读，领会了词人之愁——故国之思、失国之悲、亡国之痛，把握了诗歌借景抒情、以乐景抒悲情的艺术手法。下面布置作业。（教师出示幻灯片。）

仿照《虞美人》中的“愁”的表达，根据这种化虚为实的手法，运用修辞手法，围绕“幸福”，化抽象为具体，写一句话。

今天，我们学到这里。谢谢同学们！

（该课例获深圳市优质视频课一等奖。）

《木兰诗》悬念教学实录

上课时间：2013年6月20日上午第三节课

上课地点：广西壮族自治区桂林市

上课对象：来自桂林市各校初一学生45人

听课教师：桂林市初中教师约350人

一、赏读文本，从文学角度探究木兰形象之美

师：十分高兴来到有着“山水甲天下”美誉的桂林上课，一走进报告厅，看到同学们一张张可爱的笑脸，老师很高兴，不过……

（学生们脸上充满好奇。）

师（充满怀疑的语气）：老师不知道同学们对自己有没有信心。

生（齐声洪亮地说）：有。

师（带着怀疑的语气）：那么，一会儿课堂上敢回答问题吗？

生：敢。

师：好，今天我要跟同学们上一节课，在上课之前，我先请同学们看一幅画。（教师出示幻灯片。）

幻灯片展示图

（引自教育部组织编写的人教版语文教材七年级下册42页）

师：（指着幻灯片）请同学们仔细观察画面，并用语言对这幅画的内容进行描述或解说，可以先相互讨论，并说给同桌听，给大家3分钟时间思考。

（悬念一设置，就激发起学生兴趣，学生认真观察画面内容，并纷纷说给邻座的同学听，3分钟后，教师让学生回答问题。）

师：刚才，我见同学们对这幅画观察十分仔细，并纷纷说给同桌听了，下面，我请同学站起来发言，用自己的语言对这幅画进行描述或解说，说给大家听听。

（学生纷纷举手发言。）

生1：这是一位即将上战场的将军，一身戎装，身边有一匹战马。

生2：这是一位年轻的少年英雄，手拿弓箭，善于骑射。

生3：这是一个能征善战的指挥官，一双大脚，穿着军靴，站在那儿，正在沉思，他即将骑着战马出征。

师：说得很好，观察得很仔细，有说将军的，有说少年英雄的，有说指挥官的，总之，是一个中华好儿郎，然而，大家知道这幅画是出自哪里吗？请同学们翻开书，42页，这幅画，是教材上《木兰诗》一文的配画。既然是《木兰诗》的配画，肯定与诗歌内容有关。下面，请同学们初读《木兰诗》，并用《木兰诗》中的句子，说明或描述这幅画的内容，看课文中，哪句诗最适合配这幅画。

（学生要回答出这个问题，必须要仔细研读《木兰诗》，琢磨诗歌每一句话的内容，这就避免了由教师一句一句串讲，学生被动地听的传统教学模式。这一悬念设置，果然激发起学生研读诗歌的兴趣，达到让学生深入文本阅读诗歌、熟悉诗歌内容、理解诗歌句子、初步把握木兰形象的目的，学生认真阅读诗歌，不时相互讨论，几分钟后，教师让学生回答问题。）

师：刚才，同学们边看画，边读诗，十分认真仔细，下面，我叫同学来说一说，看诗中哪句话，最适合表现这幅画的内容。谁先来说一说？

生4：我觉得用“万里赴戎机，关山度若飞”这两句诗来概括这幅画最合适。

师：为什么？你能说出道理吗？

生4：不远万里，奔赴战场。像飞一样跨过一道道的关，越过一座座的山，说明行军速度很快，这就需要一匹战马。图中有一匹战马，马蹄高扬，充满动感，而且图中尤其突显木兰那一双大脚，显然这是一双能够翻山越岭的脚。

师：解读得不错。这两句话，的确可以概括这幅画的内容。还有同学要说吗？

生5：老师，我选“朔气传金柝，寒光照铁衣”这两句诗来概括这幅画。

师：是吗？说说你的理由。

生5：图片上，木兰双脚裹着靴子，只有在北方的寒气之中，才会这样穿着，身上穿着铠甲，呈银白色，这是寒冷的月光照耀下的景色，这与“朔气传金柝，寒光照铁衣”的艰苦战争环境相吻合。

师：观察得很仔细，想象力很丰富，有道理啊，哪位同学还有新发现？

生6：我选“愿为市鞍马，从此替爷征”来概括画面。

师：“愿为市鞍马”，“市”是什么意思？

生6：“买”的意思，这里是名词作动词用。

师：理解正确。那你为什么用这两句诗来诠释这幅画呢？

生6：我认为，画面的内容是木兰的想象。画中的木兰，眯着眼睛，那是她正在沉思，“愿为市鞍马”，她想象着自己购买了一匹战马，穿上一身戎装，“从此替爷征”，代自己的父亲征战。

师：观察角度不错，你看，她观察到了木兰的一双眼睛。然后，说木兰在沉思，并且说出了沉思的内容。有道理。还有不同的句子来概括画面的吗？

生7：我用“愿驰千里足，送儿还故乡”这两句诗来概括。

师：你用的是第五段中的内容，说说你的理由。

生7：“千里足”，就是千里马，画面中有一匹马，这匹马作奋蹄欲飞之状，说明是千里马，千里马旁边就是木兰，她要骑马回故乡了。

师：说得很有道理。但这里，我有个疑问，木兰明明是女的，你看，诗歌中称呼木兰，无论是他称还是自称，用的或是“女”字或是“我”字，“不闻机杼声，惟闻女叹息”“问女何所思，问女何所忆。女亦无所思，女亦无所忆”。全诗中，唯独这个地方称“儿”，我觉得应该统一为好，这里改成“愿驰千里足，送女还故乡”，行不行?

生7：不行，第一，这时的木兰在朝堂上，以战功者的身份接受赏赐，还没有脱下戎装，还是女扮男装，因而还是儿郎。第二，这里称“儿”字，更能体现木兰刚性坚毅的一面，使木兰的性格更丰富。

师：分析得很好，很符合情理。那么改成“愿骑千里足，送儿还故乡”，行不行?

生7：也不行，“驰”字表明跑得快，写出了木兰归心似箭的心理特点。

（以上这一悬念设置，就基本上把木兰性格中英雄气概的一面分析出来了。这些内容，都不是老师告诉学生的，而是采用悬念教学法诱导学生自己探究出来的。那么，要全面掌握木兰的形象，尤其是女儿的一面，怎么办呢？接着，教师采用填写表格法设置悬念，引导学生再度研读诗歌，全面立体地把握木兰形象。）

师：刚才同学们用诗句概括画意，都言之成理。但我有一个感觉，好像概括的主要用的是第四、第五段中的诗句，主要概括的是作为一个战士的木兰，这些诗句中出现的意象，主要是鞍马、千里足、关山、铁衣等，表现出木兰的坚强、勇敢、善战，木兰给我们的印象，好像是个男性，但木兰是一个女性啊，诗歌中的木兰形象，好像更丰富啊。下面，请同学们再仔细研读课文，并填好下面的表格。（教师出示幻灯片。）

花木兰档案

<table>
<tr><td>姓名</td><td>木兰</td><td rowspan="4"></td></tr>
<tr><td>性别</td><td></td></tr>
<tr><td>年龄</td><td></td></tr>
<tr><td>婚姻状况</td><td></td></tr>
<tr><td>家庭成员</td><td colspan="2"></td></tr>
<tr><td>排行</td><td colspan="2"></td></tr>
<tr><td>特长</td><td colspan="2"></td></tr>
<tr><td>人生理想</td><td colspan="2"></td></tr>
<tr><td>人生履历</td><td colspan="2"></td></tr>
<tr><td>性格特征</td><td colspan="2"></td></tr>
</table>

（学生们要填出这个表格，要再度研读诗歌，理解诗歌句意。学生们面对这个悬念设置，表现出浓厚的兴趣，感悟、推理、想象、分析、综合，纷纷尽情读、动脑思、张口说，然后动笔写，根据诗歌内容填写表格。4分钟后，教师让学生们说出表格内容。学生们纷纷举手发言。）

生8：木兰，性别是女的。

师：从哪些诗句可看出木兰是女的？

生8：从第一段，就可以推断木兰是女的。"唧唧复唧唧，木兰当户织。不闻机杼声，惟闻女叹息。"木兰当户织，说的是木兰对着门织布，木兰织布，表明木兰是女的。

师：为什么织布，就是女的？

生8：因为古代是男耕女织，男的耕田，女的织布。

师：有道理，那么，木兰的年龄有多大呢？

生8：替父从军时，应该是16岁左右，当兵回来，应该是26岁左右。

师：有什么依据？

生8：诗中有"将军百战死，战士十年归"，可见木兰征战10年，16岁加10年，不是26岁左右吗？

师：你把这两句诗歌翻译给大家听听。

生8：将军身经百战，壮烈牺牲了，壮士苦战十年，终于胜利归来。

生9：我觉得这句话不能这么理解，如果将军都死了，谁还敢当将军呢？

（学生们哄堂大笑。）

师：呵呵，那说说你的理解。

生9：我的理解是"经过多年征战，将军和士兵有的死了，有的回来了"。这句话也反衬出木兰的骁勇善战、勇敢机智，身经百战而能幸免于难，这得需要多么高超的本领和多么过人的聪明机智啊！这是一种叫作"互文"的修辞手法，理解的时候，句中的两个主语要合在一起做主语。

师：不错，的确是互文，文中还有一些类似的句子，你能找出来吗？

生9："东市买骏马，西市买鞍鞯，南市买辔头，北市买长鞭"四句。

师：对了，说说你的理解。

生9：这四句意思是木兰跑遍了许多集市，购齐了出征所需之物，而不是在某一个集市上只买某一样东西。这样写是为了渲染战事的紧张，并不是真的从东市上买好了骏马又跑到西市上去买鞍鞯，再跑到南市买辔头，又跑到北市买长鞭。

师：你理解得非常到位！作者连用四个排比句式，本意就是为了渲染战事的紧张。好，刚才同学说木兰是从军10年，木兰的年龄是26岁。还有没有不同意见？

生10：我觉得木兰应该是28岁。

师：你有什么依据？

生10：因为后文有“同行十二年，不知木兰是女郎”。可见，木兰从军不是10年，而是12年。这样算来，就是28岁。

师：同学们，你们说，他们谁说的更有道理？

生11：28岁有道理。前面的“将军百战死，战士十年归”，那是为了对仗的工整，不是实指，而是虚指。而“同行十二年，不知木兰是女郎”则是实数。

师：对了，文中牵扯到好多处数字，如“军书十二卷”“策勋十二转”，这里也是虚指，并非实数。通过一番论证，我们弄清了木兰的年龄是28岁，下面看看木兰的婚姻状况如何。

生8：未婚。

师：说说你的理由。

生8：首先，木兰离家出征时是一人，“旦辞爷娘去，暮宿黄河边，不闻爷娘唤女声”，可见，木兰未婚。“征战十年”未婚，“同行十二年，不知木兰是女郎”，可见，征战期间，木兰未暴露女儿身份，何来结婚？

师：分析得很详细，且有条理。木兰的确未婚。那么，木兰的家庭成员有哪些？

生8：有父亲、母亲，有一个姐姐和一个弟弟。

师：证据呢？

生8：“爷娘闻女来，出郭相扶将”说明有父母；“阿姊闻妹来，当户理红妆”说明木兰有一姐姐；“小弟闻姊来，磨刀霍霍向猪羊”说明有一弟弟。

师：好，找对了。可见木兰在家排行第几？

生8：排行第二。

师：好，说得很好，请坐下，后面的表格内容，让别人也来说一说。

（学生们纷纷举手，师指着一生）你来说说，木兰有什么特长呢？

生12：一是织布。“唧唧复唧唧，木兰当户织”，“唧唧”，是织布机的声音，一个“复”字，说明木兰织布很勤快。

师：除了织布之外，还有何特长？

生12：骑马。“旦辞爷娘去，暮宿黄河边”“旦辞黄河去，暮至黑山头”，写木兰踏上征途，马不停蹄，日行夜宿，可见木兰骑马功夫了得，行军速度也快。

师：还有吗？

生12：行军打战，“万里赴戎机，关山度若飞”，不远万里，奔赴战场，像飞一样地跨过一道道的关，越过一座座的山。木兰行军打仗像男人一样快捷迅猛。

师：那木兰的人生理想是什么呢？

生12：立功封侯。

师：有什么依据？

生12：“归来见天子，天子坐明堂，策勋十二转，赏赐百千强。”这是说木兰打仗立功了，终于得以见到天子，得到最高奖励。［策勋，记功。转，勋级每升一级叫一转，十二转为最高的勋级。赏赐百千强（qiáng），赏赐很多的财物。百千，形容数量多。强，有余。］可见，这是木兰的人生理想。

生13：我觉得有些不对，木兰打仗立功，固然是事实，但想封侯，却是不对的。

师：说说你的理由。

生13：因为后面说，当天子要她当尚书郎的时候，木兰拒绝了。她提出“愿驰千里足，送儿还故乡”。她的理想应该是回归女儿身，过和平的田园生活。

生14：我也认为木兰从军不是为了去做官，而是因为她父亲年迈，从这里我觉得木兰非常孝顺！

师：好，下面我们再请一位同学来说说表格后面的内容。先说说木兰的人生履历。你来。

生15：16岁以前在家织布。16~28岁，替父从军打仗立功。28岁，回家织布。

师：概括得不错，下面请同学们再归纳分析一下木兰的形象特点，每个同学说一条，不准重复。

（学生们争先恐后举手发言。）

生16：木兰很勤劳，“唧唧复唧唧，木兰当户织”。一个“复”字表明木兰织布不是短时间的，而是长年累月都在做！可见其勤劳。

生17：木兰很孝顺，天子征兵，在“阿爷无大儿，木兰无长兄”的情况下，替父从军，这是一个多么孝顺的女儿啊！

生18：木兰很坚强，“万里赴戎机，关山度若飞。朔气传金柝，寒光照铁衣”。木兰身跨战马，千里迢迢，奔往战场，飞越一道道关口、一座座高山，在边塞军营的艰苦战斗生活中，木兰没有退缩，最终“壮士十年归”。这是何等的坚强！

生19：木兰很勇敢，“将军百战死，壮士十年归”“双兔傍地走，安能辨我是雄雌？”在保卫祖国的战斗中，木兰和男人一样勇敢地作战。

师：我们平时有行走这个词，“双兔傍地走”的“走”，可不可以换成“行”字？

生19：不行，这里的“走”，是古今异义字，相当于现在的“跑”。说明行军速度快，木兰也与男士兵一样，在高强度地运动作战。

生20：木兰很机警。“同行十二年，不知木兰是女郎。”那些士兵与她相处那么多年都不知道她是个女子，要做到这一点多难啊，这需要高度机警！

生21：木兰情感很细腻。

生22：木兰调皮率真。

生23：木兰不贪图荣华富贵，天子的奖赏和封赐没有留住木兰毅然还乡的脚步，她在乎的不是官位和赏赐，而是回故乡，过普通人的生活。这里显示出木兰不爱功名利禄的优良品德。

生24：我觉得木兰是个很爱美的女孩子，从“当窗理云鬓，对镜贴花黄”中看得出来。

师：同学们说得真好啊！我们通过图文对照法和表格填空法，师生互动，全面立体地把握了木兰形象。以上，我们进行了教学的第一步。（教师出示幻灯片。）

二、研读文本，从文章角度探究诗歌结构之美

（诗歌是什么结构，教师不能直接告诉学生，于是，通过温故知新法，设置悬念，启发诱导学生自己去探究诗歌结构之美。）

师：同学们真棒！通过赏读，我们把握了木兰的形象，弄清了木兰替父从军的故事，下面，我们来探究诗歌结构之美。同学们应该看过《三国演义》《水浒传》《西游记》和《红楼梦》，这四部小说在塑造人物形象的时候，有一个特点，就是喜欢用人物经常使用的道具来衬托人物形象，使人物形象的特点更为鲜明，如诸葛亮，经常使用的标志性道具是什么？

生：一把扇子。

师：对，一把扇子。我们知道诸葛亮足智多谋，他手中拿一把羽扇，就更显得足智多谋了。关羽是一员武艺高强的武将，他经常使用的武器是什么呢？

生：一把刀，青龙偃月刀。

师：对，配上这把刀，就更能衬托他的武艺高强。李逵，是一员猛将，他经常使用的武器是——

生：斧头。

师：对，配上这把斧头，就显得更威猛了。孙悟空神通广大，使用的法宝是——

生：金箍棒，配上金箍棒，就更神通广大了。

师：林黛玉多愁善感，经常使用的物品又是什么呢？

生：手帕。

师：是呀，配上手帕，就更多愁善感了。这首诗，也用了小说塑造人物形象的手法，在诗歌中，为塑造木兰形象，也使用了一些道具来衬托木兰形象，使木兰形象更为丰富。现在请同学们找找看，诗歌中使用了哪些道具来衬托木兰的形象。

（这个悬念设计，使学生产生了极大的兴趣，学生再度阅读诗歌，寻找诗中为木兰配置的道具，并在书上写写画画，还不时与同桌讨论商量，3分钟后，

教师让学生回答问题，学生举手踊跃回答。）

生24：第一段中，有织布机，第二、三段中有骏马，第四段中有铁衣，第五段中有千里足，第六段中云鬓、花黄、镜子，第七段中有兔子。

师：这些道具对于衬托木兰性格有什么作用呢？

生24：这些道具，既有与家庭生活有关的，与女性有关的，也有与战争有关的，与男性有关的。通过这些道具，既表现木兰的儿女情怀，也展现木兰的英雄气概。而且诗歌开头表现了木兰的儿女情怀，结尾又回到儿女情怀。这是木兰儿女情怀的回归。

师：分析得非常好。我们再研究诗歌中对木兰的称呼。（教师出示幻灯片）请同学们找找看，诗歌中对木兰有怎样的称呼？

（这个悬念设计，吸引学生带着极大的兴趣再度阅读文本，关注诗歌中对木兰的称呼情况，不一会儿，学生举手回答问题。）

生25：第一段，称木兰为木兰或女。第二段，没变化，还是称木兰为木兰或女。第三段，称女。第四段，将军、壮士，开始男性化。第五段，称儿，男性化。第六段称女、妹、姊、女郎。第七段，称我、雌。

师：找得不错，诗歌中，对木兰的称呼随着诗歌情节的展开有变化。请你再思考思考，从人称的这种变化可以看出什么问题来？

（生25摇头。）

师：请大家都想想这个问题，想到以后跟大家分享。

（学生们在下面窃窃私语，相互讨论，不一会儿，一个学生举起手来，表达自己的观点。）

生26：我认为，人称的变化表明，木兰的故事，以女儿的身份、从宁静的耕织生活开始，中间以男儿的身份经历了波澜壮阔的战争生涯，最后复归于田园的宁静、闺阁的甜美，回归女儿身。

师：分析得非常好，这样看来，全诗在叙事结构上，有一种回环的美。（教师出示幻灯片。）

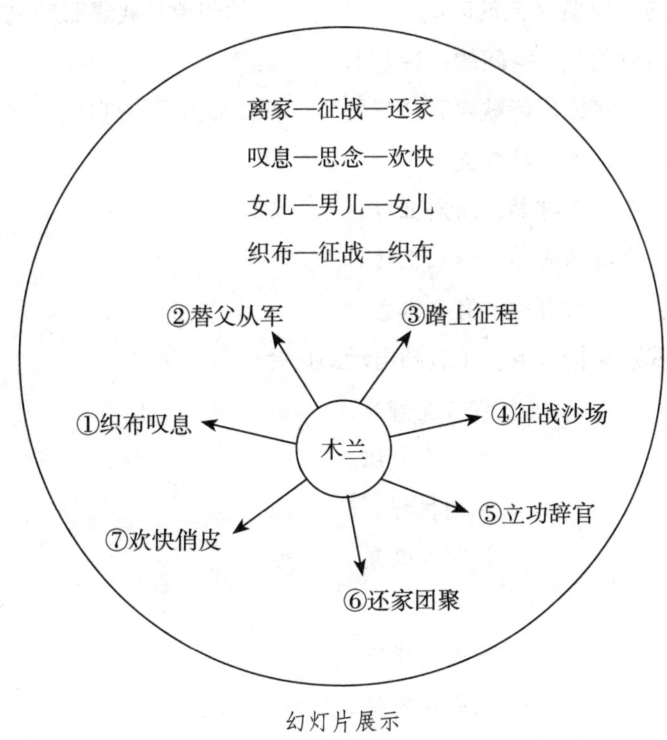

幻灯片展示

师：以上，我们通过研读文本，从文章角度探究了诗歌的结构之美。接着第三步，品读文本，从文化角度探究诗歌孝德之美。

三、美读文本，从语言角度探究诗歌韵律之美

（韵律之美，教师也不能直接告诉学生，于是，采用文字重排法设置悬念。）

师：《木兰诗》，书上是这样排列的。（教师出示幻灯片。）

唧唧复唧唧，木兰当户织。不闻机杼声，惟闻女叹息。

问女何所思，问女何所忆。女亦无所思，女亦无所忆。昨夜见军帖，可汗大点兵。军书十二卷，卷卷有爷名。阿爷无大儿，木兰无长兄，愿为市鞍马，从此替爷征。

东市买骏马，西市买鞍鞯，南市买辔头，北市买长鞭。旦辞爷娘去，暮宿黄河边，不闻爷娘唤女声，但闻黄河流水鸣溅溅。旦辞黄河去，暮至黑山头，不闻爷娘唤女声，但闻燕山胡骑鸣啾啾。

师：然而，这样排，我觉得不像诗歌。闻一多先生说，我们的文字是象形

的，我们中国人鉴赏文艺的时间，至少有一半的印象是要靠眼睛来传达的。原来文学本是占时间又占空间的一种艺术。

因此，闻一多提出诗歌要有“三美”。（教师出示幻灯片。）

音乐美、绘画美、建筑美。

音乐美：有平仄押韵，朗朗上口。

绘画美：要有画面感，形象生动。

建筑美：有节的匀称，有立体感。

现在，我这样排一下。（教师出示幻灯片。）

唧唧复唧唧，
木兰当户织。
不闻机杼声，
惟闻女叹息。

问女何所思，
问女何所忆。
女亦无所思，
女亦无所忆。
昨夜见军帖，
可汗大点兵。
军书十二卷，
卷卷有爷名。
阿爷无大儿，
木兰无长兄，
愿为市鞍马，
从此替爷征。

东市买骏马，
西市买鞍鞯，
南市买辔头，
北市买长鞭。

旦辞爷娘去，
暮宿黄河边，
不闻爷娘唤女声，
但闻黄河流水鸣溅溅。
旦辞黄河去，
暮至黑山头，
不闻爷娘唤女声，
但闻燕山胡骑鸣啾啾。

师：（教师指着幻灯片）这样排，更像诗歌了。大家发现，这样排，诗歌句子有一种建筑美，立体感强，总体来说，句子也整齐，绝大部分句子都是5个字。以前三段为例，如诗歌第一、第二段，句子十分整齐，都是5个字一句。而到了第三段，却有5个字一句的，7个字一句的，还有9个字一句的。因此，我把第三段改了，改成像第一、二段那样整齐的句子，是原文好，还是我改得好?

（针对教师提问，学生低声讨论，不一会儿，学生举手回答问题。）

生27：原文好，老师一改，少了一些意境，同时也少了抒情味。

生28：是的，木兰毕竟是女性，这样一改，少了女性的细腻与牵挂。

师：是的，木兰毕竟是女孩，行军途中，她一直有对家人的牵挂。她走一路，牵挂一路。“旦辞爷娘去，暮宿黄河边，不闻爷娘唤女声，但闻黄河流水鸣溅溅。旦辞黄河去，暮至黑山头，不闻爷娘唤女声，但闻燕山胡骑鸣啾啾。”她不是一个男性英雄，不是仅有那种“葡萄美酒夜光杯，欲饮琵琶马上催。醉卧沙场君莫笑，古来征战几人回？”（王翰《凉州词》）的男性英雄的视死如归的豪迈，不是仅有那种“青海长云暗雪山，孤城遥望玉门关。黄沙百战穿金甲，不破楼兰终不还”（王昌龄《从军行》）的男性英雄的义无反顾与决绝，她豪迈中有女性的细腻与柔情，她是有所牵挂的，她牵挂父母，期望有朝一日从战场归来，恢复女儿装，侍奉父母，回家织耕。因此，此处句式的加长，使得诗歌节奏变得舒缓，更有利于表现木兰的豪情与柔情。揭示出木兰乍离家乡，思念亲人，离乡愈远，思亲愈切的内心世界。这八句诗，形象地描写出了木兰行军途中的豪迈气概，细腻地显露出她少女思亲的情怀，两处“不闻爷娘唤女声”，有血有肉地表现了“女儿情”，活生生地刻画出了一个少年英雄女郎的形象。

在这里，诗歌句式的变化随木兰内心情感的变化而变化。

再看这一节。（教师出示幻灯片。）

爷娘闻女来，
出郭相扶将；
阿姊闻妹来，
当户理红妆；
小弟闻姊来，
磨刀霍霍向猪羊。

师：（教师指着幻灯片）这一节，句式也根据人物年龄、身份特征的不同而有变化。写爷娘、阿姊这几句，句式整齐，也是5个字的短句，写出了爷娘、阿姊见到木兰的喜悦。

但写小弟就不同了，不仅喜悦，还写出了小弟的顽皮淘气。如果把“霍霍”去掉，就没这个味道了。整首诗，从句式的表达上，能体现情感，当然，这种情感，我们还要通过理解诗歌内容，慢慢体会，读出这种节奏，读出这种味道和情感。下面，我们就来好好品读这首诗歌。先请同学们在下面放声朗读。

（学生们响应教师召唤，尽情投入、声情并茂地朗读课文。）

师：刚才大家读得非常投入，有的同学甚至加入了一些动作，很好。古诗文读通读懂是基础，读出情感才是一种境界。下面请同学们选一句或一段自己最能把握住感情的句子，读给同桌听。

（学生们自由朗读。）

师：下面我们来交流一下自己的情感体验。（教师出示幻灯片。）

情感大体验：______________________________

我体会到这里应该读出______________（苦闷、惊讶、喜悦、自豪）的感情，因为______________________________

生29：我体会到“万里赴戎机，关山度若飞。朔气传金柝，寒光照铁衣。将军百战死，壮士十年归”这部分应该读出一种豪迈的气魄，因为这部分写的是木兰征战沙场的情景。

（教师点一名男生起来读。其他学生评读。）

生29：我觉得读得还不够豪迈，一是气势不够，声音可以再高亢一些，再则就是读“百战”和“十年”的时候要拖音长一些，要有一种回环的味道。

（全体男生再读。）

生30：“旦辞爷娘去，暮宿黄河边，不闻爷娘唤女声，但闻黄河流水鸣溅溅。旦辞黄河去，暮至黑山头，不闻爷娘唤女声，但闻燕山胡骑鸣啾啾。”这部分写的是木兰离开父母去从军的途中，她一定很思念自己的亲人，我觉得应该读出思念的味道。

师：那怎样才能把这种思念的感情表现出来呢？

生30：在读“不闻爷娘唤女声”中这个“唤”字时一定要有呼唤的味道。

师：那你呼唤一声让大家找找感觉。

生30：“儿呀，快回来，娘想你呀！”（全班哄笑）就要有这种呼唤的味道。

生30：还有在读“鸣溅溅”和“鸣啾啾”的时候一定要慢，要有一种回荡的感觉。我给大家读读看。“旦辞爷娘去，暮宿黄河边，不闻爷娘唤女声，但闻黄河流水鸣溅溅。旦辞黄河去，暮至黑山头，不闻爷娘唤女声，但闻燕山胡骑鸣啾啾。”

师：我们女生一起来试试。

（全体女生齐读。）

生31：我认为在读“唧唧复唧唧，木兰当户织。不闻机杼声，惟闻女叹息”这句时应该读出木兰内心的苦闷，因为家中没有能去从军的男子，木兰心里一定是既矛盾又忧郁的。

师：那怎样把这种忧郁表现出来呢？

生31：这个很简单，除了把语速放慢、语调放低外，还可以在结尾的地方加一声重重的叹息“哎——”就可以了。

师：这个技术处理很到位，同学们试着读读。

生32：我认为“爷娘闻女来，出郭相扶将；阿姊闻妹来，当户理红妆；小弟闻姊来，磨刀霍霍向猪羊”这几句应该读出满心的喜悦，因为木兰平安凯旋，你说她的亲人该是多么高兴呀。

师：那这种喜悦又怎么表现呢？

生32：读快，音调读高。

生32：在读到“磨刀霍霍向猪羊”这句时还可以做一个杀的动作。

师：我们一齐带着这种喜悦来读。（边读边加进去动作。）

生33：我认为在读“出门看火伴，火伴皆惊忙：同行十二年，不知木兰是女郎”时应读出一种表情来。

师：什么表情？

生33：惊讶。

师：为什么惊讶？

生33：因为“同行十二年，不知木兰是女郎”。

生33：“女郎”还要重读。

（师生齐读，读出惊讶。）

生34：读“雄兔脚扑朔，雌兔眼迷离；双兔傍地走，安能辨我是雄雌？”时应该读出一种自豪之情。因为同行了十几年，同伴都没有发现她是女儿身，木兰一定自豪极了。

师：我们一齐把这种自豪之情读出来。

生34：读“开我东阁门，坐我西阁床。脱我战时袍，著我旧时裳。当窗理云鬓，对镜帖花黄”一句时，也应读出一种喜悦。因为木兰脱下了厚重的铠甲，换上自己喜欢的女儿装，而且对着镜子进行一番精心的打扮。那她在换装打扮过程中心情能不喜悦激动吗？

师：兴奋、高兴地急于把自己的女儿身漂亮的一面展现出来。谁能把这种喜悦读出来？

（一个女生站起来笑着读。）

师：谁觉得自己还能比她读得更高兴一点？

（一个男生站起来。）

师：一个“男木兰”！

（男生读。）

师：大家一起来带着喜悦的心情齐读。

师：感情朗读是一种能力，也是一种境界，同学们在朗读的过程中，注重了语速、语调，采用了移情法，加进去了动作、神态，更重要的是，同学们融入了课本，苦闷着木兰的苦闷，喜悦着木兰的喜悦，下面让我们带着对木兰这个人物的理解和倾注的感情，有感情地朗读全诗，让我们这样来读这首诗歌。（教师出示幻灯片。）

（齐读）唧唧复唧唧，木兰当户织。
不闻机杼声，惟闻女叹息。
（男单）问女何所思，问女何所忆。
（女单）女亦无所思，女亦无所忆。
昨夜见军帖，可汗大点兵，
军书十二卷，卷卷有爷名。
（齐读）军书十二卷，卷卷有爷名。
军书十二卷，卷卷有爷名。
（女单）阿爷无大儿，木兰无长兄，
愿为市鞍马，从此替爷征。
（齐读）东市买骏马，西市买鞍鞯，
南市买辔头，北市买长鞭。
（女单）旦辞爷娘去，暮宿黄河边，
不闻爷娘唤女声，
（齐读）唉，唤女声，唤女声，唤女声，
但闻黄河流水鸣溅溅。鸣溅溅。鸣溅溅。
（女单）旦辞黄河去，暮至黑山头，
不闻爷娘唤女声，
（齐读）唉，唤女声，唤女声，唤女声，
但闻燕山胡骑鸣啾啾。鸣啾啾。鸣啾啾。
（齐读）万里赴戎机，关山度若飞。
朔气传金柝，寒光照铁衣。
（男单）将军百战死，壮士十年归。
归来见天子，天子坐明堂。
策勋十二转，赏赐百千强。
可汗问所欲，木兰不用尚书郎，
（女单）愿驰千里足，送儿还故乡。
（齐读）愿驰千里足，送儿还故乡。
愿驰千里足，送儿还故乡。
愿驰千里足，送儿还故乡。

（男单）爷娘闻女来，出郭相扶将；
（女单）阿姊闻妹来，当户理红妆；
（男单）小弟闻姊来，磨刀霍霍向猪羊。
（齐读）耶！磨刀霍霍向猪羊。
磨刀霍霍向猪羊。
磨刀霍霍向猪羊。
（女单）开我东阁门，坐我西阁床。
脱我战时袍，著我旧时裳。
当窗理云鬓，对镜帖花黄。
（齐读）出门看火伴，火伴皆惊忙：
同行十二年，呀！不知木兰是女郎。
（女单）雄兔脚扑朔，雌兔眼迷离；
双兔傍地走，安能辨我是雄雌？
（齐读）安能辨我是雄雌？
安能辨我是雄雌？
安能辨我是雄雌？

师：同学们读得真好。周振甫先生在《论诵读》中说“读诗注意停顿、读出轻重缓急，恰好能和文中的情与事起伏相应，足以帮助对文章的理解，了解作者写作时的情绪”。的确如此，我们通过朗读，感受到了木兰的英雄气概和女儿情。

好，这节课，我们通过四个步骤探究了木兰形象之美、诗歌结构之美、诗歌孝德之美、诗歌韵律之美。快要下课了，同学们还有什么问题需要提出来吗？

生25：老师，您这节课上得十分精彩，尤其是引导我们探究了木兰形象之美，木兰的形象的确丰富，十分有魅力。不过，我在读课文的时候，有一个问题想不通，诗中说“同行十二年，不知木兰是女郎”，我想这不真实！行军打仗肯定要洗脚，而中国古代妇女裹脚，不就暴露了吗？

（一石激起千层浪，学生们为此展开争辩。）

生26：木兰为了掩饰自己的女儿身份，应该不会当众洗脚。

（话音一落，提问的女生马上反驳。）

生25：就算木兰为了掩饰自己的女儿身份不当众洗脚甚至不洗脚，但诗中说“万里赴戎机，关山度若飞”，“赴”“飞”，速度极快，一双小脚，三寸金莲，走起路来都摇摇晃晃，能适应这样的行军速度吗?

生27：诗中的木兰不用走路，“东市买骏马，西市买鞍鞯，南市买辔头，北市买长鞭”，她是骑马行军打仗的啊。

（话音未落，女生大声反驳。）

生25：十二年时间，木兰不可能一直骑马，诗歌最后说“双兔傍地走，安能辨我是雄雌？”“傍地走”，就是下马走，“走”，在古代可是“跑”的意思啊！

（学生们一阵争论而不得其解，几十双眼睛全注视着我，他们期待着我的解答。说实在的，这个问题可难不倒我。因为我在备课时，也考虑了这个问题，要为学生解答这个问题，可以说是胸有成竹，但我转念一想，何不在这个问题上，向学生示弱，促使学生自己去探究这个问题呢？想到这里，我微微笑着说：“同学们，我也无法解答你们提出的问题，下课后，咱们师生都去查查资料，咱们师生来个比赛，看谁能最先弄清这个问题，好吗？”学生一听说我也“无法”解答这个问题，可乐了，他们提出的问题，我终于回答不出来。他们觉得我并非无所不知，无所不晓，觉得老师也有“不足”，也有“缺陷”，现在还要与他们一起比赛查资料，弄清问题，这恰好激起了他们的好胜心理，激起了他们要弥补老师“缺陷”的欲望。于是，学生下课后，争先恐后地跑到图书室去查资料，他们终于从浩如烟海的史料中找到了答案：“裹足，始于五代。”这说明中国女子裹足要晚于《木兰诗》问世的年代。学生得到这个结论后，欣喜若狂，跑到办公室，把他们的发现告诉我。我说：“你们查得真快，你们不说，我现在还不知道。”学生听后，在我面前露出了骄傲和自豪的神情。整堂课，就是在这样的悬念中进行的。这堂课，教师讲的话语并不多，与我过去采用串讲法彰显自身才艺不同，这堂课，我的心思主要是花在学生身上。我只是紧紧抓住学生好奇的心理特点，制造一个又一个的悬念，千方百计让学生在课堂上阅读、讨论、质疑、答疑，使学生产生浓厚的兴趣，自觉地加入学习中。）

《春夜宴从弟桃李园序》悬念教学实录

上课时间：2013年12月20日

上课地点：广东省珠海市第二中学

上课班级：高一（18）班

听课教师：珠海市语文教师约120人

师：珠海如此多娇，风景这边独好。珠海这个地方，是我魂牵梦绕的地方。这是我第六次踏上珠海这片神奇的土地，第三次来到珠海二中。我感到非常高兴，尤其是能与珠海二中高一（18）班的同学一起学习，更是高兴。今天，我们就一起来学习一篇古代散文，这篇散文就是唐代大诗人李白的《宴从弟桃李园序》，李白不仅是一位天才的诗人，也是一位散文大家，他左手写诗，右手写散文，这篇散文写得十分优美。一谈到学习散文，我就记起了北京大学教授温儒敏先生的一段话。（教师出示幻灯片，并让学生齐读这段话。）

教学诗词或散文，要注意“涵泳”，要注意朗读，朗读是一种“浸润式”习得，没有反复的朗读，那情味就出不来，语感就出不来。这是语文教学的最佳境界。

师：同学们读得真好，已经开始进入境界了。大诗人李白笔下的这篇散文，是放在粤教版语文教材选修二第四单元中，第四单元选的都是一些脍炙人口的赋和骈文，如王勃的《滕王阁序》、苏轼的《后赤壁赋》等，这种文体行文似散文，押韵似诗歌，充分体现了汉字的对称美、建筑美和典雅美。因此，教学这样的美文时，除作品本身内涵值得反复品味外，作品节奏、韵律、语调等这些外在的形式美都有着特定的教学意义。我们今天从朗读的角度，分四个朗读的层级来学习这篇作品，来个以“读”攻“读”，“读”领风骚，让我们在读中识、在读中悟、在读中问、在读中说、在读中议，好不好？

生：好！

一、试读，巧借虚词句式理清句读

师：我们的古书，是没有我们现在看到的句号、叹号、问号、逗号等标点符号的，标点符号是五四运动那个时候引进来的，那么古人读书时，会不会有停顿呢？（指着生1）你说说看，有没有？

生1：我想，应该会有的，不停地读下去，连喘息的机会都没有，人怎么受得了。

师：你这个回答挺有意思，你是从生理的角度揣测出来的，有没有道理？当然有道理。你能不能从我们学过的课文中找出依据来？

（生1摇头。）

（教师下发没有标点的《宴从弟桃李园序》，同时幻灯片上显示没有标点的这篇文章。）

夫天地者万物之逆旅也光阴者百代之过客也而浮生若梦为欢几何古人秉烛夜游良有以也况阳春召我以烟景大块假我以文章会桃花之芳园序天伦之乐事群季俊秀皆为惠连吾人咏歌独惭康乐幽赏未已高谈转清开琼筵以坐花飞羽觞而醉月不有佳咏何伸雅怀如诗不成罚依金谷酒数

（学生面对这个挑战，兴趣盎然，他们在下面边读边标，教师在学生间巡视，学生断句花了大约3分钟。）

师：刚才我在下面看了，我们的同学基本上断好了这段话。下面，请同学们把自己断好的文章读给邻座的同学听一听，看断得怎样？古人读书是摇头晃脑的。（教师示范，听课师生为教师的幽默风趣发出会心的微笑，课堂气氛显得更为轻松活泼，进一步消除了师生的陌生感。）

（学生们读，有的摇头晃脑，有的不时讨论。）

师：好，下面，我们请一位同学把自己标的文段读一下。哪个来？

（学生纷纷响应老师的召唤，有20多个学生举起手来。）

师：（指着生2）好，你来读吧，请同学们认真听，看她给文章断句断得怎样？

（生2读。）

师：刚才这位同学读出了自己的断句，看哪位同学评价一下，她断得怎样？

生3：绝大部分断得正确，有少数地方断得有问题，如“开琼筵以坐花飞羽觞而醉月不有佳咏”她断成了“开琼筵以坐／花飞羽觞而醉／月不有佳咏”，这里正确的断法应该是“开琼筵以坐花／飞羽觞而醉月／不有佳咏”。因断句错误，在读的时候，这些地方显得不太流畅。

师：你听得很仔细啊！那你来读一下你断句的文章怎样？

（生3读，而且读得十分流畅。）

师：同学们，她断句断得怎样？

生：好。

师：请你说一下，你是根据什么来给这篇文章断句的？

生3：首先是根据虚词。文中有不少地方有虚词。尤其是文章前半段，出现了好几个“者”“也”。我在有“者”和“也”的地方，就会断句。

师：那你是在“者”和“也”的前面还是后面断句呢？

生3：我会在它的后面断句，因为在古汉语中，“者”和“也”是句尾的虚词。

师：回答得很好。古汉语有不少虚词，其中我们高考考试大纲规定的常见虚词有18个。（教师出示幻灯片。）

而、何、乎、乃、其、且、若、所、为

焉、也、以、因、于、与、则、者、之

师：（指着幻灯片上的虚词）以上虚词，哪些一般是句尾虚词呢？

生3：有“乎”“焉”“也”“者”“之”，这些词，一般情况下，放句尾。而“而”“何”“乃”“其”“若”“因”“则”这些虚词，一般情况下放句首。

师：不错，看来这位同学对文言知识有些研究。

生3：这篇文章，前半部分“者”“也”较多，因此比较好断句。“夫天地者／万物之逆旅也／光阴者／百代之过客也”，这两个句子中的“者”“也”不仅是句尾虚词，还是典型的断句标志。

师：不错，你以虚词作为断句依据，的确是给文言文断句的一个好方法。你给这段话断得这么好，还有什么依据吗？

生3：当然有，这段文言文后半部分没有什么虚词，但还可以从句式上去考虑断句。

师：这篇文章在句式上有什么特点？

生3：我感觉这篇文章句式比较整齐对称，有不少对偶句。

师：哦，这是一个伟大的发现。你说说看，有哪些对称的句子？

生3：“阳春召我以烟景”对应“大块假我以文章”，这句话，是典型的对偶，句式相同，结构相似。“阳春”对“大块”，“召”对“假”，“以烟景”对“以文章”，了解了这个特点就好断句了。下面还有不少“四字句”“六字句”，都有这个特点，我感觉这篇文章有点像诗歌，读起来朗朗上口，我就是根据这个特点来把这篇文章断出来的。

师：很不错，她不仅说出了自己的断句依据，还说出了这篇文章的文体特点，她说这篇文章有点像诗，的确如此。（教师出示采用诗歌形式重新排列组合的文本，让学生发现文本特点。）

夫
天地者
万物之逆旅也
光阴者
百代之过客也
而浮生若梦
为欢几何
古人秉烛夜游
良有以也
况
阳春召我以烟景
大块假我以文章
会桃花之芳园
序天伦之乐事
群季俊秀
皆为惠连
吾人咏歌
独惭康乐

幽赏未已
高谈转清
开琼筵以坐花
飞羽觞而醉月
不有佳咏
何伸雅怀
如诗不成
罚依金谷酒数

师：（指着幻灯片）同学们，前面我说过。这是一篇骈文，什么是骈文？骈文的主要特点是讲究词语对偶，句法结构对称，以四六句为主。在声韵上讲究音律和谐，修辞上讲究清词丽句，且注重用典，是美文的典型代表。因此，前面这个同学说得好，这虽是一篇骈文性质的散文，但却像一首飘逸俊爽的诗，请同学们把这篇文章像诗歌一样在下面自由朗读一到两遍，如有什么问题可以跟邻座同学商量，或者问老师。

（学生们自由朗读，有的还摇头晃脑，十分投入，有的在讨论，约3分钟后，有学生向老师提问。）

生4：老师，《春夜宴从弟桃李园序》，“从弟”是什么意思？

师：这个问题你问得好，从，指堂房亲属，如堂兄弟称从兄弟，堂伯叔称从伯叔。“从弟”就是堂弟或族弟的意思。但唐代风气喜联宗，凡同姓即结为兄弟叔侄等，所谓“从弟”未必真有血缘关系。

生5：“序”，是什么意思？是不是与《送东阳马生序》中的“序”同义？

师：这里的“序”，不是《送东阳马生序》中的“序”的意思，那是赠序。序，是古代一种文体，有书序、赠序、宴集序等，这里是属于宴集序。宴集序，是指古人宴集时，常一同赋诗，诗成后公推一人作序。我们其实是学过这样的序的，同学们能想起来吗？

生6：王羲之的《兰亭集序》、王勃的《滕王阁序》。

师：（拍拍生7肩膀）对了，那么，我问你，你读了《宴从弟桃李园序》这篇课文后，你觉得作者是在什么季节、什么时间宴请他的从弟的呢？

生6：春季的夜晚。

师：你从哪儿看出的？

生6：文中有一句“况阳春召我以烟景”，“阳春”，就是温暖的春天，清明温和的春天以秀美的景色来招引我们，从这句可以看出是在春天。“古人秉烛夜游，良有以也”，古人拿着蜡烛，在夜间游乐，确实是有原因的啊，可见是夜晚，还有“飞羽觞而醉月”，应该还是有月亮的晚上。

师：分析完全正确，对关键字词如“秉烛夜游”的“秉”解释为“拿”，“良有以也”的“以”解释为“原因”都是很正确的，你的古文功底还不错啊。所以如果在标题上加一个季节的词语，就应该是——

生（齐）：春天。

师：加一个时间的词语就是——

生（齐）：夜。

师：（幻灯片出示完整标题——《春夜宴从弟桃李园序》，同时教师指着标题）这是一个没有出现主语的句子，如果要你加一个主语，谁春夜宴从弟桃李园？

生（齐）：应该是李白。

师：好，那么请同学们翻开教材，下面我们议读，借助注释透视李白。

二、议读，借助注释透视李白

师：同学们，我们读了这篇文章，分明看到了一个个性鲜明的李白形象，你读了这篇文章后，觉得李白到底是一个怎样的人？下面请同学们以课文中提供的信息为依据，在李白的前面加定语。（教师出示幻灯片。）

________________的李白

（以填空法设置课堂悬念，学生热烈响应教师召唤，认真阅读课文，并用笔在书上写写画画，有时学生之间相互讨论，交换意见。教师也走进学生，有时与学生一起讨论。8分钟后，学生纷纷作答。）

生7：我看到了一个才华横溢的李白。

师：哦，你从哪儿看出是一个才华横溢的李白呢？

生7：李白是唐代大诗人，他写了那么多的好诗歌，所以是一个才华横溢的李白。

师：这个我也知道，但我们要从本文中找到李白是一个才华横溢的人的依据，你能找到吗？

生7："群季俊秀，皆为惠连；吾人咏歌，独惭康乐"这几句话既有文采，又有一种对仗美，而且还用了典故，可见，李白是一个饱读诗书、有才华的人。

师：典故是难懂的，你能把这几句话的意思用现代汉语表达出来吗？

生7："群季"，就是"诸弟"的意思，"皆为惠连"，这里用了典故，惠连，就是南朝宋文学家谢惠连，此人才华横溢；"吾人"，即"吾"，就是作者自己，"独惭康乐"，这里又用了典故，"康乐"，就是谢灵运，他是南朝宋的著名诗人。

师："独惭康乐"，是说自己吟诗、作诗比不上谢灵运，这个地方李白谦不谦虚啊？

生（齐）：谦虚。

生7：但我认为有些不太谦虚。

师：为什么？

生7：这些话中的典故用得极妙，谢惠连与谢灵运是同族兄弟，但谢灵运的名气比谢惠连要大得多。他把他的弟弟们比成比谢灵运名气小的谢惠连，而把自己与名气很大的谢灵运相比，可见，李白在这里很自信，认为自己有才。

师：因此，在你看来，说他谦虚也可以，说他不谦虚也可以。自己把自己比成谢灵运，关于谢灵运，有一个"才高八斗"的故事与他有关。谢灵运曾说过一段这样的话："天下才共一石，曹子建独得八斗，我得一斗，自古及今共分一斗。"这段话，表面夸奖的是曹植，其实还是夸他自己。在这里，李白表面夸他的族弟们，其实是夸自己像南朝大文学家谢灵运一样才华横溢，好，你这个定性很不错，才华横溢的李白。（教师板书"才华横溢"。）请坐！

生7：我还想说。

师：呵，好啊，你说吧！

生7：狂放不羁的李白。

师：你从哪里看出？

生7："开琼筵以坐花，飞羽觞而醉月"，李白在花中摆宴席，在月下饮酒。可见他飘逸潇洒、狂放不羁。

师：这个信息抓得很准，这里的确体现了李白的飘逸潇洒、狂放不羁。好，她已经说出了李白的两个特质。（教师板书"狂放不羁"）谁还来说？

（一男生举手，因为听课教师太多，把教室里的过道全部都坐满了，因此，教师不能到学生身边，教师开玩笑说，不能到学生身边与学生亲密接触了，逗得听课的师生大笑，使课堂教学气氛更为活跃，学生发言更为放松。）

生8：我从文中读出了一个大气的李白，一个性情中的李白。

师：哇，一个大气的李白。你从哪儿看出是一个大气的李白？

生8：“夫天地者，万物之逆旅也；光阴者，百代之过客也”，天地是万物的旅舍，时间是百代的过客。文章一开始，就从天地和光阴写起，显得很大气，不拘小节。

师：说得真好，为他鼓掌。

（全体师生热烈鼓掌。）

师：他说李白气势很大，大笔一挥，“夫天地者，万物之逆旅也；光阴者，百代之过客也”，在李白眼中，宇宙就是一个旅舍，时间就是过客，显得那么小，那么短暂，所以，李白的胸怀可以装下整个宇宙，显得很大气，是大气磅礴的李白。（教师板书“大气磅礴”）很好，还有吗？

生8：性情中的李白。

师：性情中的李白，从哪儿可以看出？

生8：既然有酒喝，友人在一起，能够“序天伦之乐事”，心情很好，就写乐事，不像有些文章，从乐事写到哀事，然后写到哀情哀景，慢慢就撑不下去了。

师：这个李白呀，首先是“浮生若梦”，后面渐渐地就乐起来了，而有些人是先乐，后面就什么？悲起来了，是不是？在这里，李白在游玩中阐释人生，在欢乐中寄寓自信，在诙谐中藏有庄重。很不错，你的理解比我还深啊！两位同学水平都很高。还有没有要发言的？

生9：风趣幽默的李白。

师：风趣幽默的李白，是从哪里看出来的？

生9：我是从“不有佳咏，何伸雅怀？如诗不成，罚依金谷酒数”几句看出李白的风趣幽默。即席赋诗，不会作诗的要罚酒三杯。

师：金谷酒，在这里也用了典故，晋朝富豪石崇家有金谷园，石崇在园中同宾客饮宴，即席赋诗，不会作诗的要罚酒三斗。呵，风趣幽默，很有情趣，很高雅啊！

师：他们这些人，聚在一起，是不是打麻将？没有吧！他们是在唱卡拉OK。（听课师生大笑）然后就是写诗，是不是啊！喝酒都是很有情趣的。《古文观止》的编者说："末数语，写一觞一咏之乐，与世俗浪游者迥别。"好，鉴于时间关系，我们探究李白形象暂且到此。（教师出示幻灯片，归纳李白形象。）

幻灯片展示

师：（教师指着幻灯片）多么高雅的李白，他琴棋书画诗酒花，柴米油盐全不管。这个就是李白的肖像，其实，这副画像与刚才同学们分析的李白的个性特质完全吻合。胡须飘逸有仙气，高高帽子有道气，眉毛上扬有傲气，喜欢饮酒有豪气，酒后写诗有才气。好，以上我们进行了师生互动，通过初读断句、议读探究两个环节，基本上弄清了这篇骈文的语言特点和思想内容，同学们的鉴赏水平十分高超，与教材上的阅读提示完全一样。下面，让我们在理解的基础上，开始背读，试着背出来。

三、背读，根据结构思路背诵课文

师：首先，我们来探究一下这篇文章的写作思路。叶圣陶说，好的文章都是有思路的。那么什么是文章的思路呢？所谓文章的思路，就是围绕一个中心，先写什么，再写什么，最后写什么。下面我们师生一起来探究一下这篇文章的写作思路。先请同学们分组讨论一下这篇文章的思路。

（学生们根据教师提示与要求在下面讨论文章思路，教师在学生中巡视，约3分钟后学生开始举手发言。）

生10：我觉得这篇文章是围绕标题中"春夜宴从弟桃李园"来展开的。首先写宴会的季节是阳春，宴会的时间是晚上，宴会的对象是从弟，然后写了宴会的经过。

师：说得很好嘛，谁还有什么补充？

生11：我觉得这篇文章是围绕“宴”字来展开思路的。首先是写为什么要举行这场宴会，这是因为时光易逝，人生短暂，因此，要学古人一样秉烛夜游，接下来，写宴会的过程——天伦之乐、歌咏写诗、喝酒赏花等。

师：刚才两位同学的发言，就基本上把这篇文章的思路揭示出来了。下面，我们来归纳一下这篇文章的写作思路，为同学们背诵这篇文章提供一个依据。（教师出示幻灯片。）

夫天地者，万物之逆旅也；光阴者，百代之过客也。（时光易逝）

而浮生若梦，为欢几何？（人生短暂）

古人秉烛夜游，良有以也。（古有先例）

况阳春召我以烟景，大块假我以文章。（春色正好）

（夜宴的原因——良辰美景）

会桃花之芳园，序天伦之乐事。（天伦之乐）

群季俊秀，皆为惠连；吾人咏歌，独惭康乐。（歌咏之乐）

幽赏未已，高谈转清。开琼筵以坐花，飞羽觞而醉月。（赏景之乐）

不有佳咏，何伸雅怀？如诗不成，罚依金谷酒数。（诗酒之乐）

（夜宴的情景——赏心乐事）

师：（指着幻灯片）好了，我们师生互动，弄清了文章思路，我们就可以在理解的基础上加以背诵了。下面，我们就来挑战一下当堂背诵这篇文章。

（学生们兴致盎然地背诵。）

师：看看，有没有背得出来的，请举手，有没有？（没学生举手）呵，没有。其实，我也不是想同学们在这节课就一定能背出来，你要我自己在5分钟内背出来，也做不到。那么，现在同学们熟读以后，我给同学们一个进一步熟悉课文的机会。（教师出示没有标点符号的《春夜宴从弟桃李园序》。）

师：（指着幻灯片）我们来对读一下，男同学读一句，接着女同学读一句，如果能这样流利地对接下来，中间不停顿，就说明同学们读得很熟，距离背诵出来就不远了。下面开始对读。

（男女学生对读，十分流畅。）

师：很不错啊，如果不熟悉，这样一段没有标点的文字能流畅地对读下去吗？不可能。下面我们再来做一个熟悉课文的活动——快读。看哪个同学面对没有标点的原文，读得快而流畅，我会请人计时的。读得越快越好，当然吐字要清晰。

（听课师生因教师的教学点子及幽默风趣发出会心的微笑，学生跃跃欲试，纷纷举手。）

师：呵，真没想到，有那么多同学举手，先来个女同学，好，你来快读。

（生12快读，十分流利，吐字清晰。）

师（问计时学生）：她花了多少时间？

生13：22秒。

（听课师生报以热烈掌声，男同学不服气，一学生主动站起来挑战，听课师生给予热烈掌声鼓励，并瞪大眼睛期待着学生创造新的奇迹。）

（生14快读，十分流畅，吐字清晰，全体听课师生惊奇地望着他，他很快读完，全体师生为该生的精彩表现报以更为热烈的掌声。）

师（兴奋地说）：仿佛是外星球来的。（问计时学生）他花了多少时间？

生13：16秒。

师：哇，真了不起。通过快读，你说你还会背不出来吗？你们两个肯定会最先背出来的。同学们啊，这篇文章是2013年广东省新增加的一篇高考背诵的篇目，可以说是字字珠玑，我设计了一道高考默写题。（教师出示设计好的默写题幻灯片。）

补写出下列名句名篇中的空缺部分。（任选3题，多选只按前3题计分）（6分）

1. 光阴者，百代之过客也。________，________？

2. 古人秉烛夜游，良有以也。________，________。

3. ________，________。群季俊秀，皆为惠连。

4. 幽赏未已，高谈转清。________，________。

5. 不有佳咏，何伸雅怀？________，罚依金谷酒数。

师：（指着幻灯片）当然还没考啊！（学生为教师的幽默而大笑）下面，我们就来做一下这个高考题，默写一下，我也来默写一下，看你们能得多少分，我能得多少分啊！

（学生们兴致勃勃地在下面默写，教师也在黑板上默写，并采用故错法，将“浮生若梦”默写成“人生若梦”，将“大块假我以文章”默写成“大块以文章假我”，将“序天伦之乐事”默写成“叙天伦之乐事”，将“飞羽觞而醉月”默写成“端羽觞而醉月”，将“如诗不成”默写成“赋诗不成”，以使听课师生产生悬念。）

师：现在，同学们是阅卷老师，谁来给我评分？

（面对老师的默写，学生感到十分惊讶，议论纷纷。）

生15（鼓起勇气说）：老师只能得3分。

师：为什么？

生15：老师，您默写的每句话中都有错别字。

（故错法设置悬念，引起学生的议论，下面的学生纷纷指出教师写了错别字，这正是教师所要达到的效果。）

师：我哪里有错误？

生15：老师，您第一句默写将“浮生若梦”写成“人生若梦”了。

师：（故作恍然大悟状）呵，原文是“浮生若梦”啊！那你说说看，是“浮生若梦”好，还是“人生若梦”好？

生15：“浮生若梦”好，“浮生若梦”多了一种感情，就好像浮萍漂在水面上一样，给人一种漂泊不定的梦幻感。

师：分析得多好。我承认，这个地方默写错了。应该是“浮生若梦”。她指出了我的一个错误，我改正！

生16：老师，您第二句默写错得更厉害，将原文的“大块假我以文章”默写成“大块以文章假我”，把语序搞错了。

师：喔，我语序也搞错了，那原文是什么句式啊？

生16：倒装句。

师：具体是什么倒装句？

生（齐）：状语后置句。

师：对了，状语后置句。

生17：老师，您第四句中，安了一个错别字。（听课师生为学生用一“安”字发出笑声，至此，学生也明白了，教师是故意犯错误以引起他们注意这些关键字词的默写。）

师：哪里写错了？

生17：您将“飞羽觞而醉月”默写成了“端羽觞而醉月”。

师：“羽觞”是什么东西？

生（齐）：酒杯。

师：喔，酒杯可以飞呀？

生17：这里用了比拟的手法。

师：对，你们想象一下，羽觞是个什么东西？书上有注释。

生17：像鸟一样的酒杯。

师：（张开两手像鸟一样做飞翔动作）鸟有没有翅膀啊？翅膀可不可以飞呀？

（听课师生因教师的表演而发出会心的微笑。）

生（齐）：可以。

师：哎呀，李白呀真是大家呀。所以用个“飞”字。

生18：老师，而且用“飞”字比用“端”字更能体现李白的个性。

师：是吗？你具体说说看。

生18：假如用“端”字……（学生同时做手端酒杯状，显出毕恭毕敬的样子，来到一学生面前）“大哥，请您喝酒。”（听课师生大笑）这样的气氛就太拘束了，而用“飞”字，觥筹交错，就写出了酒杯传递之快与兄弟之间的亲切随和。

师：你分析得真好啊！李白喝酒，尤其在兄弟之间喝酒，他不是端杯，而是“飞”，“岑夫子，丹丘生，将进酒，杯莫停”，的确，用“飞”字写出了李白的豪迈与无拘无束。哎呀，我们的同学鉴赏水平真高啊！

到此为止，我们又一起背诵了这篇文章。那么以上，我们对这篇文章由浅入深地进行了试读、议读、背读，把这篇文章的内容形式和重要词句、特殊句式进行了解读。下面，我们来美读一下这篇文章。我们说，鉴赏文章的最高境界就是美读。

四、美读，感受作品音韵情感之美

师：什么是美读呢？叶圣陶先生在《中学国文学习法》一文中有相关介绍。（教师出示幻灯片。）

所谓美读，就是把作者的情感在读的时候传达出来。这无非如孟子所说的“以意逆志”，设身处地，激昂处还他个激昂，委婉处还他个委婉。美读得其法，不但了解作者说些什么，而且与作者的心灵相通了，无论兴味方面或受用方面都有莫大的收获。

师：下面，我们就来美读一下这篇文章。（教师出示排成诗行一样的《春夜宴从弟桃李园序》幻灯片。）

夫天地者
万物之逆旅也
光阴者
百代之过客也
而浮生若梦
为欢几何
古人秉烛夜游
良有以也
况阳春召我以烟景
大块假我以文章
会桃花之芳园
序天伦之乐事
群季俊秀
皆为惠连
吾人咏歌
独惭康乐
幽赏未已
高谈转清
开琼筵以坐花
飞羽觞而醉月
不有佳咏
何伸雅怀
如诗不成
罚依金谷酒数

师：（指着幻灯片）看谁来美读一下这篇文章。

（学生们推荐某位女生，教师让这个学生站起来，该女生站起来，学生热烈鼓掌，女生读，读得声情并茂，读完后，听课师生报以热烈的掌声）

师：原文好，她读得更好，如梦如幻，那真的是诗啊！下面，我们采用另一种方式美读。（教师出示美读幻灯片。）

（男）夫天地者
万物之逆旅也
（女）光阴者
百代之过客也
（齐）过客也　过客也
过客也　过客也
（男）而浮生若梦
为欢几何
（女）古人秉烛夜游
良有以也
（齐）况阳春召我以烟景
大块假我以文章
会桃花之芳园
序天伦之乐事
群季俊秀
皆为惠连
（男）吾人咏歌
独惭康乐
（女）幽赏未已
高谈转清
（男）开琼筵以坐花
飞羽觞而醉月
（女）不有佳咏
何伸雅怀
（齐）伸雅怀　伸雅怀

伸雅怀　伸雅怀

（男）如诗不成

罚依金谷酒数

（齐）金谷酒！金谷酒！

金谷酒！金谷酒！耶！

（学生们看到幻灯片，十分惊讶和好奇。）

师（指着幻灯片提美读要求）：请同学们按上面的要求读。同学们在齐读四个“过客也”的时候，声音要由大到小，呈现出一种声音渐行渐远的状态。生命像过客，然后消失。齐读到最后的四个“金谷酒”，声音就要由小到大，呈递增状态，然后大声读“耶”，体现出一种热爱生活的状态。下面我们就开始按这样的要求读，全部同学站起来读。

（全体学生站起，兴致盎然地读起来。）

师：同学们读得太好了，这节课，我们采用四个朗读步骤——试读，巧借虚词句式理清句读；议读，借助注释透视李白；背读，根据结构思路背诵课文；美读，感受作品音韵情感之美——学习品味了李白的《春夜宴从弟桃李园序》，这次筵席是一场文人墨客的集会，作者成功地展示了一次高雅的精神盛宴！

文章启示我们，切莫因为浮生若梦就消极地追求享乐。这样会使生命之花过早凋谢，哀叹人生苦短会让生命白白地消磨。

人生是宝贵的也是短暂的，有如昙花一现。然而，如果我们的人生能够像昙花般玉洁、清香，充满活力与豪情，我们又何须惋惜它的短暂呢?

同学们，请大家齐读下面三句话。（教师出示幻灯片。）

让我们热爱生命，热爱生活，热爱自然吧！

师：这节课，我就讲到这里。轻轻地我走了，正如我轻轻地来，我轻轻地招手，告别我心爱的珠海。

（教师深情地朗诵，赢得听课师生的热烈掌声。）

《滕王阁序》悬念教学实录

上课时间：2014年2月25日上午第三节课

上课地点：广东省深圳市第二高级中学四楼考务室

上课班级：高二（18）班

听课教师：江西省宁都中学60多名教师，加上我校教师共80多人

师：今天，我们学习《滕王阁序》，若有神助，在我们学习这篇课文之时，来自滕王阁“故乡”的江西的老师莅临了我们的课堂，看看同学们在江西老师面前，能不能学好这篇课文。

（学生们来兴趣了，纷纷说能，但教师还是故意延宕，没有正式切题。）

师：1987年，我去过闻名天下的——

生（迫不及待地回答）：滕王阁。

师：错了，1987年，我去过闻名天下的湖南的岳阳楼，当时，我觉得岳阳楼很有气势，于是，拍下了这张岳阳楼的照片。（幻灯片展示照片，听课师生见到照片上的教师，饶有兴趣地笑起来了）我长得帅不帅？（学生答“帅”，此时，课堂气氛更加轻松活跃）遥想公瑾当年，小乔初嫁了，雄姿英发。（听课师生大笑）岳阳楼雄不雄壮？

生：十分雄壮！

师：1999年，我又去过另一座闻名天下的——

生（迫不及待地回答）：滕王阁。

师：错了，1999年，我又去过闻名天下的黄鹤楼，一看，黄鹤楼比岳阳楼更高，更有气势。

生（兴趣盎然地抢答）：于是，在黄鹤楼拍下了老师的照片。

师：很遗憾，在黄鹤楼没有留下照片，但我在武汉另一个地方留下了一张照片，那就是辛亥革命武昌起义旧址。（幻灯片上展示教师穿着军官服的威武照片，听课师生看后，笑得前仰后合）这张照片威不威武？

生：威武，十分威武！

师：想当年，金戈铁马，气吞万里如虎呀！后来，2001年，我又去过另一座闻名天下的——

生（迫不及待地回答）：滕王阁。

师：2001年，我又去过闻名天下的——

（教师故意延宕，学生带着期待心理屏息静听。）

师：2001年，我又去过闻名天下的——滕王阁。

（学生们终于听到了“滕王阁”三个字，脸上露出了笑容。上课一开始，教师运用故意延宕法设置悬念，调动学生学习兴趣，使听课师生饶有兴致。）

师（出示滕王阁照片并说）：到了滕王阁，我才知道，山外有山，楼外有楼，试问天下名楼何处是？（教师出示幻灯片。）

“读”占鳌头滕王阁。

（课堂导入悬念迭出，妙趣横生，激发了学生学习课文的兴趣。）

师：今天这节课，我们就以读为主，分四个步骤学习《滕王阁序》。（教师出示幻灯片。）

一、挑战极限——背读

师：下面第一步，挑战极限，背读。俗话说，读书百遍，其义自见。在讲这篇文章之前，我要同学们利用两个早读的时间，把这篇文章背出来，看看，能够全文背诵《滕王阁序》的请举手。没有人举手，我举手了啊，我能够全文背诵。

（教师十分流利地背诵完第一自然段。）

师：还要不要我往下背？

生（情绪高涨，大声说）：要！

师：不不，我全背完了，你们背什么？下面，请同学们一起来试着背诵第一自然段。

（教师出示无标点的第一自然段幻灯片。）

豫章故郡洪都新府星分翼轸地接衡庐襟三江而带五湖控蛮荆而引瓯越物华天宝龙光射牛斗之墟人杰地灵徐孺下陈蕃之榻雄州雾列俊采星驰台隍枕夷夏之交宾主尽东南之美都督阎公之雅望棨戟遥临宇文新州之懿范襜帷暂驻十旬休假胜友如云千里逢迎高朋满座腾蛟起凤孟学士之词宗紫电青霜王将军之武库家君作宰路出名区童子何知躬逢胜饯

师：（指着幻灯片）这个自然段啊，没有标点符号。闭着眼睛背诵这一段，当不能背诵之时，才睁开眼睛看投影。你把这些无标点的句子能流利读出来，并能断句，说明你就读得很熟悉，距离背诵就不远了。

（学生们闭上眼睛试着背诵，摇头晃脑的，十分投入，有时睁一只眼闭一只眼看看幻灯片。）

师：下面，请同学们对读无标点的第二自然段。（教师出示幻灯片。）

时维九月序属三秋潦水尽而寒潭清烟光凝而暮山紫俨骖騑于上路访风景于崇阿临帝子之长洲得天人之旧馆层峦耸翠上出重霄飞阁流丹下临无地鹤汀凫渚穷岛屿之萦回桂殿兰宫即冈峦之体势披绣闼俯雕甍山原旷其盈视川泽纡其骇瞩闾阎扑地钟鸣鼎食之家舸舰弥津青雀黄龙之舳云销雨霁彩彻区明落霞与孤鹜齐飞秋水共长天一色渔舟唱晚响穷彭蠡之滨雁阵惊寒声断衡阳之浦

师：（指着幻灯片）我们男同学读一句，女同学接着读一句，再男同学接着读一句，这样搞接力赛，让中间不停顿，好不好？

生（充满挑战精神地回答）：好！

（男生一句，女生一句进行对读，十分流畅，这个设计，既检查了学生的断句能力，又检查了学生熟悉课文的程度。）

师：同学们，你们在对读过程中，发现双方都是朗朗上口、句式一致是不是？其实，《滕王阁序》一文，我们可以把它当成诗歌来读。（出示用诗歌形式排列的第二自然段幻灯片。）

时维九月
序属三秋
潦水尽而寒潭清
烟光凝而暮山紫
俨骖騑于上路
访风景于崇阿

临帝子之长洲
得天人之旧馆
层峦耸翠
上出重霄
飞阁流丹
下临无地
鹤汀凫渚
穷岛屿之萦回
桂殿兰宫
即冈峦之体势
披绣闼
俯雕甍
山原旷其盈视
川泽纡其骇瞩
闾阎扑地
钟鸣鼎食之家
舸舰弥津
青雀黄龙之舳
云销雨霁
彩彻区明
落霞与孤鹜齐飞
秋水共长天一色
渔舟唱晚
响穷彭蠡之滨
雁阵惊寒
声断衡阳之浦

师：（指着幻灯片）同学们，我们把文本这样排列，请你们用发现的眼睛看看，此文在语言上有什么特点？

生：句式整齐，多用对偶。

师：感受完全正确，是的，这篇序，是一种特殊文体，它叫骈文。骈，就是两两相对的对偶句式。（教师出示幻灯片。）

骈文，魏晋以后产生的一种文体，又称骈俪文。南北朝是骈俪文的全盛时期。唐与“古文”相对称为“骈文”。又因它通篇四、六字句，亦称“四六文”。此文体盛行于唐代。特点是讲求对仗，一般用四字句或六字句；平仄相对，音律和谐；多用典故，讲究藻饰。

师：同学们，以上我们采用断句读、男女对读等方式来试着背诵，要挑战极限背诵，还有一种方法，就是快读。下面我们来快读第三自然段。（教师出示没有标点符号的第三自然段幻灯片。）

遥襟甫畅逸兴遄飞爽籁发而清风生纤歌凝而白云遏睢园绿竹气凌彭泽之樽邺水朱华光照临川之笔四美具二难并穷睇眄于中天极娱游于暇日天高地迥觉宇宙之无穷兴尽悲来识盈虚之有数望长安于日下目吴会于云间地势极而南溟深天柱高而北辰远关山难越谁悲失路之人萍水相逢尽是他乡之客怀帝阍而不见奉宣室以何年

师：看谁断句准确，吐字清楚，又读得快。

（学生们跃跃欲试，纷纷举手，一个男生首先读，花了1分钟19秒，一个女生站起来挑战，只花了58秒。）

师：像你们两个人能如此快读，肯定比别人背得快。好，关于背读的环节到此为止。

二、师生互动——赏读

师：下面，我们师生互动，来进行赏读。《滕王阁序》这篇文章是千古绝唱，自它诞生之后，就传唱不衰。因为这篇文章太有文化内涵了，不是吗？上课之前，我要同学们在这篇文章中找成语，结果，同学们从这篇文章中，找出了30多个成语。（教师出示幻灯片，并指着幻灯片）一篇短短的文章，就出了30多个成语，这在我读过的篇幅相近的文章中，还是第一次见到。这篇文章内涵丰富，还在于给人不同的阅读感受。清代诗人张潮曾说：“少年读书，如隙中窥月；中年读书，如庭中望月；老年读书，如台上玩月。”说的是一个人随着年龄、身份、阅历的不同，往往对作品的阅读感受也会不同。越是内涵丰富的作品，越会给人不同的阅读感受。《滕王阁序》这篇文章，随着时间的推移、年龄的不同、阅历的不同，我读这篇文章的感受就不同。记得我高中第一次接触这篇文章时，我最喜欢、最感兴趣的句子是——（教师此时故意停下来，采用语言节奏法设置悬念，引而不发，同学们瞪大眼睛，带着强烈的期待心理看着老师）同学们，你们猜猜看，会是哪一句呢？请同学们猜猜看，猜猜看。

（学生们热烈响应教师召唤，纷纷猜测。）

生1：“落霞与孤鹜齐飞，秋水共长天一色。”

师：这个句子呀，你为什么会认为我会最喜欢这个句子呢？

生1：因为这个句子写景很美，而且景象十分开阔。

师：这个句子我当然喜欢，但当时的我，还不是最喜欢。

生2：“老当益壮，宁移白首之心？穷且益坚，不坠青云之志。”

师：啊？我那个时候就老当益壮了？那时我还年轻呢。（学生大笑。）

生3：“东隅已逝，桑榆非晚。”

师：呵，你认为我那个时候就失去了很多呀！同学们，可能你们都不知道，我读高中时第一次接触这篇文章，最喜欢的句子是——（教师边说边在黑板上作如下板书。）

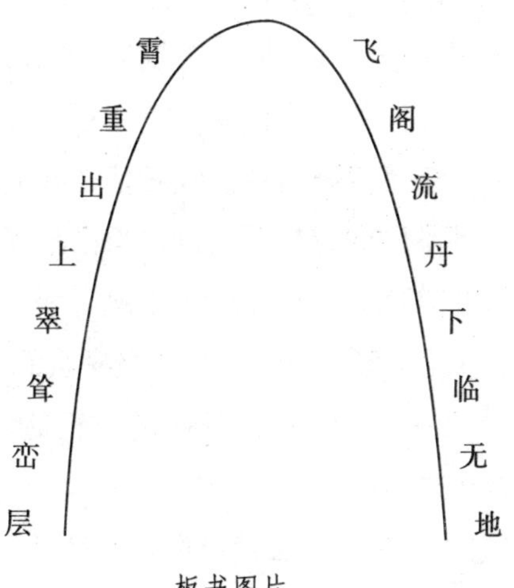

板书图片

（利用板书设置课堂悬念，师生看了这个形象生动的板书后，十分惊讶。）

师：我为什么对这个句子感受最深，最喜欢这个句子呢？因为我读高中时，刚从农村进县城，是从一个十分偏僻的小山村考入县城高中读书的。在农村，都是一些土砖房，这些土砖房最多只有两层，而我来到县城，却见到七层高的房子，这在当时看来，是很高的房子。于是，我回到家，跟我农村的小伙伴说，县城的房子真高。他们说，到底有多高，我说，真高，太高了。我不懂得像王勃一样去描绘。（教师指着黑板上板书的名句）你看，王勃写滕王阁的高，写得十分形象生动。在滕天阁上可以看到层层叠叠山峦高耸入云，直上云霄，阁檐上翘，若飞举之势，往下一看，滕王阁好像没有挨到地面。所以我第一次接触《滕王阁序》这篇文章时，心有所感，就喜欢上了这句话。而且这个句子用了夸张的手法，来描绘建筑物的高大雄伟。同学们，我们以前学过用夸张手法来表现高的句子吗？

生4："危楼高百尺，手可摘星辰。"

生5："天台四万八千丈，对此欲倒东南倾。"

师：所以，鉴于我当时的生活阅历，那时，我对这句话最感兴趣。当然，现在的我，再读这篇文章，最感兴趣、最喜欢的就不是这个句子了。你们猜是哪一句呢？

生（齐）："老当益壮，宁移白首之心？穷且益坚，不坠青云之志。"

师：你看，你们就看我老了吧。但是，我"老当益壮，宁移白首之心？（学生们情不自禁地跟随教师一起说）穷且益坚，不坠青云之志"啊！

师：同一篇文章，同一个人在不同的时期读，能读出不同的感受，读出自己最喜欢的句子，那么，不同的人来读同一篇文章，更会有不同的感受。有一句话，一千个读者就有一千个哈姆雷特。我相信，我们班上五十个同学读《滕王阁序》，就会有五十种不同的感受，会读出自己最喜欢的句子。下面，请同学们说说，你最喜欢《滕王阁序》中的哪个句子？为什么喜欢这个句子？

（学生们兴致盎然，纷纷举手，说出自己最喜欢的句子。）

生6：我喜欢的是"北海虽赊，扶摇可接；东隅已逝，桑榆非晚"这个句子。

师：你为什么最喜欢这句？

生6：因为我觉得它写的是北海虽然遥远，但是可以达到；时光已经过了，但是还有希望，传达出希望在明天的正能量，十分励志，特别适合我们这个年龄段，处于迷茫时期的少年。（听课师生发出会心的微笑，并为他精彩的解读热烈鼓掌。）

师：正能量，你比我那时感受深刻呀！

生7：我最喜欢的句子是"潦水尽而寒潭清，烟光凝而暮山紫"。因为这句话写得很美。

师：哈，第一位同学是从人生的角度、从阅历的角度来品读句子，你则从美学的高度来鉴赏句子。

生7：对，因为我觉得它是对景物的描写，描写得很细致，潦水是雨后的积水，是比较近的水，暮山是比较远的景，近景与远景相结合，就有一种层次美。

师：呵，还写出了一种层次美。

生7：然后，通过“潦水尽而寒潭清”的一个“清”字，写出了水的清澈、透明。后面又一句“烟光凝而暮山紫”，一个“凝”字，写出了一种冷冷的感觉。

师：这里面还有一种色彩美。整个这个景色，从视觉的角度，从远近的角度，从色彩的角度，立体地写出了这种优美的景色。他有美学的修养啊！

生8：我喜欢的是“舍簪笏于百龄，奉晨昏于万里”这句话。

师：看来你很孝顺啊！

生8：这里说他舍弃官位，然后早晚侍奉父母，特别孝顺，孝，一直是中华民族的传统美德。

师：我们以前学过一篇课文，以孝治天下，那叫——

生：《陈情表》。

生8：现代社会呢，对于孝，就没有古代那么重视了，所以，我觉得，现在应该更提倡孝。

师：你这个感受是很真实的，因为我到她家里家访的时候，她妈妈亲口跟我说，她很孝顺。（学生们热烈鼓掌。）

生9：我喜欢的是“有怀投笔，慕宗悫之长风”这个句子。因为这一句，让我想到李白的“长风破浪会有时，直挂云帆济沧海”，在少年时代，每个人都应该有自己远大的志向，然后一直激励自己成长。

师：她是一个壮志凌云的人。还有要说的吗？

生10：我喜欢的是“物华天宝，龙光射牛斗之墟；人杰地灵，徐孺下陈蕃之榻”。读这句诗时，有一种五光十色、十分耀眼的感觉。珍品很多，目不暇接，“人杰地灵，徐孺下陈蕃之榻”，感觉自己就像徐孺一样，士气高涨。

师：她不仅把典故的意思说出来了，还联系到自己的志向，鉴赏很到位。

生11：我喜欢的是“关山难越，谁悲失路之人？萍水相逢，尽是他乡之客”。

师：为什么喜欢这个句子？

生11：文章写的是那些失意之人，虽然我们现在并不像文中所形容的人那样，但是不管我们现在是作为一个学生还是将来走向社会，都会遇到许多挫折与不如意的事，但我们会不断奋斗，坚强忍耐，自己的泪和苦楚只有自己清楚。（学生们热烈鼓掌。）

师：用自己的体验去解读，挺感人的。“萍水相逢，尽是他乡之客”，我们都是萍水相逢，但却不是“他乡之客”啊！（看到同学们跃跃欲试，一个接一个地侃侃而谈，鉴于时间关系，教师只好给学生最后一个发言的指标）下面给最后一个发言指标。

（十多只手高高举起，有的学生生怕老师看不到，还高喊“这里！这里！”教师只好指定一个发言者。）

生12：我喜欢的是“天高地迥，觉宇宙之无穷；兴尽悲来，识盈虚之有数”，这句话给我哲理上的启发。万事万物的消长兴衰是有定数的，就如“塞翁失马，焉知非福”，但命运却掌握在自己的手中。再联系到自己，生活中可能会遇到不愉快的事情，但这只是暂时的，想想整个人生的道路，就会不以物喜，不以己悲。

师：他有范仲淹的情怀啊！我们为以上所有同学的精彩发言鼓掌。

（全体听课师生热烈鼓掌。）

师：好，以上通过师生互动，对文章进行了赏读，结合自己的感悟，鉴赏了文中的名言名句。

三、设身处地——情读

师：下面，我们进行第三步，设身处地——情读。（教师出示《滕王阁序》第二自然段幻灯片。）

时维九月，序属三秋。潦水尽而寒潭清，烟光凝而暮山紫。俨骖騑于上路，访风景于崇阿；临帝子之长洲，得天人之旧馆。层峦耸翠，上出重霄；飞阁流丹，下临无地。鹤汀凫渚，穷岛屿之萦回；桂殿兰宫，即冈峦之体势。披绣闼，俯雕甍，山原旷其盈视，川泽纡其骇瞩。闾阎扑地，钟鸣鼎食之家；舸舰弥津，青雀黄龙之舳。云销雨霁，彩彻区明。落霞与孤鹜齐飞，秋水共长天一色。渔舟唱晚，响穷彭蠡之滨；雁阵惊寒，声断衡阳之浦。

师：（指着幻灯片）相传，王勃写《滕王阁序》第二段时，写着写着，突然发出了一句“啊”的感叹。然后，情不自禁地写在了文章之中。因此，他们说，最初的《滕王阁序》中的第二自然段中有一个“啊”字，那么，请同学们设身处地地揣摩一下王勃当时的心理活动，根据王勃当时心理活动的轨迹，在第二段中适当的地方加一个“啊”字，这个任务由第1、2、3、4组这边四组同学完成。

（教师出示《滕王阁序》第三自然段幻灯片。）

遥襟甫畅，逸兴遄飞。爽籁发而清风生，纤歌凝而白云遏。睢园绿竹，气凌彭泽之樽；邺水朱华，光照临川之笔。四美具，二难并。穷睇眄于中天，极娱游于暇日。天高地迥，觉宇宙之无穷；兴尽悲来，识盈虚之有数。望长安于日下，目吴会于云间。地势极而南溟深，天柱高而北辰远。关山难越，谁悲失路之人？萍水相逢，尽是他乡之客。怀帝阍而不见，奉宣室以何年？

师：（指着幻灯片）又相传，王勃写到第三段时，写着写着，突然发出了“唉”的一声叹息。请同学们设身处地地想想，看在文章第三自然段中，哪一个地方发出了“唉”的声音。请根据王勃情感变化的轨迹，在第三自然段中适当的位置加上“唉”字。这个任务由第五、六、七、八组这边四组同学完成。

（这个悬念设置充满趣味，学生纷纷响应教师召唤，分组讨论，有的学生边加边读，反复揣摩，教师在下面巡视，约4分钟后，学生们基本完成任务。）

师：好，同学们基本上按照自己的理解分别在第二和第三自然段适当的位置上加上了“啊”和“唉”字。下面，我们先叫这边的同学读加了“啊”字的第二自然段。好，你来读。

生13：我加在“临帝子之长洲，得天人之旧馆”这句话的后面。

师：好，那你把加了“啊”的前后的句子读一下，而且读到“啊”字时，要做一个挥手的动作“啊！”（教师同时示范动作，听课师生饶有兴趣。）

生13（声情并茂地读，同时配以动作，尤其在读到“啊”时，手一挥，逗引得听课师生笑得前仰后合）：时维九月，序属三秋。潦水尽而寒潭清，烟光凝而暮山紫。俨骖騑于上路，访风景于崇阿；临帝子之长洲，得天人之旧馆。啊！层峦耸翠，上出重霄；飞阁流丹，下临无地。

师：读得非常好，呃，你说说，你为什么要把“啊”字加到这个地方？

生13：因为他前面是写他去那个滕王阁的路上，“俨骖騑于上路，访风景于崇阿”，然后，来到了滕王阁，抬头一看，滕王阁雄伟壮丽，高耸入云，“层峦耸翠，上出重霄；飞阁流丹，下临无地”，如此壮美的景象，王勃自然会发出“啊”的声音。

师：解释得不错，加得合情合理。不过，每人加的位置不一定相同。

生14：我加的地方就不同。

师：你读给大家看看，你是怎么加的？

生14（读，同时辅以动作）：闾阎扑地，钟鸣鼎食之家；舸舰弥津，青雀黄龙之舳。云销雨霁，彩彻区明。啊！落霞与孤鹜齐飞，秋水共长天一色。

师：你为什么加在这里？

生14：因为前面看到的景色“闾阎”“舸舰”都是身边之景，接着，雨过天晴，看到了“落霞”“孤鹜”“秋水”“长天”构成的十分开阔的景色，王勃突然眼前一亮，自然发出“啊”的感叹。

师：他解释得也很好，同样加得合情合理。还有加在不同地方的吗？

生15：我是加在“披绣闼，俯雕甍”与“山原旷其盈视，川泽纡其骇瞩”之间。（接着带着感情地读。）

师：你为什么加在这里？

生15：因为“披绣闼”，是他打开了那扇门，然后，往下放眼一望，就看到了广阔的山原，“骇瞩”，一个“骇”字，自然体现了他的无比惊讶的感情，自然会发出“啊”的赞美之声。

师：刚才我们同学都讲得很有道理。当然，我更倾向于在“落霞与孤鹜齐飞，秋水共长天一色”的前面加“啊”，因为在这个句子的前面，景色都不是很明朗，如“舸舰弥津”固然有“塞满”的意思，但也有雾气重重的成分在里面。突然，“云销雨霁，彩彻区明”，雨后天晴，一片明朗，放眼一望，啊，好壮观的景色，“落霞与孤鹜齐飞，秋水共长天一色”。下面，我们来开展创意美读。（幻灯片展示加“啊”的第二自然段。）

时维九月，序属三秋。潦水尽而寒潭清，烟光凝而暮山紫。俨骖騑于上路，访风景于崇阿；临帝子之长洲，得天人之旧馆。层峦耸翠，上出重霄；飞阁流丹，下临无地。鹤汀凫渚，穷岛屿之萦回；桂殿兰宫，即冈峦之体势。披绣闼，俯雕甍，山原旷其盈视，川泽纡其骇瞩。闾阎扑地，钟鸣鼎食之家；舸舰弥津，青雀黄龙之舳。云销雨霁，彩彻区明。啊！落霞与孤鹜齐飞，秋水共长天一色。渔舟唱晚，响穷彭蠡之滨；雁阵惊寒，声断衡阳之浦。

师：（指着幻灯分配任务）“啊”字前面内容，第5、6、7、8组四组同学读，“啊”字后面内容全体同学读。

（学生们按教师要求读，将滕王阁壮观的美景和王勃内心的情感形象地呈现在了听课师生的面前。）

师：通过刚才加“啊”的美读，王勃内心那种丰富复杂的感情，就直观立体地呈现出来了。下面，我们来探究第三自然段，根据王勃内心的情感轨迹，看“唉”会加在哪儿。

生16：我将“唉”加在了“地势极而南溟深，天柱高而北辰远”的后面。（学生带着感情读）地势极而南溟深，天柱高而北辰远，唉！（学生边读边配以摇头的动作）关山难越，谁悲失路之人？萍水相逢，尽是他乡之客。

师：为什么加在这里？

生16：前面“望长安于日下，目吴会于云间”，是说自己很难看到皇帝，在人生道路上，遇到许多挫折，自己有许多失意，但没有人关心，于是叹息一声。

师：理解得不错，看还有人加在别的地方吗？

生17：我觉得应该加在“天高地迥”前面。（生带着无可奈何的感情读）穷睇眄于中天，极娱游于暇日。唉！天高地迥，觉宇宙之无穷；兴尽悲来，识盈虚之有数。

师：加在这个地方，有什么道理呀？

生17：从表达方式来看，“天高地迥”的前面是写景，后面就是他的抒情议论了，因此，在“天高地迥”这里加“唉”，引出下面的感慨。

师：很不错，你从表达方式的角度来寻找加“唉”的地方，有创意。当然，一千个人，就有一千种读法，在我看来，第三段中，有一个明显的表感情转折的句子，那就是——

生：“兴尽悲来”。

师：对了，“兴尽悲来”，“兴”，高兴，“悲”，悲痛，自然就会发出哀叹的声音。因此，“唉”字加在“兴尽悲来，识盈虚之有数”与“望长安于日下，目吴会于云间”之间更好。下面，我们来创读一下第三自然段。（教师出示加了“唉”的第三自然段幻灯片。）

遥襟甫畅，逸兴遄飞。爽籁发而清风生，纤歌凝而白云遏。睢园绿竹，气凌彭泽之樽；邺水朱华，光照临川之笔。四美具，二难并。穷睇眄于中天，极娱游于暇日。天高地迥，觉宇宙之无穷；兴尽悲来，识盈虚之有数。唉！望长安于日下，目吴会于云间。地势极而南溟深，天柱高而北辰远。关山难越，谁悲失路之人？萍水相逢，尽是他乡之客。怀帝阍而不见，奉宣室以何年？

师（指着幻灯片分配任务）：全部同学读“唉”字前面的内容，读到“唉”字，就只由第一、二、三、四组同学读，其他同学不读了。而且，读“唉”的时候你们都要摇头。（教师边摇头边说，引得师生大笑。）

（学生们按教师要求读第三自然段。）

师：同学们，我们通过情读，了解了王勃在写《滕王阁序》时那种丰富复杂的心理活动。

四、绘声绘色——美读

师：下面，最后一个步骤，绘声绘色——美读。

怎么美读？同学们，这篇文章是放在我们教材（粤教版）第四单元里面。第四单元的课文有一个共同特点，就是这些文章都是“骈文”，前面讲了，骈文讲求对仗，平仄相对，音律和谐。因此，我们可以把它当成诗歌来读。（教师出示经过了创造性处理的美读文本，学生们按教师要求美读。）

（单读）豫章故郡
洪都新府
星分翼轸
地接衡庐
襟三江而带五湖
控蛮荆而引瓯越
（齐读）物华天宝
龙光射牛斗之墟
人杰地灵
徐孺下陈蕃之榻
雄州雾列
俊采星驰

台隍枕夷夏之交
宾主尽东南之美
（单读）都督阎公之雅望
棨戟遥临
宇文新州之懿范
襜帷暂驻
（齐读）十旬休假
胜友如云
千里逢迎
高朋满座
腾蛟起凤
孟学士之词宗
紫电青霜
王将军之武库
（单读）家君作宰
路出名区
童子何知
躬逢胜饯
时维九月
序属三秋
（齐读）潦水尽而寒潭清
烟光凝而暮山紫
（单读）俨骖騑于上路
访风景于崇阿
临帝子之长洲
得天人之旧馆
（齐读）层峦耸翠
上出重霄
飞阁流丹
下临无地

（单读）鹤汀凫渚
穷岛屿之萦回
桂殿兰宫
即冈峦之体势
披绣闼
俯雕甍
（齐读）山原旷其盈视
川泽纡其骇瞩
闾阎扑地
钟鸣鼎食之家
舸舰弥津
青雀黄龙之舳
（单读）云销雨霁
彩彻区明
啊！落霞与孤鹜齐飞
（齐读，声音由大到小）齐飞齐飞齐飞齐飞
（单读）秋水共长天一色
（齐读，声音由大到小）一色一色一色一色
（单读）渔舟唱晚
（齐读）响穷彭蠡之滨
（单读）雁阵惊寒
（齐读）声断衡阳之浦
（单读）遥襟甫畅
逸兴遄飞
（齐读）爽籁发而清风生
纤歌凝而白云遏
（单读）睢园绿竹
（齐读）气凌彭泽之樽
（单读）邺水朱华
（齐读）光照临川之笔

（单读）四美具
二难并
穷睇眄于中天
极娱游于暇日
（齐读）天高地迥
觉宇宙之无穷
兴尽悲来
识盈虚之有数
（单读）唉！望长安于日下
目吴会于云间
（齐读）地势极而南溟深
天柱高而北辰远
（单读）关山难越
（齐读）谁悲失路之人
（单读）萍水相逢
（齐读）尽是他乡之客
（单读）怀帝阍而不见
奉宣室以何年
（齐读）以何年以何年以何年以何年
（单读）嗟乎
时运不齐
命途多舛
冯唐易老
李广难封
（齐读）屈贾谊于长沙
非无圣主
窜梁鸿于海曲
岂乏明时
（单读）所赖君子见机
达人知命

老当益壮
（齐读）宁移白首之心
（单读）穷且益坚
（齐读）不坠青云之志
（单读）酌贪泉而觉爽
处涸辙以犹欢
（齐读）北海虽赊
扶摇可接
东隅已逝
桑榆非晚
孟尝高洁
空余报国之情
阮籍猖狂
岂效穷途之哭
（单读）勃
三尺微命
一介书生
无路请缨
（齐读）等终军之弱冠
（单读）有怀投笔
慕宗悫之长风
舍簪笏于百龄
奉晨昏于万里
非谢家之宝树
接孟氏之芳邻
（齐读）他日趋庭
叨陪鲤对
今兹捧袂
喜托龙门
（单读）杨意不逢

（齐读）抚凌云而自惜
（单读）钟期既遇
（齐读）奏流水以何惭
鸣呼
胜地不常
盛筵难再
兰亭已矣
梓泽丘墟
（单读）临别赠言
幸承恩于伟饯
登高作赋
是所望于群公
（齐读）敢竭鄙怀
恭疏短引
一言均赋
四韵俱成
请洒潘江
各倾陆海云尔
（单读）滕王高阁临江渚
佩玉鸣鸾罢歌舞
（齐读）罢歌舞。罢歌舞。罢歌舞。罢歌舞。
（单读）画栋朝飞南浦云
朱帘暮卷西山雨
（齐读）西山雨。西山雨。西山雨。西山雨。
（单读）闲云潭影日悠悠
物换星移几度秋
（齐读）几度秋。几度秋。几度秋。几度秋。
（单读）阁中帝子今何在
（齐读）今何在？今何在？今何在？今何在？
（单读）槛外长江空自流

（齐读）空自流。空自流。空自流。空自流。

（教师在学生读时，配以动作，学生读得感情充沛，全体师生热烈鼓掌。）

师：读得太感人了。（总结）这节课，我们通过挑战极限背读、师生互动赏读、设身处地情读、绘声绘色美读四个步骤，读出了《滕王阁序》中的景色，读出了《滕王阁序》中的情感，读出了《滕王阁序》中的写作手法。

最后，请同学们全部站起来，齐读——（教师出示齐读材料）

天下名楼何处是

独占鳌头滕王阁

滕王阁！滕王阁！滕王阁！滕王阁！哇！！

师：（指着幻灯片）注意，同学们在读重复的“滕王阁”三字时，声音由小到大，在读“哇”时，都要把双手举起来，好不好？

（采用情境体验法设置悬念，师生情绪高涨，都情不自禁地读起来。课堂教学氛围达到高潮，全场热烈鼓掌。）

师：这节课讲到这里，谢谢同学们，谢谢众多听课的老师！

《一个文官的死》悬念教学实录

上课时间：2014年5月30日上午第一节课

上课地点：广东省深圳市第二高级中学教学楼四楼多功能室

上课班级：高二（17）班

听课教师：来自广东省深圳市高中学校语文骨干教师代表约200名

师：世界上有三个以写短篇小说而闻名的作家，他们被称为“世界三大短篇小说巨匠”，有谁知道吗？

生1：莫泊桑。

师：还有呢？

生2：美国的欧·亨利。

师：正确，还有一个呢？

生3：契诃夫。

师：对啦，“世界三大短篇小说巨匠”就是——（教师出示幻灯片）

法国的莫泊桑

美国的欧·亨利

俄国的契诃夫。

师：今天，我们来学习一篇契诃夫的短篇小说《一个文官的死》。

一、采用主问题设计法

初读课文，采用主问题设计法从文化的角度探索小说中人物切尔维亚科夫的死亡原因，解读人性及沙皇专制制度与人物命运走向的关系。

（教师用幻灯片打出课文结尾部分。）

“滚出去！！”将军脸色发青，周身打抖，突然大叫一声。

“什么？”切尔维亚科夫低声问道，吓得愣住了。

“滚出去！！”将军顿着脚，又说一遍。

切尔维亚科夫肚子里似乎有个什么东西掉下去了。他什么也看不见，什么也听不见，退到门口，走出去，到了街上，慢腾腾地走着。……他信步走到家里，没脱掉制服，往长沙发上一躺，就此……死了。

师：（教师指着幻灯片）请同学们齐读幻灯片内容。

（学生们齐读。）

师：同学们读得不错，下面我们分角色再读一下这段文字。

（一学生读叙述的文字，一学生读切尔维亚科夫的对话，全体学生读将军的对话。学生们读出了将军的飞扬跋扈，读出了切尔维亚科夫的战战兢兢。）

师：同学们刚才读的是契诃夫写的《一个文官的死》的短篇小说的结尾。读了这段文字后，我们如果把一个文官换成一个具体的人的名字，我们就可以把这篇小说取名为——

生（齐）：《切尔维亚科夫的死》。

师：如果我们把它拍成电影，这就是死亡现场。

生：好恐怖的死亡现场。

师：从描写的这段文字看，切尔维亚科夫死得离奇。“往长沙发上一躺，就此……死了。”这里有一个省略号，给我们留下了无限想象的空间。

（采用倒叙法设置课堂悬念，引来学生的疑问。）

生1：切尔维亚科夫到底是怎么死的呢？

师：你问得好，下面，我们就成立一个“切尔维亚科夫之死”专案组，调查一下切尔维亚科夫的死因。

（采用倒叙法设置课堂悬念，激发学生学习兴趣。）

生2（兴致勃勃，十分好奇）：那我们就是警官了。

师：作为警官，面对切尔维亚科夫的死亡现场，你们会产生什么疑问呢？

生3：切尔维亚科夫之死是属于正常死亡，还是非正常死亡？是自杀还是他杀？

生4：切尔维亚科夫离奇的死亡，谁会是凶手？谁要负责？

师：对了，下面，我发布一个悬赏令。（教师出示幻灯片。）

各位同学：

俄国文官切尔维亚科夫离奇死在家中，死因不明。现向你们发布公告悬赏破案，能查出死因者，奖励100万卢布。

联系人：刑侦大队长阿列克赛耶维奇·何泗忠

2014年5月30日

师：（指着幻灯片）现在，你们就是警官，展开调查，下面请同学们分组结合课文讨论，回答“切尔维亚科夫离奇的死亡，谁会是凶手？谁要负责？”的问题，并且要说出理由。

（学生们带着强烈的好奇心，贪婪地阅读课文，同时展开了热烈的讨论，教师在学生中巡视，有时参与学生讨论。8分钟后，学生们踊跃发言。）

生5：切尔维亚科夫属于非正常死亡，我认为，切尔维亚科夫的妻子应对切尔维亚科夫的死负责。

师：为什么？你能说出理由吗？

生5：当切尔维亚科夫向他妻子说出事情的原委后，他的妻子没有为他排忧解难。

师：事情的原委，到底是什么事情？

生5：就是切尔维亚科夫在剧院看戏，打了一个喷嚏，溅在了一位将军的秃头上。

师：写打喷嚏的文字在哪里？

生5：在小说的第一自然段。

师：是的，这个细节描写很生动。你能读给大家听一下吗？

生5（读）：可是忽然间，他的脸皱起来，眼珠往上翻，呼吸停住，……他取下眼睛上的望远镜，低下头去，于是……啊嚏！！！诸位看得明白，他打了个喷嚏。不管是谁，也不管是在什么地方，打喷嚏总归是不犯禁的。农民固然打喷嚏，警察局长也一样打喷嚏，就连三品文官偶尔也要打喷嚏。大家都打喷嚏。

（学生读得声情并茂，有时还做动作，赢得了一片掌声。）

师：这个细节描写很生动，她一读，更生动。我还看过另一个版本的翻译，它是这样写的。（教师出示幻灯片。）

可是忽然间，他的眼睛眯起来，脑袋往上仰，呼吸停住，……他取下眼睛上的望远镜，低下头去，于是……啊嚏！！！诸位看得明白，他打了个喷嚏。不管是谁，也不管是在什么地方，打喷嚏总归是不犯禁的。庄稼汉打喷嚏，警察局长打喷嚏，有时连达官贵人也在所难免。大家都打喷嚏。

师：（指着幻灯片）同学们，你们说，两种翻译，哪种翻译更好？

（学生们在下面认真思考，一会儿，有学生举手。）

生6：教材翻译更好，更传神，更贴近契诃夫的细节描写。“他的脸皱起来，眼珠往上翻”，因为打喷嚏，先是他的嘴巴动，眼珠往上翻，体现他的难受和克制，写出了切尔维亚科夫小心翼翼的性格特点。第二种翻译，“他的眼睛眯起来，脑袋往上仰”，动作幅度过大，不符合切尔维亚科夫胆小谨慎的性格。

生7：而且“脸皱起来，眼珠往上翻”，作者这个细节描写观察十分仔细。这里，契诃夫不仅是从文学的角度，而且是从生理的角度来写打喷嚏这个细节。

师：刚才两位同学说得很好，分析得十分到位。契诃夫为什么既能从文学的角度来写，又能从生理的角度来描写人物呢？这就与契诃夫的生活经历有关了。当时，我看了这个细节，我就猜，契诃夫可能学过医学，结果一看契诃夫的简介，他果然学过医学。（教师出示有关契诃夫简介的幻灯片。）

安东·巴甫洛维奇·契诃夫（1860—1904）出生在俄国塔甘罗格市一个小商人家庭，童年生活枯燥乏味。父亲破产后，全家迁居莫斯科，只有契诃夫留在家乡继续求学，他从小体会到世态炎凉。1879年，他进入莫斯科大学医学系学习。同年，他发表第一篇作品《给博学的邻居的一封信》。其后几年，他一面上学，一面以“契洪捷”的笔名在《蜻蜓》等刊物上发表了大量的讽刺幽默作品。契诃夫大学毕业，一面行医，一面继续进行创作，他的代表作有小说《一个文官的死》《变色龙》《第六病室》《套中人》等。

师：（指着幻灯片）因为他是医师，他笔下的许多人物形象都是病人，他以职业医生的敏锐透视生活。

生8：老师，我发现，许多伟大的艺术家、作家，都学过医学，达·芬奇学过医，契诃夫学过医，鲁迅学过医，郭沫若学过医，《我很重要》的作者毕淑敏也学过医。

师：你这是一个十分有趣的发现，医生兼作家，既能从生理的角度写人，也能从心理的角度写人，故鲁迅先生能写出《狂人日记》，这里契诃夫的“他的脸皱起来，眼珠往上翻，呼吸停住”这样的描写，一般人也是写不出来的。

生6：下面一句“农民固然打喷嚏，警察局长也一样打喷嚏，就连三品文官偶尔也要打喷嚏”与“庄稼汉打喷嚏，警察局长打喷嚏，有时连达官贵人也在所难免”相比，还是教材翻译得好。

师：你觉得好在哪里呢？

生6：教材翻译用了一些关联词语“固然”“也一样”“偶尔也要”，这些词一用，小说语言就显得幽默风趣，富有讽刺意味。

师：对，这种翻译更接近契诃夫的写作风格。好，我们再回到前面，（教师指着生5问）你为什么认为，切尔维亚科夫的死，他的妻子要负责呢？你从课文中能找到什么依据么？

生5：课文第十二自然段，切尔维亚科夫把这事告诉妻子，妻子听说被打喷嚏的对象不是顶头上司，先是心宽，但后来还是要她丈夫去道歉。

师：那妻子为什么要丈夫去道歉呢？

生5：书上说得明白，妻子担心将军会认为自己的丈夫“在大庭广众之下举动不得体”。

师：仅仅是这样吗？

生5：因为妻子害怕将军会报复她的丈夫。妻子的劝说，更坚定了切尔维亚科夫要向将军进一步去道歉的想法。反复的道歉，惹得将军不耐烦，以致最后发怒，切尔维亚科夫在将军“滚出去”的叫骂声中怀着恐惧而死。

师：你的分析有些道理，切尔维亚科夫之死，他的妻子的确有部分责任。

生9（迫不及待地说）：但我认为，导致切尔维亚科夫死亡的最大的责任人应该是卜里斯哈洛夫将军。

师：为什么？

生9：切尔维亚科夫是被卜里斯哈洛夫将军吓死的。面对切尔维亚科夫的多次道歉，将军的态度越来越恶劣。

师：你说多次道歉，小文官为了一个喷嚏向将军到底做了几次道歉？

生9：六次，三次在剧院，三次在将军的办公室。

师：打喷嚏应该是一件小事，切尔维亚科夫为什么要反复向将军道歉？

生9：在切尔维亚科夫眼里，达官贵人有着神圣不可侵犯的威严，他们的言行举止都对他产生一种现实的压迫感。作为社会底层的小文官，他深知官场黑暗，但是他没有靠山，无权无势，因此有着很强的自卑情结，他害怕高官们的残忍报复，怕社会不公平制度的罪恶黑手，怕卑微的自己不能自保，怕恶化的人际关系给自己带来厄运。所以他战战兢兢，小心翼翼想挽救。

师：面对切尔维亚科夫的道歉，将军的态度有何变化？

生9：面对切尔维亚科夫的道歉，将军的态度由冷漠而又不关心到不耐烦，再到生气，最后到大发雷霆，对于将军来说，小文官的道歉轻如鸿毛，但在小文官心中，将军的原谅却是重如泰山。将军的每一次漠视，都会引起小文官的猜疑，增加心理压力，加速了小文官的死亡。尤其是最后，将军“脸色发青，周身打抖，顿着脚”吼着要切尔维亚科夫“滚出去”，这对切尔维亚科夫而言无异于死刑宣判。所以，切尔维亚科夫“信步走到家里，没脱掉制服，往长沙发上一躺，就此……死了”，可以说，切尔维亚科夫是被卜里斯哈洛夫将军吓死的。

（学生们为生9的精彩发言热烈鼓掌。）

师：你说得很有道理，那我们就把卜里斯哈洛夫将军作为凶手抓起来吧。

生10：老师，探长，别忙别忙，我觉得主要责任人应该不是将军，而是切尔维亚科夫自己。

师：哈，看来你又有新发现，你把你的发现详细说给大家听听。

生10：将军并非冷酷、暴戾、蛮横、倨傲的人，在最后才发怒。切尔维亚科夫第一次道歉时，将军很大度地说“没关系，没关系。……”切尔维亚科夫第二次道歉时，将军说“哎，您好好坐着，劳驾！让我听戏！”用“您”“劳驾”这些词，还是颇有礼貌。就是到第三次道歉时，将军表示“我已经忘了”，还称切尔维亚科夫为“您”！为一件小事，纠缠三次，换谁，都会生气，但将军至此都没生气，只是到了后来，切尔维亚科夫反复纠缠，将军忍无可忍，才生气。因此，我觉得切尔维亚科夫之死，主要责任不在将军，而在他自己，切尔维亚科夫卑微、胆怯，不敢得罪上层人物，过分忧虑官僚的暗算与报复，从而产生恐官心理和奴性心理，导致他精神崩溃而死。切尔维亚科夫应该是被他内心可鄙的奴性杀死的。

师：有深度。看来，切尔维亚科夫的死，主要责任人是他自己了。

生11（迫不及待）：老师，老师，我不同意他的看法，我觉得切尔维亚科夫是被当时的沙皇专制制度杀死的。小说写于19世纪80年代。当时沙皇政府为了镇压民粹派而实行高压政策，警察和官僚飞扬跋扈，社会非常黑暗。切尔维亚科夫的不安源于他得罪了大官，害怕被报复。从中可见当时的社会黑暗与专制导致人民十分恐惧，且心理扭曲、压抑。从切尔维亚科夫的死可以看出当时的社会处在沙皇统治之下，官贵民贱，官官相卫，大官压小官，小官欺小民，社会上等级制度森严，官场中强者倨傲专横，弱者唯唯诺诺。正是这种环境造成了切尔维亚科夫的恐官心理、奴性心理，正是沙皇专制制度造成的恐官心理、奴性心理导致了切尔维亚科夫的死亡。

（教师为学生的精彩分析惊叹不已，听课师生报以热烈的掌声。）

师：刚才通过同学们的深入细致的分析，大体得出了导致切尔维亚科夫死亡的四个结论。（教师板书。）

1. 被妻子害死的

2. 被那将军吓死的

3. 被他自己可悲的奴性杀死的

4. 被沙皇专制制度压死的

（正当教师要做总结分析时，一学生站起来。）

生12：老师，以上分析固然有道理，但没有抓住事情的根本。我觉得，被妻子害死的也好，被将军吓死的也好，被专制制度压死的也好，被内心可鄙的奴性杀死的也好，说到底，切尔维亚科夫之死，是死于一种制度，死于一种文化。没有这样的制度，没有这样的专制文化，他的妻子就不会劝说他再去道歉，将军也不会这样专横，切尔维亚科夫内心也不会这样恐惧而充满奴性。

师：说得真好，一种制度，一种文化，作为一种潜意识，往往会积淀在人们的心理上，会化成每个人的一种文化细胞，往往会影响人们的一种行为方式。下面，我们假设一下，假如切尔维亚科夫生长在美国，是一个美国公民，他前面坐着的是美国总统，切尔维亚科夫打了一个喷嚏后，双方会有什么反应？请同学们写一段对话。

（用假设法设置悬念，激发学生兴趣，学生兴致盎然，奋笔疾书，5分钟后，学生纷纷举手，要求读出自己设计的对话情境。）

生13（声情并茂地读自己设计的对话）：

总统：新买的西装，就这样给你喷了一身口水，真糟糕！

切尔维亚科夫：总统大人，我无能为力，这是自然的生理反应，你懂的——不受我控制。

总统：看来我应该把你这个混蛋投入监狱。

切尔维亚科夫：总统大人，千万别，奴才给您下跪了！

总统：哈！哈！哈！

（学生一读完，全场大笑，有的学生说写得好，有的学生说写得不好。）

师（指着学生说）：你认为写得好不好？

生14：我认为写得不好，对话中，总统像个皇帝，过于张狂，一个喷嚏，就要把人投入监狱，显得十分专制。切尔维亚科夫张口大人，闭口奴才，像中国封建社会宫廷里的一个太监，这不符合美国的文化精神。美国是一个崇尚自由、民主、平等的国家。

师：那你是怎么设计对话的呢？能把你的设计读出来吗？

生14（以对话口吻朗读自己作品）：

切尔维亚科夫：总统先生，我把您的头发弄湿了！真对不起！

总统：你用的是什么洗发水？

切尔维亚科夫：不，我刚才一不小心，朝您的头发打了一个喷嚏。

总统：天啦，那我的头发会长得更快！

切尔维亚科夫：为什么？

总统：这里面可有丰富的蛋白质啊！

（学生朗读惟妙惟肖，听课师生笑得前仰后合。）

师：这段对话，的确符合美国文化，总统风趣幽默，切尔维亚科夫不卑不亢。文化，对人们有一种潜移默化的作用，它影响着人们的行为方式。假如切尔维亚科夫生长在美国，可能就会是另外一种命运。所以说，切尔维亚科夫之死，是死于一种制度，死于一种文化。

（教师总结并出示幻灯片。）

1. 被妻子害死的

2. 被那将军吓死的

3. 被可悲的奴性杀死的

4. 被沙皇专制制度压死的

5. 死于19世纪沙俄专制文化

以上，我们采用主问题设计法，从文化的角度探索小说中人物切尔维亚科夫的死亡原因，解读人性及沙皇专制文化与人物命运走向的关系。

二、采用词语复位法

再读课文，采用词语复位法，从语言和文学的角度体悟作品中人物的感情和感情变化过程。

师：下面，我们再读课文，采用词语复位法从语言和文学的角度体悟作品中人物的感情和感情变化过程。小说中主人公切尔维亚科夫本是一个奴性十足的小人物，但我在阅读文本时，却惊讶地发现，作者在描写切尔维亚科夫的心理活动时，切尔维亚科夫说过一句“去他的”这句话。原文中有这句话，我下发课文时，把这句话抽出来了，你们现在所看到的课文中，没有这句话了。现在，请同学们再读课文，仔细揣摩切尔维亚科夫的心理活动，我要同学们把“去他的”这句话放到原文中去，大家看放到哪个地方最合适。

（针对教师设置的悬念，学生们再次仔细研读课文，纷纷试着把“去他的”放到原文中去，在复位的过程中体悟作品中人物的感情和感情变化过程，5分钟后，学生们纷纷举手，要求说出自己复位的结果。）

生15：我觉得“去他的”应放在第二自然段。（接着学生读）“我把唾沫星子喷在他身上了！”切尔维亚科夫暗想。“他不是我的上司，是别处的长官，去他的，可是这仍然有点不合适。应当赔个罪才是。”

生16：放在第二自然段这么靠前的位置，我觉得他加得不对，切尔维亚科夫是一个奴性十足的人，不可能一开始就有这样的一种蔑视上司的想法。这不符合切尔维亚科夫的性格。

师：那你觉得加在哪里好？

生16：我觉得放在第十八自然段好。（学生读）“他话都不愿意说！”切尔维亚科夫暗想，脸色发白。“这是说，他生气了。去他的，……不行，这种事不能就这样丢开了事。……我要对他解释一下。……”

师：你为什么觉得放在这里好？

生16：因为这是第四次道歉，将军说他是“胡闹”，对他有些爱理不理，自然就会产生“去他的”这样一种反抗的心理。

生17：我觉得放在第十八自然段，还是有些不妥，对于这样一个奴性十足的人，不得到将军一个所谓合情合理的回答，是不会放弃道歉的，而且，在这里，“去他的”表面看来有些不在乎的感觉，其实正是切尔维亚科夫十分在意将军态度的体现，“去他的”应该放在第二十三自然段。（学生读）“这怎么会是开玩笑呢？”切尔维亚科夫暗想。“根本连一点开玩笑的意思也没有啊！他是将军，可是竟然不懂！既是这样，我也不想再给这个摆架子的人赔罪了！去他的！我给他写封信就是，反正我不想来了！真的，我不想来了！”（学生接着说）老师，放在这里，既符合“既是这样”“不想再给”“我不想来了”等前后语言环境，又符合切尔维亚科夫的心理活动过程。

师：我认为你说得有道理，“去他的”这句话，是切尔维亚科夫的心理活动，对于切尔维亚科夫的心理活动，小说中有明显的暗示性句子，那就是第二、十一、十八、二十三自然段中的“切尔维亚科夫暗想”。从单独的语境来看，以上四段都可以放上去。这“去他的”可以放在这四段之中的暗示性句子处。（教师出示幻灯片。）

第二段“我把唾沫星子喷在他身上了！”切尔维亚科夫暗想。“去他的，他不是我的上司，是别处的长官，可是这仍然有点不合适。应当赔个罪才是。”

第十一段“他忘了，可是他眼睛里有一道凶光啊。”切尔维亚科夫暗想，怀疑地瞧着将军。“去他的，他连话都不想说。应当对他解释一下，说我完全是无意的，……说这是自然的规律，要不然他就会认为我是有意啐他了。现在他不这么想，可是过后他会这么想的！”

第十八段“他话都不愿意说！”切尔维亚科夫暗想，脸色发白。“这是说，他生气了。……去他的，不行，这种事不能就这样丢开了事。……我要对他解释一下。……”

第二十三段“这怎么会是开玩笑呢？”切尔维亚科夫暗想。“根本连一点开玩笑的意思也没有啊！他是将军，可是竟然不懂！既是这样，我也不想再给这个摆架子的人赔罪了！去他的！我给他写封信就是，反正我不想来了！真的，我不想来了！”

师：（指着幻灯片）但我们结合切尔维亚科夫的性格及心理活动轨迹，的确是放在第二十三自然段最合适。经过多次努力，没有结果，“去他的”体现了小人物的心伤与绝望，同时，“去他的”表明，切尔维亚科夫是多么在乎将军的态度啊！

（教师再出示加了“去他的”第二十三自然段幻灯片，让学生齐读，并特别强化“去他的”，连续读四次。）

生（齐读）：“这怎么会是开玩笑呢？”切尔维亚科夫暗想。“根本连一点开玩笑的意思也没有啊！他是将军，可是竟然不懂！既是这样，我也不想再给这个摆架子的人赔罪了！去他的！去他的！去他的！去他的！我给他写封信就是，反正我不想来了！真的，我不想来了！”

（教师出示幻灯片。）

（1）初读课文，采用主问题设计法，从文化的角度探索小说中人物切尔维亚科夫的死亡原因，解读人性及沙皇专制文化与人物命运走向的关系。

（2）再读课文，采用词语复位法，从语言和文学的角度体悟作品中人物的感情和感情变化过程。

师（指着幻灯片小结）：这节课，我们采用主问题设计法和词语复位法，从语言、文学、文化三个维度，终于弄清了小说中的人物形象及形象意义，探究了契诃夫塑造人物形象的高超艺术。同学们，契诃夫的小说具有永恒的魅力。

这种永恒的魅力，在《一个文官的死》中，就是揭示了一种人性、一种文化，像切尔维亚科夫这样的人，在我们今天这样的时代，依然存在。契诃夫带着一种讽刺的笔调，告诉我们，在人与人交往中，既不要过分自卑，也不能过于自傲，而应该是一种自尊自信，我们要培养一种世界公民，我们要以尊重的教育培养受尊重的人。

今天这节课讲到这里，谢谢同学们！

《青玉案·元夕》悬念教学实录

上课时间：2015年4月23日上午第三节课

上课地点：广东省深圳市第二高级中学教学楼四楼多功能室

上课班级：高二（17）班

师：听说你们班是一个很优秀的班级，今天，能够来到你们班上讲课，我十分高兴，今天这节课，我相信同学们一定会勇敢地表现自己。好，下面我们开始正式上课。

同学们，也许在我们看来，书生文人都是手无缚鸡之力的人。然而，在宋朝，有一个这样的人，他上马可以杀敌，有“一夫当关，万夫莫开”之勇的英雄气，他下马可以写词，词风豪迈，与著名词人苏轼可以并驾齐驱。同学们，你们猜猜他会是谁呢？（教师设问，并在此稍微停顿，引起悬念，学生在下面窃窃私语）现代大文豪郭沫若对他的评价是（教师出示幻灯片）“铁板铜琶继东坡高唱大江东去，美芹悲黍冀南宋莫随鸿雁南飞”。他才高、性烈、脾气大。大将军兼大文豪，三千年难得一见。他以文为词，以气入词，领袖一代，雄视百家。大家知道，他是谁吗？（采用隐藏法、提问法设置悬念，引起学生兴趣。）

生1：该不是陆游吧？

生2：应该是辛弃疾。

师：是的，他就是宋代伟大的爱国词人辛弃疾。辛弃疾的词，总的来说我比较喜欢。但他有一首词，我在读高中的时候，尤其喜欢。（教师出示一张读高中时候的照片）这是读高中时候的我。因为辛弃疾这首词，尤其是其中的几句话，打动了我这颗少年的心。今天，我要与同学们一道分享这首在我高中时代打动我的辛弃疾的词。这就是辛弃疾的《青玉案·元夕》。（教师出示幻灯片。）

一、初读《青玉案·元夕》，探究词的思想内涵

师：首先，请同学们自由朗诵一下这首词，并请同学们猜猜，词中哪句话打动了读高中时的我？这句诗，为什么会打动我？为什么会引起我心灵的强烈共鸣？

（用一连串问题设置悬念，悬念设置，更激起学生们学习这首词的兴趣，学生们在下面兴致盎然地自由朗读，教师巡视。）

师：同学们读得声情并茂，下面请邻座的同学相互读给对方听一下。并互相评价读得怎样。

（学生互相读，并且窃窃私语，评价对方。）

师：下面请一位同学按照自己的理解带着感情朗读一下这首词。谁来读，大家可以推荐一下。（学生们推荐某位同学）好，你来读一下。大家认真听，然后评价一下读得怎样。

（该学生站起来读，读完后，其他学生热烈鼓掌。）

师：看哪位同学评价一下，这位同学读得怎样？

生3：读得挺好，节奏把握很准确，感情上非常丰富细腻。（学生们大笑。）

师：还有吗？

生3：就评价这么多。

师：啊，就评价这么多，这已经是千古绝唱了。（学生大笑）评价非常准确。尤其是读到这个地方“笑语盈盈暗香去”，“暗——香——去”，声音拖得很长，而且音量由强到弱，给人一种那人渐行渐远的感受，的确读得挺好。辛弃疾的词，整体是豪放，但这首词却显得婉约。婉约词读的时候，节奏要慢一点。（教师手舞足蹈）“东风夜放花——千——树”，就是要读出这样的节奏。下面请同学们带着感情齐读这首词。

（学生们齐读，十分投入。）

师：读得很好了，下面请同学们猜一下，当初，我在读这首词的时候，是哪句话最打动我？

（学生们十分好奇，纷纷猜测。）

生4：我想，应该是“众里寻他千百度，蓦然回首，那人却在灯火阑珊处”。

师：我们真的是“心有灵犀一点通”，是的，就是这句诗打动了我。不仅是打动了我，还打动了我的同学，我的同学也喜欢这句诗。我读高中时，有三个特别好的朋友，我们四个人，经常在一起，被称为“四人帮”。（出示照片，学生“哇”的一片赞叹声）哪个是我？（学生回答前面左边坐着的那个）我长得怎样？（学生齐声答：“帅”）我们是好朋友，但是，读到这首词时，总是意见不同，各人有各人的理解，有时争得面红耳赤。其中有一个同学，几乎天天念“众里寻他千百度，蓦然回首，那人却在灯火阑珊处”。你们猜猜看，他为什么天天念“众里寻他千百度，蓦然回首，那人却在灯火阑珊处”呢？

（学生们兴致盎然，说出自己的看法。）

生5：也许他当时在恋爱，在追求一个女孩子吧！

师：你猜得十分正确。他当时正迷上了一个女孩。因此，那时他跟我说，这个他，应该是“她”，“她”就是那人，那人是个女的。“他”，在古代，既可以指女的，也可以指男的。那么，他，也就是那人，在这首词中，到底是男的，还是女的，请同学们讨论一下。

（此处再设悬念，引起学生们的探究的兴趣，学生们分组讨论3分钟，感悟“那人”。学生们根据所学的知识和把握的作品内容，自由探究，发表见解。）

生6：这是一个女的，诗中抒情主人公“我”要寻找一个意中人。

生7：我觉得“他”应该是个女子，而且是个很美的让作者心动的女子。不然作者为什么会“寻他千百度”呢？

师：有没有道理呢，我觉得有。那么诗人是在什么时候去寻找她的呢？

生8：晚上。

师：从哪里可以看出来？

生8：元夕，也就是元宵节。

师：晚上怎么看得见人呢？

生8：有灯。

师：从哪儿看出来？

生8：“东风夜放花千树”。

师：他写灯，没有直接出现“灯”字，作者采用了什么手法来描写灯呢？

生8：比喻的写法。花千树，形容灯火之多，如千树花开。

师：这位同学读书很细心。是的，元宵的晚上，确实有许多灯。元宵节也叫元夕、元夜，又称上元节，因为这是新年第一个月圆夜。因历代这一节日有观灯习俗，故又称灯节。这是我们中国的一种传统文化，一直流传至今。有灯，看人就清楚了。从词中看，元宵节的晚上，除了"灯"这种光源之外，还有其他光源吗？

生9：还有烟花。"更吹落，星如雨"。

师：没有直接出现烟花，而是采用了比喻的写法。"又吹得烟火纷纷，乱落如雨。"

生10：还有月光。"玉壶光转"，月光银白，如冰清玉壶。十五的月亮圆又亮。

师：到此，我终于弄明白了，元宵节的晚上，主人公借助灯火、烟花、月亮寻找女孩子，由于光源充足，他看人看得十分清楚，清楚地看到了一些细节——"蛾儿雪柳黄金缕"。"蛾儿雪柳黄金缕"，这些是什么东西啊？

生11：都是女性头上戴的名贵装饰品。

师：那么我又有一个疑惑了，元宵节逛灯会，应该男人女人都会有，请同学们找找，在诗人苦苦追寻的目光中，有没有男人进入他的视线呢？你们找一找。

生11：没有。老师，为什么诗人在有灯、有烟花、有月亮的晚上，偏偏只看见女人？诗人写元宵节，可是调动了全部的感官，去立体地感受元宵节的热闹氛围。眼睛看到了什么？"东风夜放花千树，更吹落，星如雨。"鼻子闻到了什么？"宝马雕车香满路。"耳朵听到了什么？"凤箫声动。"总之，诗人笔下的元宵节是车多、人多、灯多；焰火美、音乐美、花灯美、服饰美、情态美。作者调动视觉、听觉、嗅觉多种感觉器官，极尽渲染烘托铺排，写出了元宵节的热闹非常，盛况空前。诗人的各个感官应该都是非常灵敏的。那么为什么诗人只见到女人，而没有男人呢？（学生为这个同学的不同凡响的见解而鼓掌欢呼。）

师：啊，这位同学看问题有深度，对这首词有独特的理解。谁能解答他提出的问题？

生12：这是主人公的注意力所致。因为主人公要追寻一个意中人——女子，于是他把注意力专心放在了女子身上，看到的是"蛾儿雪柳黄金缕"，这些都是女性头上的名贵装饰，然而，这些女性，都不是作者所看中的。"众里寻他千百度，蓦然回首，那人却在灯火阑珊处。”在“灯火阑珊处”的“那人”，不用说，是一个青春妙龄的少女。

师：“众里寻他千百度，蓦然回首，那人却在灯火阑珊处。”那么请问，与这个少女的相见，是一种纯粹的偶然相遇，不期而遇，还是两人早早定下的一场约会呢？请同学们讨论。

（学生们响应教师召唤，热烈讨论，约5分钟后举手回答。）

生13：也许是一种不期而遇，意外发现。诗中主人公在元宵节晚上逛花灯，出于好奇，他不看男的，专看女的，他在一群群女子中不断地寻找，不断地发现，不断地希望，又不断地失望，似乎已经快要绝望之时，谁料蓦然回首，一个他十分喜爱的女子出现在了他的眼前。于是心中窃喜，一见钟情。

师：这样看来，就是一首艳遇诗了。诗中主人公可能是一个青春萌动的少年。

生14：也许是两人早早定下的一场约会，元宵节，可以说是中国的情人节，古人有不少写元宵节男女约会的诗歌。比较著名的有宋代欧阳修《生查子·元夕》的“去年元夜时，花市灯如昼。月上柳梢头，人约黄昏后”。这里也是早早定下的一场约会，女主人公早就来了，她藏在暗处，那个青年男子呢，元宵节热闹的盛况他视若未见、毫不在乎，他只关心那些花枝招展从他面前飘然而过的少女，急切地想从中寻出那张可爱的熟悉的面孔。女孩子也许早就发现他了，但她却不急着与他相见，先考验一下他的耐心，先看看他着急的样子，然后悄然无声地跟在他后头，等到他快要崩溃的时候才给他一份意外的惊喜。

师：这样看来，这是一首爱情诗了。诗中主人公是一位对感情专一执着的人。这位同学的解读与国学大师王国维对这首词的解读不谋而合啊。王国维在《人间词话》中谈到这首词时说——（教师出示幻灯片。）

经过等待、寻找、焦灼、失望之后再突然发现自己的意中人原来就在身后，那种从天而降的惊喜谁也想象得出来，这是一种知音的契合之感。

（学生们为该生与大师见解相同而鼓掌。）

师：然而，一千个读者，就有一千个哈姆雷特，同样，不同的人，读这首词，就有不同的感受，就是同一个人，在不同的时期，随着生活阅历的不同，读这首词也有不同的理解。譬如，我那个同学，那个极力主张“他”，即“那人”是位女性的同学，上次同学聚会，我们又聊起了这首词，这回，他认为这个“他”，不一定是女的了，他认为这首词，不是爱情诗，而是一首爱国诗，诗中主人公对达官贵人不顾国家安危一味纵情声色、寻欢作乐义愤填膺。他说，这首词与宋代林升的《题临安邸》有异曲同工之妙。

生15：老师，林升的《题临安邸》是首什么诗呢?

师：（板书“山外青山楼外楼，西湖歌舞几时休?暖风熏得游人醉，直把杭州作汴州”）青山之外还有青山，高楼之外还有高楼，湖中的游客皆达官贵人，他们通宵达旦与歌女舞女一起寻欢作乐，纸醉金迷，这种情况不知何时才能罢休。暖洋洋的春风把游人吹得醉醺醺的，他们忘乎所以，只图偷安宴乐于西湖，竟把杭州当成了汴州。请同学们讨论，辛弃疾的《青玉案·元夕》与林升的《题临安邸》思想内涵真的有相同之处吗?

（学生们响应教师召唤，展开热烈讨论，5分钟后回答问题。）

生16：我认为，《题临安邸》与《青玉案·元夕》有异曲同工之妙。公元1127年，金人攻陷北宋都城汴梁，俘虏了徽宗、钦宗两个皇帝，中原国土全被金人侵占。赵构逃到江南，在应天府即位，史称南宋。南宋朝廷并没有接受北宋亡国的惨痛教训而发愤图强，当政者不思收复中原失地，只求苟且偏安，对外屈膝投降，对内残酷迫害岳飞等爱国人士；政治上腐败无能，达官显贵一味纵情声色，寻欢作乐。《题临安邸》这首诗就是针对当时这种黑暗现实而作的，《青玉案·元夕》这首词作于宋淳熙元年（1174）或淳熙二年（1175年）。当时，强敌压境，国难当头，朝廷只顾偷安，歌舞升平，坐宝马，乘雕车，到处一派脂粉气，没有血性男儿，人们也都“笑语盈盈”，有谁在为风雨飘摇中的国家忧虑?林诗与辛词都倾吐了郁结在广大人民心头的义愤，也表达了诗人和词人对国家民族命运的深切忧虑。辛词中作者寻找着知音。那个不在“蛾儿雪柳”之中，却独立在“灯火阑珊处”，不同凡俗、自甘寂寞的美人，正是作者所追慕的对象。

生17：老师，有没有这个真实的“那人”存在呢?

师：我们只能猜测，与其说有这个人，不如说这也是作者英雄无用武之地，而又不肯与苟安者同流合污的自我写照。所以说这个“他”如果可以是作者的意中人，也可以是自甘寂寞、不同流合污的作者的知音，能看作是作者理想品格的化身。这种手法叫作“托喻”。

生18：老师，这样看来，这是一首爱国诗，也说得过去。

师：对，也可以看成是一首爱国诗。这正是这首词的魅力所在。伟大的艺术作品都有一种“召唤结构”，它原则上都是未完成的，它含有许多“意义不确定性”和“意义空白”，有待于欣赏者通过创造性想象去填充、丰富甚至重建。因此，一部《红楼梦》，不同生活阅历的人，对它有不同的解读。鲁迅就说过，一部《红楼梦》，“经学家看见《易》，道学家看见淫，才子看见缠绵，革命家看见排满，流言家看见宫闱秘事……”同样，《青玉案·元夕》可以有多种解读，对“那人”的不同理解，可以读出这首词不同的含义。你可以把它读成是一首艳遇词，词中主人公是一个“登徒子”，好美色；你可以把它读成是一首爱情诗，诗中主人公是一位对爱情专一执着的人；你可以把它读成是一首讽喻词，词中主人公对达官显贵纵情声色、寻欢作乐的无耻行为义愤填膺。目前，主要是这几种解读。不过，权威的解读，还是倾向于这是一首爱国词。下面，我来谈我对这首词的理解，这个解读，目前全中国乃至全世界都还没人提出，是我第一个提出来的，你们也十分有幸，是全中国乃至全世界第一批听到这种与众不同解读的人。我认为，这是一首讽喻诗，讽喻对象直指最高统治者，诗中表达了对国家前途命运的担忧。诗中的“那人”，不是女人，也不是作者理想人格的化身，也不是一般的男人，而是皇帝。作者在元宵节的晚上，看到了一派繁华，一派歌舞升平、国泰民安的景象，车多、人多、灯多，焰火美、音乐美、花灯美、服饰美、情态美。这样繁华的地方，在当时环境下，只能是都城临安，如此繁荣的城市、如此柔弱的人们，由谁来保护？在“家天下”的封建社会，当然应该是皇上。于是，他“众里寻他千百度，蓦然回首，那人却在灯火阑珊处”。“那人”就是皇上，“灯火阑珊处”，是指皇宫。皇帝在皇宫，“灯火阑珊”，象征宋朝廷的衰微，皇上无力承担起保护大宋子民的责任。南宋朝廷上下，缺乏像辛弃疾这样“金戈铁马，气吞万里如虎”的“狼性”将领。作者通过这首诗表现了对南宋前途和命运的担忧。

刚才，我们从多层面、多角度探究了这首词的丰富思想内涵。对这首词有了深度的理解。下面，我们在理解的基础上，再来读一下这首词。请同学们好好把握这首词的感情基调。（教师出示幻灯片。）

二、创读《青玉案·元夕》，把握词的感情基调

师：我们汉语中有许多表达丰富情感的叹词。如“啊”，表示一种“赞叹享受”的情感。我登上八达岭长城，啊，长城多么雄伟壮观！“唉”，表

示一种“叹息无奈”的情感。这次我本想去北京看长城，唉，学校没批准！“耶”，表示一种“发现惊异”的情感。听说学校批准了我去北京，耶，我好高兴呢！让我们揣摩词的情感变化，将以上三个词放在词中合适的位置。

（让学生加叹词，无疑给了学生一种悬念。学生兴致盎然，纷纷动笔在词中加上这三个词语，教师在下面巡视，约4分钟后，教师让学生读加了三个词语后的《青玉案·元夕》。）

师：下面，我们请同学读一下自己加了“啊”“唉”“耶”的这首词，看他们在哪些地方加了这些词，加的位置恰不恰当，能不能正确体现词人的情感变化轨迹。

生19（声情并茂地朗读起来）：东风夜放花千树，更吹落，星如雨。啊！宝马雕车香满路。凤箫声动，玉壶光转，一夜鱼龙舞。蛾儿雪柳黄金缕，笑语盈盈暗香去。唉！众里寻他千百度，蓦然回首，耶！那人却在灯火阑珊处。

师：她加得怎么样？行不行啊？你评评看。

生20：我觉得加得恰到好处，把握住了词人感情变化的轨迹。看到“宝马雕车香满路”，于是词人发出了“啊”这样惊叹的声音。他在茫茫人海中不断地寻找，不断地希望，不断地失望，于是发出“唉”的声音，正要绝望之时，却有意外发现，“那人却在灯火阑珊处”。于是“耶”的一声，发出一声惊叹！

生21：我觉得这样加更好。“东风夜放，啊！花千树，更吹落，星如雨”。他在元宵节看到如花盛开的灯火，于是情不自禁地发出“啊”的感叹。“唉”加到“蛾儿雪柳黄金缕，唉！笑语盈盈暗香去”这个地方好，他在不断寻找自己的知音，然而，皆不是自己理想中人，令他失望，于是发出“唉”这样无奈的叹息。正当失望之时，突然发现自己的意中人原来就在身后，那种从天而降的惊喜谁都想象得出来，于是“耶！那人却在灯火阑珊处”。

师：这位同学跟我加的一样，真可谓英雄所见略同啊！（教师出示加了“啊”等词语的《青玉案·元夕》幻灯片。）

东风夜放，啊！花千树，更吹落，星如雨。宝马雕车香满路。凤箫声动，玉壶光转，一夜鱼龙舞。蛾儿雪柳黄金缕，唉！笑语盈盈暗香去。众里寻他千百度，蓦然回首，耶！那人却在灯火阑珊处。

师：（指着幻灯片）下面，我们带着感情齐读一遍艺术化处理了的《青玉案·元夕》。

（学生齐读，教师在学生读时配上动作，手舞足蹈，学生更是读得兴致盎然。）

师：刚才，我们通过加“啊”等词语，更好地把握住了这首词的感情基调和丰富内涵，同学们，像这样脍炙人口的诗句我们应该背诵出来。高考不是经常考背诵吗？下面我们来背读一下《青玉案·元夕》。

三、背读《青玉案·元夕》，领悟词的语言妙用

师：下面请同学们试着背诵这首词，看谁背得快，我要寻找背诵大王。

（学生摇头晃脑地背诵。）

师：谁先背出谁先举手。

（不一会儿有学生举手，该生背诵十分流利，师生为他鼓掌。）

师：真厉害呀，下面请同学们齐背一遍。

（学生齐背诵。）

师：同学们，一首词不仅要能背诵出，而且，现在的高考是要求默写古诗词，下面，我出了一个高考题目。（教师出示幻灯片。）

补写出下列句子的空缺部分

1. ________________，________________，星如雨。

2. 凤箫声动，________________，________________。

3. 众里寻他千百度，________________，________________。

师：（指着幻灯片）下面请同学们默写一下，我也来默写一下。

（学生在下面默写，教师在黑板上默写。教师故意将“东风夜放花千树”的“放”字默写成“吹”字，将“玉壶光转”的“转”字默写成“照”字，将“那人却在灯火阑珊处”的“灯火阑珊”写成“宝马雕车”）

师：同学们，你们默写完了吗？我也默写完了。下面，请同学们给我评分，我得多少分？

（学生有的说不及格，有的说只能得3分。）

师：你为什么说我不及格？

生22：你有三处默写错了。“东风夜放花千树”的“放”字默写成“吹”字。

师：喔，这个地方写错了。东风夜吹花千树，“吹”字原文是“放”字，那么是我的“吹”字好，还是原文“放”字好呢？

生22：“放”字好，既写出了东风的吹的特点，又写出了花开的形态，向外展开，形容灯火之多，如千树花开。

师：喔，对词的意境理解不错。那么，我第二处错在哪儿呢？

生22：“玉壶光转”，写成了“玉壶光照”。

师：玉壶光照，是“转”字好还是“照”字好？

生22（边解释，边辅之以手势）：“转”好，“转”既有“照”的意思，还写出了灯光的旋转，描绘出了灯月交辉的迷幻感。（学生鼓掌。）

师：解释得真精彩啊。那我第三处是错在哪里呢？

（学生抢着指出，错在“那人却在宝马雕车处”。）

师：把“灯火阑珊”改成“宝马雕车”好不好？

生22（自动站起来回答）：不好，如是“宝马雕车”处，说明“那人”——这个女子，与那些人一样俗气。原词的“那人”是不同凡俗、自甘寂寞、孤高淡泊，现在的“那人”是追求时髦，庸俗不堪。诗人苦苦追寻的应该是一位超凡脱俗的与众不同的美妙女子。正如《诗经》所说“蒹葭苍苍，白露为霜。所谓伊人，在水一方。溯洄从之，道阻且长。溯游从之，宛在水中央”。

生23：诗歌的情感也变了，原来是意外的惊喜，这回是深深的失望。

师：对了，同学们对词的意境把握很准。以上，我们通过背读，感受了词的语言的妙用，进一步感悟了词的形象美、意境美。下面，我们美读《青玉案·元夕》，品味词的独特意境。

四、美读《青玉案·元夕》，品味词的独特意境

（教师出示美读幻灯片。）

青玉案·元夕

辛弃疾

（领读）东风夜放花千树，

（齐读）啊！花千树！花千树！花千树！

（领读）更吹落，星如雨。

（齐读）星如雨！星如雨！星如雨！

（领读）宝马雕车香满路。

（齐读）香满路！香满路！香满路！
（领读）凤箫声动，玉壶光转，一夜鱼龙舞。
（齐读）鱼龙舞！鱼龙舞！鱼龙舞！
（领读）蛾儿雪柳黄金缕，笑语盈盈暗香去。
（齐读）唉！暗香去！暗香去！暗香去！
（领读）众里寻他千百度，蓦然回首，
（齐读）耶！那人却在灯火阑珊处。
阑珊处！阑珊处！阑珊处！

师：（指着幻灯片）下面请一个同学领读，看哪个同学领读？

（学生们推荐某位同学。）

师：好，你站起来。

（其他学生齐读，教师辅之以手势，学生们读得声情并茂，通过朗读，进一步领略了诗歌意境。）

师：这节课通过四个步骤，探究了词的思想内涵，把握了词的感情基调，领悟了词的语言妙用，品味了词的独特意境。

同学们，这是一首内涵十分丰富的词。每读《青玉案·元夕》，总有新感觉。有人读出它是一首艳遇诗，诗中主人公是一个青春萌动的少年；有人读出它是一首爱情诗，诗中主人公是一位对爱情专一执着的男子；有人读出它是一首爱国诗，诗中主人公对达官显贵纵情声色、寻欢作乐的无耻行为义愤填膺；有人读出它是一首讽喻诗，讽喻对象直指最高统治者，诗中主人公是一位为国家前途命运担忧的爱国者；有人还读出它是一首哲理诗，表达人生的一种境界，或者一种哲理，这种境界或哲理是人生中超越时间空间的理解，任何时间任何地点都是正确的。这节课讲到这里，下面布置作业。（教师出示幻灯片。）

《青玉案·元夕》最后三句可谓是千古名句，正所谓“一千个读者，就有一千个哈姆雷特”。每个人的生活阅历不同，对它的理解都不一样。王国维先生在《人间词话》中曾这样认为：古今之成大事业、大学问者必经过三种境界——昨夜西风凋碧树，独上高楼，望尽天涯路；衣带渐宽终不悔，为伊消得人憔悴；众里寻他千百度，蓦然回首，那人却在灯火阑珊处。大人物成就大事业要经历这样三种境界，那么我们普通人呢，要想取得成功是否也要经过这三种境界？请大家结合自己的人生经历写一篇600字的文章谈谈感受。

《雨巷》悬念教学实录

上课时间：2015年9月11日

上课地点：广东省深圳市第二高级中学四楼考务室

上课班级：高一（17）班

听课教师：来自广东省深圳市高中学校语文骨干教师代表约120名

师：今天我们来学习一首戴望舒的现代诗《雨巷》。1927年，22岁的戴望舒创作了《雨巷》，《雨巷》最初发表在1928年的《小说月报》上，引起很大反响，叶圣陶称《雨巷》“替新诗的音节开了一个新纪元”，戴望舒也因此诗获得“雨巷诗人”的雅号，以至于在他离世几十年后的今天，诗歌依然名重诗坛。他的同乡作家冯亦代先生十分感慨地说：“我心里永远保持着他《雨巷》中的诗名给我的遐想。当年在家乡时，每逢雨天，在深巷里行着，雨水滴在撑着的伞上，滴答滴答，我便想起了《雨巷》里的韵节。”那么这首迷人的诗，它的魅力到底在哪里呢？下面就让我们共同欣赏这首《雨巷》。请同学们打开书，诗歌，我们第一步就是要读起来。（教师出示幻灯片。）

一、采用诵读法，从节奏的角度感受诗歌的感情基调

师：读诗要把握诗的感情基调，把自己变成抒情主人公，融入诗的意境。下面，请同学们自由朗诵《雨巷》，自己去体会一下这首诗歌的感情基调。

（学生开始积极朗读起来，教室里充满朗读声，8分钟过后，教师让学生当堂朗读。）

师：刚才同学们都十分投入地朗读了诗歌，读诗，需要读准字音、读清节奏、读出感情。接下来，我们找一位男同学朗读诗歌，看能否把握好这三点。

其他同学仔细听，读完后请同学来评价。

（教师指定一生朗读，其他学生评价。）

生1：感情把握得还可以，但是，他有一些地方节奏把握得不太好。

师：哪个地方？那你认为怎样读更好？

（生1读。）

生2：他有两个词读音不准。第三节的“彳亍”和第五节中的“颓圮”读错了。“彳亍”应念“chì chù”，是小步慢走或时走时停。“圮”应念“pǐ”，是毁坏、倒塌的意思。

师：对，我们齐读一下这两个词。

（师生齐读“彳亍”“颓圮”。）

生3：他读“悠长、悠长/又寂寥的雨巷”不太好。

师：那你觉得应该怎么读？

（生3读。）

师：同学们觉得她读得还行吗？再请一位同学试试。（生4再读，把握得还是不太好。）

师：好像还是不太到位。下面我们请课代表朗读一下这首诗，好不好？

（生鼓掌，课代表朗读。）

师：下面，我们来评价一下他的朗读，谁来评价？

生5：我认为他在感情上把握得不错，整首诗，在读的时候节奏应该比较慢，因为诗歌既没有大江东去的慷慨豪迈，也没有涓涓细流的明丽，它有一种忧伤、惆怅、凄婉、寂寥和朦胧的美，他用舒缓的节奏读出了这种美。

师：评价得不错，的确情感把握到位，颇似戴望舒再现。下面我们向课代表学习，请大家集体来诵读这首诗歌。

（学生齐读，整齐而有节奏。）

师：总体来说读得较好，但有些诗句朗读要注意语速再慢一些，有些词语要有一定的处理，如“悠长、悠长”“远了，远了”，要读出词语所表达的感觉。

（教师示范朗读一节或几句，让学生跟读，学生读得比前几次感情更到位。）

师：我们通过朗读这首诗，充分地感受到了诗人的忧伤，那么你是从哪儿感受到这种忧伤的呢?

生6：从诗中的词语可以感受到。

师：你说得对。诗中用了大量的带有忧伤的感情色彩的词语来表达忧伤情感，而且用这些词语创造了一些意象来营造情感氛围。下面，我们采用比较法，从诗歌语言的角度来进一步感受这首诗歌的意境。（教师出示幻灯片。）

二、采用比较法，从语言的角度感受诗歌的凄美意境

师：戴望舒的这首诗啊，还有一个版本。（教师出示幻灯片。）

撑着油纸伞，独自
漫步在悠长、悠长
又寂寥的雨巷，
我希望逢着
一个丁香一样的
结着愁怨的姑娘。
她是有
丁香一样的颜色，
丁香一样的芬芳，
丁香一样的忧愁，
在雨中哀怨，
哀怨又彷徨；
她彷徨在这寂寥的雨巷，
撑着油纸伞
像我一样，
像我一样地
默默彳亍着，
冷漠、凄清，又惆怅。
她静默地走近
走近，又投出
太息一般的眼光，
她飘过

像梦一般地，
像梦一般地凄婉迷茫。
像梦中飘过
一枝丁香地，
我身旁飞过这女郎；
她静默地远了，远了，
到了颓圮的篱墙，
走尽这雨巷。
在雨的哀曲里，
消了她的颜色，
散了她的芬芳，
消散了，甚至她的
太息般的眼光，
丁香般的惆怅。
撑着油纸伞，独自
漫步在悠长、悠长
又寂寥的雨巷，
我希望飞过
一个丁香一样的
结着愁怨的姑娘。

师：这个版本是谁写的呢？

（教师构建一种期待，学生们纷纷猜测。）

师：这是我改的。（学生们大笑，兴趣大增）同学们，我就改动了几个字。我改得好不好呢？

（学生们开始积极讨论起来。）

师：好，下面谁来说一下哪个好？自告奋勇地说啊，哪个同学来说一下？第一个是“漫步”好还是“彷徨”好？

生7：“漫步”给人一种闲散的感觉，就感觉很随意啊，像饭后散步一样。

师：嗯，给人感觉比较闲散。

生7：用“漫步”破坏了诗歌的意境，书上的“彷徨”比较好，有犹豫之类的比较悲伤、消极的感觉。

师：悲伤、消极，那彷徨与诗中哪些词是照应的呢？

生7：比如说一直重复的“结着愁怨”“哀怨”“寂寥”。

师：“愁怨”“哀怨”“寂寥”是不是用个“彷徨”和这些词吻合一些？

生：嗯。

师：“漫步”是什么意思？

生7：散步。

师：而且这个“散步”心情怎么样？

生8：愉快。

生9：悠闲。

师：嗯，愉快、悠闲，我们说，“漫步在悠长、悠长……”假如我们不看后面的，就是前面的，“撑着油纸伞，独自漫步在悠长、悠长的雨巷”，就还好，但是后面，一个“寂寥”，一个“像我一样彳亍”，彳亍什么意思？

生：走走停停。

师：嗯，所以还是“彷徨”好吧，你看他这个感受就比较明显，说出来道理，感受到了词的基本意境。好，这是一个，接下来谁来说一下，“飘”好还是“飞”好？

生10：我感觉“飘”比“飞”好。

师：为什么？能在诗歌里找到理由吗？

生10：可以，“飘”对应着“凄婉”“迷茫”，而且“飘”还有一种朦胧美。

师：嗯，飘有一种朦胧美，还有其他的吗？

生10：用“飞”有一种急促的感觉。

师：嗯，一种急促的感觉。“飞”给人感觉比较快吧？

生：对。

师：如果用“飞”，哪个地方与“飞”就有矛盾，不吻合了呢？

生10：“彷徨”。

师：嗯，与“彷徨”不吻合，“彷徨”本来就很慢，“飞”就没有这种感觉了。还有吗？

生10：没有了。

师：好，他说了两个理由。第一个，“飘”有一个迷幻、朦胧的感觉，对应“凄婉迷茫”。第二个，“飞”速度太快，就与心事惆怅、心事重重地走有很大的区别，未免太潇洒了一些。作者用“彷徨”“飘”等词，营造了一种朦胧的、迷惘的意境。好，我们来再次读一下这首诗歌，读出节奏，读得慢一点，来感受一下诗歌意境。请同学们带着感情再齐读一遍。

（学生们开始齐读。）

师：嗯，整体读得不错，你们在读标题的时候要稍微读得长一点，像雨——巷——、戴——望——舒——，要读得慢一点，读出感觉来，而不是很快地读一遍，好，接下来，我为同学们示范一下，同学们可以不看作品，闭上眼睛，静静地聆听，沉浸到诗歌的情景里去。

（教师以伤感、失落之情，以较舒缓的节奏朗读《雨巷》，学生们听时神情专注，听完报以热烈的掌声。）

师：诗歌朗读完了，我们感受到了什么？

生11：这首诗写得很苦，诗中充满了失落、惆怅的情绪。

生12：这首诗好像写了一名男子希望在巷子里遇上他的心上人，但是，最终还是与他的心上人擦肩而过。

生13：这首诗虽然写得很凄苦，但感觉很优美，尤其是那个丁香般的姑娘，美丽而不可即，令人伤感。

生14：这首诗写“我”在苦苦地追寻现实生活中不存在的梦幻般的事物。

生15：我感受到了一幅画面，仿佛看到了一条雨巷、一个男子和一个姑娘。

师：同学们说得真好，既感受到了情感，又仿佛看到了形象。的确，这首诗歌的画面感很强。下面，我们采用道具法，从文学的角度感受诗歌的形象美。（教师出示幻灯片。）

三、采用道具法，从文学的角度感受诗歌的独特形象

师：我们把这首诗当成一个剧本，我们现在试着要拍戏剧，那里面的人物应该有几个？

生16：两个。

师：是两个还是很多个？

生17：很多个。

师：很多个？是不是很多个呢？

生16：两个。

师：为什么只有两个呢？（教师提高声音。）

生16：诗中提到“独自”。

师：一个是“独自”，第二个人是谁？

生16：另一个人是“姑娘”。

师：这个雨巷是什么雨巷？

生16：寂寥的雨巷。

师：寂寥的雨巷，肯定不是热闹的雨巷，因此我觉得设计的人物应该是两个人，是不是？好，现在，我们角色确定为两个，读了这首诗歌以后，感觉人物已经活灵活现地呈现在我们眼前了，假如我们要拍电影的话，我们要为他穿上衣服吧，现在我们为男主人公穿上衣服吧，男主人公应该穿着什么样子、什么颜色的衣服，女主人公应该穿着什么样子、什么颜色的衣服，设计一下啊。请同学们前后左右讨论一下。记得考虑诗歌的年代、意境啊。

（教师一说完，教室就热闹起来，学生积极地讨论起来，6分钟后，教师让学生说出自己的想法。）

师：看看男主人公穿什么衣服合适，哪个男同学来说说？

生17：白色的。

师：为什么？

生17：比较好看。

师：好看？难道我们说穿红色的衣服就不好看了吗？（对学生的答案提出异议。）

生18：因为当时是比较凄清的氛围。

师：凄清的氛围，这就对了，如果是红色的就太热闹了一点，所以也不能说好看，只能说白色适合诗歌的意境。还有吗？

生18：没有了。

师：那穿白色的什么式样的衣服？

生19：带扣子的。

师：带扣子的？到底是什么式样的？

生19：白色西装。

生20：白色中山装。

师：颜色知道了，但是什么式样的，有人说是西装，有人说是中山装。到底什么样式的衣服好？

生21：像孔乙己那样的长袍就好了。

师：像孔乙己那样的长袍就好了？

生22：再干净一点就好了。

师：文章中有什么证明是可以穿着长袍的？

生22：“飘”。

生23：不对，“飘”是写姑娘的。

师：那从哪里看出是可以穿着长袍的？

生23：撑着油纸伞。

师：对啊，撑着油纸伞，油纸伞本身就带有复古、怀旧、神秘、迷蒙的感觉，长袍、油纸伞，这就构成了一种古典美，而不是现在的雨伞、太阳伞，这与诗歌的意境相吻合。男同学还有没有什么要说的？

生24：应该是要符合这种悲伤的基调，那么就要穿那种灰色的中山装。

师：深灰的。

生24：而且比较符合当时的年代。

师：灰色的可不可以？

生：可以。

师：灰色给人一种冷漠惆怅的感觉，不张扬。红色的不行，灰色是可以的。我觉得，这个设计总体是可以的，那我们来看一下，感受一下。（教师出示幻灯片上的图片让同学看合不合适。）

师：（指着图片）这个行不行？

生25：不行。伞太大了，西服太现代了，而且还是个外国人。

师：这个行不行？

生25：不行，伞太花了，不符合身份。

师：这个行不行？

生：可以。

师：我感觉也是这个，你看，这样子男主人公的形象一下子就出来了，穿红的是绝对不可以的，那是没把握住诗歌的意境。好，接下来女主人公的装束又是怎样的呢？

生26：我想是民国的学生装。

师：嗯，民国的学生装。

生26：盘扣的上衣，下面是黑色的长裙，有点摆动的感觉。

师：为什么要设计黑色的长裙，有点摆动的感觉？

生26：上衣是蓝色的，衣服的边角可能是自己绣的花啊，蓝色比较忧郁一点，但是相对于男主人公的深灰色，相对来说会明媚一点，就会让男主人公有点希望的感觉在里面。

师：摆动的感觉照应的是文章的哪里？

生26：“飘”。

师：“飘”就感觉摆动得大一点。你是这么设计的，有没有道理啊？

生：有。

师：还有其他的设计吗？

生27：穿上下摆开衩的旗袍。

师：穿上“上海滩”的开衩旗袍？（教师没听清，学生发出笑声，课堂气氛好。）

生27：下摆开衩的旗袍。

师：下摆开衩的旗袍，那穿旗袍是什么感觉？

生27：高贵、优雅。

师：下摆开衩的旗袍，为什么要这样设计？

生27：他说“那女郎”，说明就不是学生的年纪了。

师：如果旗袍本身的特点是比较紧身的，就“飘”不过去，但是它下面设立开衩的，就可以“飘”了，那设计的是什么颜色的？

生27：白色的。

师：为什么？

生27：因为是“丁香一样的姑娘”。

师：“丁香一样的姑娘”，丁香花啊是白的，这就对啦。好了，还有没有其他的设计？好，那我们来看一下。（教师出示幻灯片。）

师：（指着图片）这个行不行？

生28：不行。

师：为什么不行？

生28：太霸气了，太现代了，不符合当时的时代特征。

师：这个行不行？

生29：不行。

师：为什么不行？

生29：太红了，颜色不符合。

师：嗯，太艳了。这个行不行？

生29：不适合。

师：为什么不适合？

生29：她在笑，不是“结着愁怨的姑娘”。

师：这个怎么样？

（学生们一致表示赞同。）

师：就她是不是？

生29：对，从色彩基调来看，雨巷属于暗色调，而且是在雨中，与“我”的心情一样都是灰暗的、阴沉的。也与“丁香一样的颜色，丁香一样的芬芳，丁香一样的忧愁”相吻合。

师：说得好。从色彩方面、从意象角度把握了这个姑娘的特点。那么，这里为什么用丁香来形容姑娘，可不可以用牡丹呢？接下来，我们从文化的角度，来探讨一下这个问题。（教师出示幻灯片。）

四、采用联想法，从文化的角度探究诗歌的深层意蕴

师：同学们，将诗歌中的“丁香”换成“牡丹”行不行？请同学们讨论一下。

（学生们响应教师召唤，热烈讨论，6分钟后，教师让学生回答问题。）

生30：我认为不行。这是由诗歌的感情基调和主旨决定的。牡丹是富贵的象征，换成牡丹，就破坏了诗歌的意境，与作者所要表达的情感也不吻合。

师：他说得对，在中国传统文化中，牡丹是富贵的象征，在我国古典诗歌漫长的发展历程中，形成了很多传统的意象，它们蕴含的意义基本是固定的。如菊花，象征隐逸；竹子，象征气节；梅花，象征傲岸；青松，象征坚贞等。丁香花是一种非常美的花，多为白色或紫色，不妖艳，仲春时节开放，但极易

凋谢。因此，“丁香”在文学作品中出现时常和愁怨的情绪相联结。（教师用幻灯片显示诗词资料。）

唐·李商隐　《代赠二首》

楼上黄昏欲望休，玉梯横绝月中钩。

芭蕉不展丁香结，同向春风各自愁。

南唐·李璟　《摊破浣溪沙》

手卷真珠上玉钩，依前春恨锁重楼。风里落花谁是主？思悠悠。青鸟不传云外信，丁香空结雨中愁。回首绿波三楚暮，接天流。

师（总结）：丁香是美丽、高洁、愁怨三位一体的象征。作者用丁香形容修饰姑娘，使姑娘具有了美丽、高洁、愁怨的特质，成为美丽、高洁、愁怨的化身。那么作者为什么希望逢着这样一位丁香一样的姑娘呢？诗歌中的意象往往具有象征意义，所以，我们在欣赏诗歌的时候一定要展开丰富的想象。每个人，由于思想水平、生活经验以及艺术修养等条件的限制，对诗的理解也不尽相同。因此，我们要尽力展开想象，以有限的意象，概括出尽可能丰富的生活内容。现在请同学们展开联想，诗中的“丁香般的姑娘”和“我”让你联想到了什么？作者想要表达的主题到底是什么？

（课堂气氛活跃起来了，诗歌意象的不确定性和主题的多元性，让学生们充满兴趣，跃跃欲试。）

生31：“我”是一个心事重重的知识分子形象。

生32：“我”是一个苦闷的、人生的追求难以实现的知识分子形象。

生33：“我”可理解为一个失恋者的形象，这是一首爱情诗，表现了“我”失恋后仍苦苦追寻的执着情感。

生34：“丁香般的姑娘”象征了诗人在大革命失败后苦苦追求的革命前景和希望。

生35：“丁香般的姑娘”可理解为诗人理想中的恋人形象。

生36：“丁香般的姑娘”可理解为生活中一切美的事物，如美好的人生理想等。

生37：“丁香般的姑娘”就是作者自己的真实写照。整首诗表现了诗人渴望遇上与自己有同样思想和感情的友人的心情。

生38：整首诗可理解为诗人在革命遭受挫折后，找不到出路，但不甘沉沦的精神痛苦与迷茫。

生39：整首诗还可以理解为诗人对生活中美好理想追寻的心路历程。

师：西方有一句名言，“一千个读者，就有一千个哈姆雷特”。确实，诗歌的鉴赏就是欣赏者通过艺术想象进行再创造的过程。刚才同学们的理解合乎情理而又富有创意，同学们对诗歌的主题有多种理解。但是任何诗歌的欣赏都不能离开诗人的个人经历和创作背景，让我们结合创作背景来加深对它的理解。（幻灯片显示创作背景。）

《雨巷》写于1927年夏天，是中国历史上一个最黑暗的时代。大革命失败，国民党对革命者的血腥屠杀，造成了笼罩全国的“白色恐怖”。原来热烈响应革命的青年，一下子从火的高潮堕入了夜的深渊。他们中的一部分人，找不到革命的前途，在痛苦中陷入彷徨迷惘，在失望中渴求着新的希望的出现，在阴霾中盼望飘起绚丽的彩虹。戴望舒就是他们中的一分子。他这时候所写的《雨巷》一诗自然储满了彷徨失望和感伤痛苦的情感。

师（总结）：看来，诗中的伤感之情不是因为“丁香”，也不是因为“姑娘”，而是来自作者的心境，“丁香姑娘”的愁怨与美丽流溢的全是作者的心情。“一切景语皆情语”啊。以上，我们采用四个步骤，把握了诗歌的节奏、语言、形象和文化意蕴。下面，我们再从文章的角度，来感受诗歌的形式美和音乐美。（教师出示幻灯片。）

五、采用美读法，从文章的角度欣赏诗歌的回环结构

师：叶圣陶先生曾经盛赞这首诗“替新诗的音节开了一个新纪元”。如果我们从音乐性的角度来欣赏这首诗，你有什么美的享受？

生31：读起有一种一唱三叹、迂回反复、荡气回肠的感觉。

生39：听起来悦耳、和谐，读起来像一首轻柔而沉思的小夜曲。

师：说得好，那么，为什么会产生这样的效果呢？请同学们仔细研读诗歌，想想其中的原因。可以相互讨论。

（学生们响应教师召唤，开始热烈讨论，4分钟后，教师让学生回答。）

生33：全诗在结构上，有一种回环的美。从全诗看，第一节和最后一节除“逢着”改“飘过”之外，其他语句完全一样，这样，同一主调在诗中重复出现，起结复见，首尾呼应，不仅加重了诗人彷徨苦闷的心境，也增强了全诗的

音乐性。

生3：全诗在韵脚上间隔重复，每一节共六行，每节押韵两到三次，在相隔不远的行里重复一次韵脚，如“雨巷”“姑娘”“芬芳”“惆怅”“眼光”等，有意地使一个音韵在人们的听觉中反复，这样，就形成了一种回荡的旋律和流畅的节奏。

生35：全诗在语言上，采用了反复的手法。例如“哀怨，哀怨又彷徨”“像我一样，像我一样地”，迂回往复，悦耳和谐，一个寂寞而痛苦的旋律在全曲中反复回响，萦绕在我们的心头。

师：同学们说得真好，下面，我们美读诗歌，来感受一下诗歌的音乐美。

（学生们深情地朗读，进一步体会诗歌的意境、主题，在美读中结束这堂课的教学。）

师：“李杜文章在，火焰万丈长”，诗人虽然远离我们而去，但诗的语言正如星星的光辉，永远闪耀在天际。每当细雨迷蒙的时候，每当你彷徨迷茫的时候，请你一定想起戴望舒的《雨巷》，请你一定记得在那优美的诗中，有一位美丽而忧伤的姑娘。下课。

《再别康桥》悬念教学实录

上课时间：2015年9月17日

上课地点：广东省深圳市第二高级中学四楼考务室

上课班级：高二（17）班

听课教师：来自广东省深圳市各地教师共约160人

（课前播放由李健演唱的《再别康桥》歌曲，歌曲酝酿了柔婉深情的课堂氛围，起到了“未成曲调先有情”的效果。）

师：同学们，刚才听的这一首歌，好不好听？

生：非常好听。

师：是的，我也有同感，这首歌的歌名叫《再别康桥》。它的歌词是我国文学史上一首著名的现代诗歌。请同学们翻到教材（人教版）第八页。今天，让我们一起来走进这首诗。

记得宋代大文豪苏东坡说过——（教师出示幻灯片。）

三分诗，七分读。

师：（指着幻灯片）意思是说，好诗是读出来的。确实，诵读，能够为诗歌增色，诗歌，是不需要过多讲解的，我们在自吟自诵中，就能对诗歌领悟、理解。理解诗歌，朗读很重要，今天，我们就通过诵读来学习《再别康桥》这首诗歌，以读为突破口，来一个“读句”一格。（幻灯片出示本节课的课题。）

“读句”一格

——赏析《再别康桥》中的情与景

师：我们通过诵读来赏析《再别康桥》中的情与景。

一、默读，揣摩诗歌情感

师：读有几种读法，我们第一步，默读，揣摩诗歌情感。刚才，同学们听了歌曲，唱歌，要有声调，读诗，也要有读诗的基调。先请同学们读这首诗歌，但不要发声，因为它是“轻轻的我走了”，我们先默读，通过默读来揣摩一下这首诗歌的思想内容、感情基调。

（学生们在下面按教师要求轻轻地默读，教师在下面巡视。）

师：好，刚才大家默读了诗歌，对诗歌的思想内容与感情基调应该有了直觉上的把握，下面请邻座的同学交换一下意见，谈谈自己对这首诗歌的思想内容和感情基调的最原初的感受，即第一感觉是什么。

（学生在下面交换意见，有的同学除跟同桌交流外，还忍不住与前后排同学交流看法。）

师：好，同学们对自己的阅读感受做了自由交流，下面，请一个同学向大家说一下，说出你对这首诗歌的思想内容和感情基调的最原初的感受，即你的第一感觉是什么。可以用最简练的语言回答。

（教师的提问，引来了学生们的热烈应答。）

生1：我读出了作者对康桥的不舍和一种留恋。

生2：我读出了一种淡淡的愁绪。

师：一种愁绪，还是淡淡的，你从哪里读出来?

生2：“轻轻的，我走了，正如我轻轻的来。”“轻轻”渗透着作者淡淡的愁情。

生3：我感受到了作者对康桥的眷恋。

师：你为何读出了这样的感受?

生3：因为康桥就是剑桥，作者在剑桥大学留学，离开康桥，自然眷恋。

生4：我还读出了诗人的洒脱。

师：你从诗歌哪里读出这种感觉?

生4：“我挥一挥衣袖，不带走一片云彩。”“挥一挥”，可以看出他的洒脱。

师：喔，这感觉对不对呀?

生5：对，我还读出了他的柔情和唯美。

师：哈，你的感觉真细腻，你还感觉到了他的柔情和唯美。这样看来，诗人徐志摩离别康桥时的感情是复杂的，有柔情，有淡淡的忧伤，有留恋，有不舍，又有几分洒脱，还有几分唯美。同学们的第一感觉十分准确和全面。既然大家认为这首诗是忧郁的、依依不舍的、忧伤的、柔情的、唯美的，那我们就要通过语调节奏读出这种韵味来。

二、声读，体味诗歌韵律

师：下面第二步，我们声读，体味诗歌韵律。朗读，对诗歌是一种再创造。我们来读一读，这回要读出声音。请同学们带着感情读，自由读。

（学生们按教师要求带着感情在下面自由朗读，兴致盎然。）

师：同学们自由朗读了，下面请邻座的同学读给对方听，然后由对方指出，哪个地方读得好，哪个地方要改进。

（学生们按教师要求朗读交流，有的摇头晃脑，有的手舞足蹈，教师也在下面巡视，不时与学生交流。）

师：下面，我们叫一个同学按照他的理解，把这首诗读一下，大家认真听，他读完后，我们要加以评价。

（生6带着感情读诗。）

师：他读完了，读得怎样？

生7：我感觉他读得很好，节奏舒缓，而且有韵味，也有感情。

生8：我觉得他读得韵味不够，一字一顿地，感情还是不够到位。

师：我同意你的看法，他是他的同桌，评价高一点，也可理解，情人眼里出西施嘛！（学生大笑）是的，我们还可以读得更好，朗读是一种艺术，同一句诗歌，我们可以读出不同的诗意。譬如《再别康桥》这个标题，我们可以这样读（教师语速快，节奏短平快），也可以这样读“再别——康——桥”（教师语速舒缓，节奏拖长）。法国有一个悲剧大师，拿着菜谱朗读，都把别人感动得哭了。（教师再深情地示范朗读）“轻轻的——我——走——了，正如我——轻轻的——来”，下面请一位同学再朗读一遍。

（一学生按照老师指导，声情并茂地朗读，教室里十分安静，同学们都享受着这优美的语音语调。）

师：同学们，她读得挺好，十分抒情，的确，这是一首抒情诗，抒的是一种什么情呢？

生：离别康桥之情。

师：对了，这一点，从题目中可以看到。（教师出示幻灯片。）

师：康桥在哪里？

生（齐）：英国的剑桥大学。

师：对了，英国有著名的剑桥大学。那么，徐志摩为什么对康桥这么有感情呢？谁来说一说徐志摩的康桥情结，知道多少说多少。

生9：因为徐志摩在剑桥留过学。

生10：因为徐志摩在剑桥遇到了他的真爱，认识了他的红颜知己林徽因。

师：以上同学说得十分好，在康桥留过学、遇到他终身仰慕的女性林徽因，这确实是徐志摩的康桥情结。（教师出示幻灯片并读幻灯片内容。）

1920—1922年，徐志摩曾游学于此，在康桥度过了他人生中最幸福的一段时光。徐志摩曾经说过：我敢说，康河是全世界最秀丽的一条水，我的眼睛是康桥教我睁的，我的求知欲是康桥给我拨动的，我的自我意识是康桥给我胚胎的。……我在康河的日子可真是享福，生怕这辈子再也得不到那样甜蜜的机会了。

师：在康桥，他结识了影响他生命、他终身倾慕的一个重要女性——林徽因。我曾经看过《徐志摩传》，看过他们之间的故事。我写下了这么一段话。（教师出示如下幻灯片并读幻灯片内容。）

1920—1922年，徐志摩这个莘莘学子曾游学于英国剑桥大学，在这里，他结识了影响他生命、他终身倾慕的一个重要女性——林徽因。当徐志摩第一次见到活泼可爱的少女林徽因时，忍俊不禁地笑了起来，从此，他对林徽因一见倾心，然而因为种种原因，他们最终没有成为一对情侣，他们只能相敬如宾，这一段没有结局的恋情让徐志摩刻骨铭心。

师：（指着幻灯片）我挺有文化的，在这段话中，我用了几个成语。高考不是考成语吗？同学们，我这几个成语用得好不好？

生11：“莘莘学子”这个成语用错了。

师：是吗，为什么用错了？

生11：“这个”指一个人，而“莘莘学子”却是众多的意思啊！用“莘莘学子”不是“多角恋爱”吗？

（听课师生为学生幽默风趣的回答而发出会心的微笑。）

师：喔，还挺幽默的啊！不好意思，这个成语我真的用错了。其他的成语没有用错了吧！

生12（迫不及待地回答）：“忍俊不禁”也用错了，“忍俊不禁”就是忍不住笑的意思，这与后面重复了。

生13（紧接着站起来说）：老师，“相敬如宾”你也用错了，它是用来形容夫妻互相尊敬，像对待宾客一样。既然前面说“他们最终没有成为一对情侣”，又何来“相敬如宾”呢？莫不是“非法同居”？

（听课师生笑得前仰后合。）

师：喔，没想到我一下就用错了三个成语。原来我对这些成语只是望文生义，这才用错啊！

（这个成语解读环节与课文内容和徐志摩康桥情结巧妙联系，同时，教师采用故意错误法设置悬念，引逗学生踊跃发言，课堂气氛十分活跃。）

师：好，康桥给了徐志摩以灵性，康桥给了徐志摩以美好的感情，徐志摩对康桥的感情自然是十分深厚的。要离开这样一个有感情的地方，肯定是依依不舍、充满忧伤的。我在一篇文章中写过这样一段话。（教师出示幻灯片并带着感情地读。）

人生
最怕离别
最恨离别
最难离别
最苦离别
有时又不得不离别
离愁别绪
成了人们一种
难以割舍的情结

——何泗忠

师：根据我对《再别康桥》这首诗的感情基调的理解，我把这首诗歌的开头一段和结尾一段，改了一下。（出示幻灯片并要学生们齐读。）

我忧伤的走了，

正如我忧伤的来；
我忧伤的招手，
作别西天的云彩。
我忧伤的走了，
正如我忧伤的来；
我挥一挥衣袖，
不带走一片云彩。

师：（指着幻灯片）同学们，我这样改，好不好？

生14：不好，因为我觉得徐志摩写这首诗不单是对康桥的不舍与留恋，还有对康桥美好生活与环境的美好怀念。他的感情是丰富复杂的，不单是忧伤。

生15：老师这样改，不仅感情单一了，而且也太直白，没有韵味了，诗贵含蓄啊！

师：以上同学说得真好，诗人不仅感情复杂，而且感情含蓄，这首诗歌，全诗没有出现一个“忧伤的”，但我们能通过诗人所描绘的景物、意境，感受到“忧伤”的情感，我们还能读到几分潇洒与留恋。这是一首融情于景、借景抒情的好诗。同样是写离别的，这里也有一首。（教师出示幻灯片并且读。）

车站送萍姐
我送萍姐归去
只有忧伤和泪滴
火车带走了我的知音
晚风卷走了我的慰藉
无论你到哪里
不要忘记友谊
我对你一无他求
请叫我一声弟弟

师：这首诗写得好不好？

生16：我觉得写得挺好的。

师：好在哪里？

生16：好在表达了一种对萍姐的不舍的感情，这种感情真挚质朴，还可看出他们之间的友谊很深厚。

师：那这首诗歌与徐志摩的诗歌比较起来，谁写得更好?

生17：当然是徐志摩的诗歌写得更好，因为徐志摩的诗歌感情显得更含蓄一些。这首诗歌直接用了“忧伤”的字眼，少了些诗歌的韵味。

师：前面同学们说这首诗写得好，后面同学们说这首诗少了些诗歌的韵味。其实，这首诗写得一点也不好，因为它是我写的。（听课师生哈哈大笑）这首诗一点也不含蓄，直接用“忧伤”字眼。而徐志摩的诗，全诗看不到一个“忧伤”的字眼，但我们能通过诗人所描绘的景物、意境，感受到“忧伤”的感情，而且，如果徐志摩用“忧伤”的字眼，会破坏全诗的意境，全诗除有一种忧伤外，还有一种宁静和谐的氛围。诗人连用三个“轻轻的”，使我们仿佛感受到诗人踮着脚尖，像一股清风一样来了，又悄无声息地走了；诗人用三个“轻轻的”为全诗创设了宁静和谐的氛围，也为全诗奠定了哀而不伤的基调。可见，这首诗中所用到的景物对诗歌的表情达意十分重要。下面，我们品读，来赏析诗歌景物意象。

三、品读，赏析诗歌景物意象

师：在赏析《再别康桥》诗歌景物意象之前，我先来朗读一下这首诗，这是一首脍炙人口的新诗，我还是试着背诵一下吧。请同学们仔细听，我如果有什么地方背错了的话，请同学们听完后千万要指出来，好不好?

（教师声情并茂地朗读背诵，并且故意背错一些地方，背完后，学生们鼓掌，但同时由于有些背错的地方，引来学生们“围攻”，这是采用故意错误法设置悬念带来的效果。）

师：老师背完了，背得好不好?

生（大声说）：感情十分到位，但有些地方背错了。

生18：“那河畔的金柳，是夕阳中的新娘”，老师把“新娘”背成了“少女”。

师（笑着说）：喔，这个地方我背错了，但我觉得新娘和少女没有什么本质区别嘛!

生18：我觉得老师在这里犯了原则性错误。

师（吃惊地说）：啊?你还把我这个失误上升到了原则的高度啊!

生18：是的，老师这么一错，诗味就少了许多。一是换成“少女”，诗歌就不押韵了。第二节的诗歌的韵脚是“ang”，“那河畔的金柳，是夕阳中的新娘；波光里的艳影，在我的心头荡漾。”“新娘”“荡漾”，读起来押韵，朗朗上口。

师：喔，你说得有道理，你给我列的第一个原则性错误我认了。

生18：第二，把“新娘”换成“少女”，诗歌的意境破坏了。“新娘”给人的感觉是含蓄、妩媚、多情、愁怨；新郎与新娘的离别是一种难言的痛。“少女”往往给人活泼可爱、天真烂漫、富有朝气的感觉，适合表达快乐、兴奋的情绪。

（听课师生为学生的精彩回答热烈鼓掌。）

师：我承认，我错了，错得太严重了。可见，一种意象，对诗歌的表情达意十分重要。我有一个同事，他去过英国的剑桥，他说在康河的旁边，除有许多柳树外，还有英国的国树夏栎。（教师出示英国的夏栎树幻灯片，并解说。）

夏栎树幻灯片展示

师：（指着幻灯片）这是一种高达35米、长得十分伟岸的树，树皮十分粗糙，但徐志摩没有写，我的同事认为，这是徐志摩观察景物不仔细，出现了重大的疏漏，于是，他在诗中加了一段。（教师出示幻灯片并朗读。）

那河畔的夏栎，
是夕阳中的姑娘，
波涛里的英姿，
在我的心头激荡。

师：（指着幻灯片）我同事加上这一段好不好？

（教师提问，激发起学生们强烈的探究欲望。）

生19：不好不好，夏栎是伟岸的，树皮又十分粗糙，在此比喻成一位姑娘，未免太缺乏女性的柔美了。

师：哇，你从美学的高度来分析，太有才啦。夏栎树十分高大，而且树皮粗糙，一位姑娘，高我不说，但皮肤粗糙，就不美了。除非这个姑娘是《水浒传》中的“母夜叉”孙二娘。

（学生哄堂大笑。）

生20：还有，老师，从风格上来说，整个诗歌温柔含蓄，加的这一段太激情了些，与诗歌前后显得不协调，破坏了整个诗歌的意境。

师：因此，在这里，不是徐志摩观察不仔细，没看到夏栎树，而是徐志摩选了一些特定的景物，来表达对康桥的无比眷恋的依依不舍的柔情。柳树，不仅外形显得很柔美，婀娜多姿，还与后面“夕阳中的新娘”十分协调。另外，柳还具有中国传统文化意蕴，柳，有“留”之意，古代文人写离别之情时会写到杨柳，王维在《送元二使安西》中写道“渭城朝雨浥轻尘，客舍青青柳色新。劝君更尽一杯酒，西出阳关无故人”。《诗经》中有“昔我往矣，杨柳依依”。我想，杨柳是柔性的，离别之时，绝对不会写夏栎，“昔我往矣，夏栎挺拔”，太刚性了。

生20：另外，古人还有折柳赠人的习俗，离别的人一看见杨柳，就会想起离别时依依不舍的场面，就会浮现出赠柳惜别的情景，心中就会涌现一缕缕离愁。

师：对了，可见“那河畔的金柳”是明写眼前景而暗写别时情，显得含蓄而有余味。“金柳”，只是其中用来表达离别柔情的意象之一，其实，诗歌中还有许多用来表达柔情的景物意象，请同学们找一找，并在书上画上记号，看谁找得多。

（学生们按照教师要求认真寻找诗中意象，不时拿笔在书上写写画画，教师在下面巡视，约4分钟后教师提问。）

师：大家说说，找到了哪些意象？

生21：“金柳”“夕阳”“水草”“波光”“新娘”“青荇”。我主要找到这些。

师：好，我问你，把“夕阳”换成“朝阳”行不行？

生21：不行，朝阳，可能太充满朝气，更适合形容少女一些。

师：你感受细腻而且准确，夕阳，是接近黄昏时的太阳，黄昏，适合表达柔情，“月上柳梢头，人约黄昏后”。婚，就是“昏”，古代婚礼，女方过门，男方必须在黄昏时迎娶，男女结婚，就是在黄昏时候，所以“昏”字旁边一个“女”字。刚才这个同学找了六个意象，诗中还有没有表达柔情的意象？

生22：还有“彩虹”和“笙箫”。

师：请问把“笙箫”换成“唢呐”行不行？

（听课师生不由得笑起来。）

生22：不行，“唢呐”太热闹了，太喜庆了，具有戏剧色彩，不适合表达淡淡的忧伤之情。

师：同学们对诗歌的意境感受很细腻。（教师接着出示幻灯片。）

金柳（不是夏栎）

夕阳（不是朝阳）

新娘（不是新郎）

波光（不是波涛）

软泥（不是岩石）

水草（不是芦苇）

彩虹（不是暴雨）

笙箫（不是唢呐）

师：（指着幻灯片）以上同学们找的这些意象，有一个共同特点，就是柔美，不是乱石穿空，不是惊涛拍岸，诗人用柔美的意象表现柔美的情感。描幽静宁谧之景，状依恋不舍之情。一切景语皆情语也。作者写景，是为了抒情。古人说，写诗，不过就是情景二端，或先景后情，或以景结情，或借景抒情，或寓情于景，或情景交融等。同学们，我们通过以上默读、声读、品读三个步骤，赏析了诗歌情与景的关系。下面我们开始进行美读。

四、美读，进入诗歌情境

师：情，是情感，境，是意象。下面我们通过美读，进入诗歌意境，读出诗歌情感。（教师出示美读幻灯片。）

再别康桥

徐志摩

（单读）轻轻的我走了，
正如我轻轻的来；
（齐读）轻轻的来；轻轻的来；轻轻的来；轻轻的来；
（单读）我轻轻的招手，
作别西天的云彩。

（单读）那河畔的金柳，
是夕阳中的新娘；
波光里的艳影，
在我的心头荡漾。
（齐读）荡漾。荡漾。荡漾。荡漾。

（单读）软泥上的青荇，
油油的在水底招摇；
在康河的柔波里，
我甘心做一条水草！
（齐读）甘心做一条水草！
甘心做一条水草！
甘心做一条水草！

（单读）那榆阴下的一潭，
不是清泉，是天上虹
揉碎在浮藻间，
沉淀着彩虹似的梦。
（齐读）彩虹似的梦。
彩虹似的梦。
彩虹似的梦。

（单读）寻梦？撑一支长篙，
向青草更青处漫溯，
（齐读）向青草更青处漫溯，
向青草更青处漫溯，
向青草更青处漫溯，
（单读）满载一船星辉，
在星辉斑斓里放歌。
（齐读）放歌。放歌。放歌。放歌。

（单读）但我不能放歌，
悄悄是别离的笙箫；
夏虫也为我沉默，
（齐读）沉默，沉默，沉默，沉默，
（单读）沉默是今晚的康桥！

（单读）悄悄的我走了，
正如我悄悄的来；
（齐读）悄悄；悄悄；悄悄；悄悄；
（单读）我挥一挥衣袖，
不带走一片云彩。
（齐读）不带走一片云彩。
不带走一片云彩。
不带走一片云彩。
不带走一片云彩。

师：（指着幻灯片）我们这样来读，分角色读。一个同学来领读，其他同学齐读，齐读的文字，看字号的大小，字号大，同学们发声要大，字号小，发声就小，声音由大到小或由小到大地读。读出感情，读出波澜。

（学生们听后，兴致盎然，大家都争抢着要当领读人，最后由大家推举出一位女生领读，学生读时，教师配以动作，手舞足蹈，分角色读完，全体听课师生报以热烈掌声。）

师：刚才同学们读得挺投入的。读诗如唱歌，唱歌有旋律，读诗也有旋律，这首诗歌，共七节，组成了全诗优美的旋律。（教师出示幻灯片。）

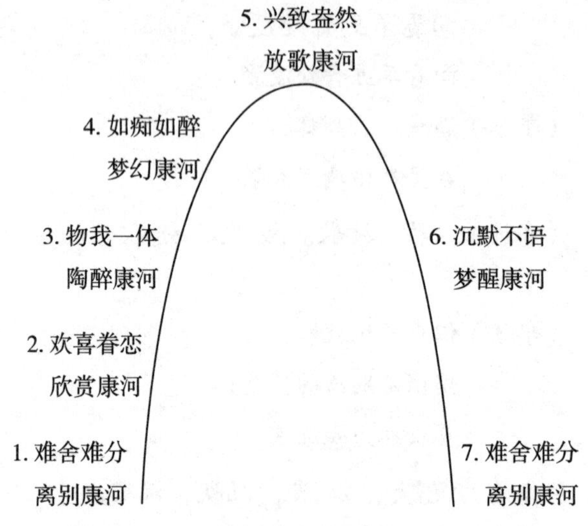

《再别康桥》优美旋律幻灯片

师：一切景语皆情语也。作者写景，是为了抒情。但是，这种感情是有起有伏的，就像一首动听的歌，有旋律美，有高潮，有低潮，有低调，有高调。下面。我们再采用另外一种朗读方式，形象直观地来再现这首诗歌的旋律美。这种方式，我是受了深圳欢乐海岸的喷泉音乐的启发而想出来的，即分组朗诵，读的时候，读的同学要站起来。（教师出示分组朗诵幻灯片。）

（第一组读）

轻轻的我走了，
正如我轻轻的来；
我轻轻的招手，
作别西天的云彩。

（第一、二组读）

那河畔的金柳，
是夕阳中的新娘；
波光里的艳影，
在我的心头荡漾。

（第一、二、三组读）　软泥上的青荇，
油油的在水底招摇；
在康河的柔波里，
我甘心做一条水草！

（第一、二、三、四组读）　那榆阴下的一潭，
不是清泉，是天上虹
揉碎在浮藻间，
沉淀着彩虹似的梦。

（第一、二、三、四、五组读）　寻梦？撑一支长篙，
向青草更青处漫溯，
满载一船星辉，
在星辉斑斓里放歌。

（第六、七组读）　但我不能放歌，
悄悄是别离的笙箫；
夏虫也为我沉默，
沉默是今晚的康桥！

（第八组读）　悄悄的我走了，
正如我悄悄的来；
我挥一挥衣袖，
不带走一片云彩。

师（指着幻灯片布置朗读任务）：第一组同学读第一节诗时，站起来读。读第二节诗的时候，第二组同学站起来加入读，读第三节诗时第三组同学站起来加入读，读第四节诗时第四组同学站起来加入读，读第五节诗时第五组同学站起来加入读，把诗歌旋律推向高潮，然后这五组同学同时坐下。读第六节诗

歌时，第六、七组同学站起来读，然后坐下，第八组同学接着站起来读第七节诗歌。这样就直观地再现了这首诗歌的旋律美。同学们明白了这种读法吗？

生：明白了。

（学生对这种奇怪的读法感到十分新鲜，觉得十分有趣。）

师：那好，现在开始读。

（学生按照教师要求朗读，直诵得教室里声音起伏回环。）

师（总结）：这节课，我们通过四个步骤——默读，揣摩诗歌情感；声读，体味诗歌韵律；品读，赏析诗歌景物意象；美读，进入诗歌情境——来品味赏析了诗歌的情与景。王国维先生在他的《人间词话》里写道“昔人论诗，有景语情语之别，不知一切景语皆情语也”。品味这话的含义，不外乎两点，一是一切环境描写的文字都是作者表情寄意的载体，都必须为文章所要表达的情感服务，二是一切景物又必然引起作者情感波动，进而付诸文字，形成景语。景与情，情与景，二者相辅相成，不可分离。好，这节课，我们讲到这里。谢谢同学们！

《沁园春·长沙》悬念教学实录

上课时间：2015年9月18日

上课地点：广东省深圳市第二高级中学四楼考务室

上课班级：高一（17）班

听课教师：来自深圳各高中语文教师120人

师：我们在初中时，学过毛泽东的一首词《沁园春·雪》，大家还能不能背出来？（师生情不自禁地一起背诵，背诵完后，教师出示毛泽东《沁园春·雪》幻灯片。）

沁园春·雪

毛泽东

北国风光，
千里冰封，
万里雪飘。
望长城内外，
惟余莽莽；
大河上下，
顿失滔滔。
山舞银蛇，
原驰蜡象，
欲与天公试比高。
须晴日，

看红装素裹，
分外妖娆。

江山如此多娇，
引无数英雄竞折腰。
惜秦皇汉武，
略输文采；
唐宗宋祖，
稍逊风骚。
一代天骄，
成吉思汗，
只识弯弓射大雕。
俱往矣，
数风流人物，
还看今朝。

师：（指着幻灯片）在这首词中，我们曾经随诗人一起领略了那千里冰封、万里雪飘的北国之冬的壮丽景色，诗人面对如此多娇的江山，抒发了“数风流人物，还看今朝”的豪情壮志。今天，我们来学习毛泽东的另一首词《沁园春·长沙》（幻灯片展示《沁园春·长沙》课题），看诗人是如何描绘深秋湘江的景致，又抒发了他怎样的豪情壮志。《沁园春·长沙》这首词写于1925年，当时毛泽东32岁，正是风华正茂的年龄。在学习这首诗歌之前，我先来朗读一下这首诗歌。是要我读，还是要我背？

生（齐）：背！

师：好吧，我试着背一下。不过，我的确还不太熟悉，如果有什么地方背错了，你们一定要指出来，好不好？

生（齐）：好！

（教师声情并茂地背诵课文，故意背错几处，背诵错处与原文对照如下。）

独立寒秋，	站立深秋，
湘江北去，	湘江北流，
橘子洲头。	橘子洲头。

看万山红遍，
层林尽染；
漫江碧透，
百舸争流。
鹰击长空，
鱼翔浅底，
万类霜天竞自由。
怅寥廓，
问苍茫大地，
谁主沉浮？

携来百侣曾游。
忆往昔峥嵘岁月稠。
恰同学少年，
风华正茂；
书生意气，
挥斥方遒。
指点江山，
激扬文字，
粪土当年万户侯。
曾记否，
到中流击水，
浪遏飞舟？

看万山红遍，
树林尽染；
漫江碧透，
百舸争流。
鹰飞长空，
鱼游浅底，
万类霜天多自由。
怅寥廓，
问苍茫大地，
谁主沉浮？

随同百侣曾游。
忆往昔峥嵘岁月稠。
恰同学少年，
风华正茂；
书生意气，
挥斥方遒。
指点江山，
激扬文字，
粪土当年万户侯。
曾记否，
到中流戏水，
浪遏飞舟？

师：我背得好不好？

生1：老师感情到位，背出了诗歌的豪迈气概，但有些地方背错了。

师：是吗？我哪些地方背错了？

生1：“独立寒秋”的“独”“寒”。

师：喔，“独立寒秋”的“独”“寒”，我把它们背成了什么？

生1：背成了“站立深秋”。

师：喔，我现在回忆起来了。还有吗？

生2：“湘江北去”背成了“湘江北流”。

师：这也背错了。还有吗？

生3：“层林尽染”背成了“树林尽染”。

师：看来，我的记性真有问题。

生4：“鹰击长空”背成了“鹰飞长空”。

师：谢谢同学们指出我的背诵错误。还有错吗？

生5：“鱼翔浅底”背成了“鱼游浅底”。

生6：“万类霜天竞自由”背成了“万类霜天多自由”。

生7：“携来百侣曾游”背成了“随同百侣曾游”。

生8：“到中流击水”背成了“到中流戏水”。

（上课伊始，教师采用故意错误法设置课堂悬念，学生积极参与课堂教学活动，纷纷指出教师错误，取得意想不到的教学效果。）

师：同学们听得真仔细啊！这些我都背错了。不过，话又说回来，我背错的这些地方，与原文比较，好像差不多啊！

生（齐）：差多了！

师：你们说我差多了，要说出道理来，否则我不服。

生9：“独立寒秋”不能改为“站立深秋”。

师：为什么？

生9：因为“独立”不仅是表明孤独，表明诗人一个人站立在橘子洲头，而且显示了诗人中流砥柱的气概，凸显诗人伟岸的身躯，大有天塌下来我来挡的气魄；用“站立”就不能显示出伟人的孤独。用“寒秋”也比“深秋”好，深秋，只是写出了季节，寒秋，则既写出了季节，也显示当时的政治环境十分严酷。（学生热烈鼓掌。）

师：她理解得很深啊。我们联系诗歌的写作背景，就更可以看出这位同学的理解深度。这首词写于1925年，诗人在1923年和1925年两次入湘，均被当时称霸湖南的军阀赵恒惕追捕，诗人身处险境却依然能“独立寒秋”，沉着、镇静，坦荡从容，泰山崩于前而色不变，一个“寒”字，显示了当时险恶的环境。唐朝柳宗元有一首题为《江雪》的绝句，尚记否？

生（齐）：记得。

（师生情不自禁地齐声背诵起来：“千山鸟飞绝，万径人踪灭。孤舟蓑笠翁，独钓寒江雪。”）

师：这是柳宗元政治革新失败后，被贬永州，身处逆境时写的一首诗，柳宗元是“独钓寒江”，毛泽东是“独立寒秋”，意境何其相似。当然，封建士大夫与革命伟人的胸襟又是不可等同视之的，柳宗元是洁身自好，毛泽东则是激流勇进。不错，“独立寒秋”的确比“站立深秋”意境高远。那“湘江北去”改成“湘江北流”可不可以？

生10：不行，“去”，体现了一种气势，“大江东去，浪淘尽，千古风流人物”。毛泽东是一位伟大的革命家，他有一种英雄的气概，“去”字，很有力度，写出了一种崇高与壮美，表现了革命家的豪情与气魄。“流”字力度不够，表现不出这种气魄。

师：这位同学有一种美学的高度。从“力”的角度来分辨“去”与“流”的表达效果。不错，德国哲学家康德就把崇高分为两类——数学的崇高，如高山的体积；力学的崇高，如暴风雨的气势。如果按照康德的分法，“去”字就显示了一种力学的崇高。“流”字没有力度，汴水流，“泗水流，流到瓜洲古渡头。吴山点点愁。思悠悠，恨悠悠，恨到归时方始休。月明人倚楼”“问君能有几多愁？恰似一江春水向东流”表现的是一种柔情。毛泽东用“去”字，表现的是一种豪情。同学们的诗歌鉴赏水平真高啊！那“层林尽染”和“树林尽染”，哪个效果好？

生11：当然是“层林”好。

师：你要说出道理来。

生11：“层”，写出了树林的茂密。

师：有些道理，还有吗？

生11：既写出了树林的茂密，又写出了树林的高低错落，有一种立体感。

师：感觉不错，还有吗？

生12：还显得有气势。

师：对了，基本上都讲到了。“层林”既写出了树林的茂密，又写出了树林的高低错落，有一种立体感，“树林”，则只是一个平面。还有，“层林”与“万山”相对，显示出一种体积的巨大，这是数学的崇高，显出一种壮美。的确，“层林”比“树林”好。那么，“鹰击长空”改成“鹰飞长空”，“击”改为“飞”怎么样？

生13（手舞足蹈地回答）：不好不好。“击”能显示出雄鹰展翅奋飞、搏击长空的强劲有力之势，像导弹一样，直插蓝天，霸气，“飞”太一般，没有这种强劲有力之势，也许是“孔雀东南飞，五里一徘徊”呢!

（听课师生被学生幽默生们动的解读逗得开心大笑。）

师：把诗歌的意境完全分析出来了，这是数学的崇高，还是力学的崇高？

生13：力学的崇高。

师：不错，一个词的改变，就可能改变全诗的境界。那“鱼翔浅底”改成“鱼游浅底”总没错吧！

生13：单看诗句本身，可能没错，但从全诗意境来看，这样一改，就没诗味了。

师（显出不服气的样子）：鱼又没有翅膀，怎能飞呢？“鱼游浅底”应该更符合语言的逻辑。

生13（振振有词）：“鱼游浅底”太俗气，写诗，不一定按照逻辑，诗歌要有想象力。“鱼翔浅底”更有意境美。从“翔”字可以看出，鱼在那儿自由自在地游，不仅前后“游”，而且上下“翔”，更有立体感，湘江的水也显得十分清澈。

师：你有道理，我服输了。的确，“翔”写出了鱼儿在清澈见底的水中游得自由轻快，像在天空中飞翔一样。

（这里，教师采用示弱法设置悬念，学生们更来劲了。）

师：那么，“万类霜天竞自由”改成“万类霜天多自由”如何？

生14：不行不行，“竞”字，有一种主动争取的意味。“多”字，则只有羡慕，但不会去争取。毛泽东作为一个具有领袖气质的人物，他绝对会主动出击的。

师：分析很到位，我们同学对诗歌的理解层次很深，我都没想到，他想到了。很好。以上，我们师生互动，从炼字的角度，初步分析了词的上阕的意思。上阕是写景，那么，毛泽东笔下的秋景，给人的总体感觉是什么？请同学们在下面讨论一下。

（教师采用问题诱导法设置悬念，学生们响应教师召唤，展开热烈讨论。）

师：下面，我们来请同学们说说讨论的结果。谁先说？

生15：轰轰烈烈，充满生机。与李清照笔下的“寻寻觅觅，冷冷清清，凄凄惨惨戚戚”格调迥然不同。

生16：绚丽多彩，生机盎然。古人写秋多怨秋、悲秋，把秋景写得肃杀悲凉、清冷惨淡，什么“万里悲秋常作客”“秋风秋雨愁煞人”等。而毛主席笔下的秋天则绚丽多彩，生机盎然。

师：是的，绚丽蓬勃，充满生机。那么，毛泽东笔下的秋为何如此绚丽多彩、充满生机呢？为何会与众不同呢？请同学们好好思考一下，2分钟后，我叫大家来说说。

（学生们在下面认真思考，不时与同学讨论。）

师：谁先发言？

生17：我觉得这与诗歌所选的意象，即景物有关。毛泽东所选的景物，都是一些体积巨大、很有力量的事物，用大景抒大情。在这一点上，与他的《沁园春·雪》有些相似。《沁园春·雪》一开篇“北国风光，千里冰封，万里雪飘。望长城内外，惟余莽莽；大河上下，顿失滔滔”，用宏大的景物来抒发他的壮志豪情。

师：是的，他说得很好，诗人选什么景物，与他抒什么情有关。我们学过徐志摩的《再别康桥》。《再别康桥》中所选景物就不同，为什么会有不同？因为毛泽东抒发的是一种在大风大浪中搏击的壮志豪情，徐志摩抒发的是一种依依惜别的柔情。毛泽东笔下所选的景物是大江，不是小溪；是万山红遍的经霜的枫叶，不是那河畔的金柳；是搏击长空的雄鹰，不是沉默的夏虫；是风华正茂的少年，不是夕阳中的新娘；是浪遏飞舟，不是波光里的艳影；是到中流击水，不是撑一支长篙去漫溯。

生18：我觉得毛泽东笔下的秋景如此绚丽多彩、充满生机，这与诗人本身的性格也有关系！

师：你这又是一个重大的发现。你能稍稍展开一下吗？

生18：毛泽东会选取这些壮丽的景色与物象，与毛泽东的个性有关，与诗人的气度、胸襟、性格、身份有关。

师：说得真好啊！我曾经想过，想过三个站在河边的男人。一个是毛泽东，一个是徐志摩，还有一个是——我。（学生大笑、鼓掌）三个站在河边的男人，我也曾经站在河边，写过一首诗。（教师出示幻灯片。）

春何处？
漂泊江畔独步。
郴江往事凭谁诉？
望残月，
长叹一声，
泪滴郴江流去。

师：（指着幻灯片）我曾经在郴江旁边读过书，我是湖南郴州的，为什么三个男人在河边，所写的诗歌会不同呢？

在河边，毛泽东是“独立寒秋”，因为他是叱咤风云的伟人。

在河边，徐志摩是“在星辉斑斓里放歌”，因为他是崇尚自由的诗人。

在河边，何泗忠是“漂泊江畔独步”，因为他是失恋的凡人。

（学生们发出会心的微笑。）

所以说，毛泽东为什么会选取这些壮丽的景色与物象，的确如刚才同学所说，这与毛泽东的个性有关，与诗人的气度、胸襟、性格、身份有关。毛泽东最与众不同的是什么？他仅仅是一介书生吗？不是。他是叱咤风云的一代伟人，是胸怀大志的政治家。他有着经天纬地之才、再造乾坤之志；他有博大的胸襟、崇高的风范、奋发向上永不消沉的乐观性格；他不同于那些多愁善感的纤弱文人，见落花而流泪，见流水而长叹，所以他的诗词也不同凡响，充满豪情壮志。阅读此词，人们会被其崇高的感情和精神境界感动。这秋景，深深地打上了诗人毛泽东鲜明的情感烙印。无论是“万山”中经霜变红似染过的树叶，还是湘江中百舸争流的场面，或是搏击长空的雄鹰和水中自在来往的游鱼，既是客观之景，更是词人眼中之景，这些景物不像古人眼中的秋景，给人的感觉不是“悲”，不是“愁”，而是“万类霜天竞自由”的热闹场面，向读者传达了词人那种乐观、昂扬、向上的情绪。

总之，词的上阕，写出了一派生机勃勃的秋天景象。“江山如此多娇，引无数英雄竞折腰。”这大好江山，谁来主宰呢？“问苍茫大地，谁主沉浮？”面对如画江山，作者提出谁来主宰江山的问题。下阕，回答了这个问题没有？请同学们齐读下阕。

（学生们声情并茂地齐读下阕。）

师：同学们，作者回答了谁来主宰江山的问题没有？

生19：我认为回答了。主宰江山的就是我们，“恰同学少年”，我们这些年轻人。

师：这样的少年，是怎样的少年呢？我们先来看这一句“携来百侣曾游”，我背成了“随同百侣曾游”，哪一句好？

生19：原句好。随同，是别人为主，自己是跟随。携来，就是以我为主。携，携带，体现了毛泽东的领袖气质。

师：理解得很好。所以，要主宰江山，一定要有领袖气质。毛泽东在读书时，就是学生领袖了。毛泽东自幼，就有一种领袖情结，我曾经看过一首毛泽东小时候写的诗，这首诗，在毛泽东的诗集中一般看不到，算了，我也不给你们看了。

生（齐声大叫）：要看要看！

（教师利用逆反心理设置悬念，逗引学生，活跃课堂气氛。）

师：那好吧！（教师出示毛泽东《咏蛙》诗幻灯片，并要学生齐读。）

咏蛙

独坐池塘如虎踞，
绿荫树下养精神。
春来我不先开口，
哪个虫儿敢作声。

师：（指着幻灯片）这首诗，你们读后，感觉怎样？

生20：有虎气！

生21：有霸气！

师：对了，有虎气，有霸气，有领袖气。所以，在毛泽东看来，要有领袖气质，才能主宰中国命运。同学们，除了要有领袖气质外，这些少年还要有什么特点，才能主宰中国命运呢？

生22：要风华正茂，书生意气，即要年轻，要有活力，还要有才华、有能力，能文能武，是真正的风流人物！

师：说得好！要主宰江山，就必须有文化。因此，毛泽东早年外出求学，离开家乡时，写了一首诗给父亲，一首什么诗呢？同学们想不想看？

生（齐）：想看！

师：好，那我们来看看吧！（教师出示幻灯片。）

孩儿立志出乡关，
学不成名誓不还。
埋骨何须桑梓地，
人生无处不青山。

师：这些年轻人要有文化，要有智慧。

生23：还要有德，“粪土当年万户侯”，把万户侯当作粪土。

师：理解得很好。除了要有领袖气质，要有德有智之外，还要有什么？

生24：还要身体好。“到中流击水，浪遏飞舟？”

师：对了，“到中流击水，浪遏飞舟？”同学们，“到中流击水”，可不可以改成“到中流戏水”呢？

生25：不行，戏水，像鸳鸯戏水，有游戏人生的味道，与全诗感情基调不合。击水有力，体现了毛泽东的远大抱负和宏大气魄。

师：是的，毛泽东青年时代就有“自信人生二百年，会当击水三千里”的鸿鹄之志，毛泽东是激流勇进的革命家。综上所述，词的下阕，毛泽东回答了词的上阕中提出的问题——“问苍茫大地，谁主沉浮？”只有德、智、体全面发展的人，只有具有组织能力、有领袖气质的年轻人，才能主宰中国的命运、中国的江山。他这个想法，在中华人民共和国成立后，凝练成了这样一句话。（教师出示幻灯片。）

我们的教育方针，应该使受教育者在德育、智育、体育几方面都得到发展，成为有社会主义觉悟的有文化的劳动者。

师：好，以上，我们从“炼字”的角度，从情与景的角度，从结构的角度，基本上把握了词的意境与主题。下面我们来美读一下这首词。（教师出示艺术化处理后的《沁园春·长沙》一词幻灯片。）

（单读）独立寒秋，
湘江北去，
橘子洲头。
（齐读）啊！看万山红遍，
层林尽染；
漫江碧透，

百舸争流。
鹰击长空，
鱼翔浅底，
万类霜天竞自由。
（单读）怅寥廓，
问苍茫大地，
谁主沉浮？
（齐读，声音由小到大）谁主沉浮？
谁主沉浮？
谁主沉浮？

（单读）携来百侣曾游。
忆往昔峥嵘岁月稠。
（齐读）耶！恰同学少年，
风华正茂；
书生意气，
挥斥方遒。
指点江山，
激扬文字，
粪土当年万户侯。
（单读）曾记否，
到中流击水，
浪遏飞舟？
（齐读，声音由小到大）浪遏飞舟？
浪遏飞舟？
浪遏飞舟？

（学生们按照教师要求美读这首词，感情充沛，气势高昂，将课堂教学气氛推向高潮。）

师：今天，我们就学到这儿，谢谢同学们！

《记梁任公先生的一次演讲》悬念教学实录

上课时间：2015年10月27日

上课地点：广东省深圳市第二高级中学高一（17）班教室

上课班级：高一（17）班教室

听课教师：来自甘肃的骨干教师81人

师：今天我们来学习一篇文章，《记梁任公先生的一次演讲》，梁任公是谁？

生：梁启超。

师：对了。（出示梁启超简介的幻灯片）梁启超是中国近代著名的政治活动家、思想家、教育家、史学家、文学家。（这里采用烘托渲染法设置课堂悬念，学生“哇塞”一声，敬佩之情油然而生）大家学过历史，应该知道他干过最出名的事情，就是——

生：公车上书、戊戌变法。

师：对了，他是康有为的学生，他与康有为一道公车上书，主张变法。我们学过他的文章吗？

生：学过，《少年中国说》。

师：对了，我们一起来朗诵《少年中国说》片段。（教师出示幻灯片。）

少年智则国智

少年富则国富

少年强则国强

少年独立则国独立

少年自由则国自由

少年进步则国进步
少年胜于欧洲
则国胜于欧洲
少年雄于地球
则国雄于地球

——梁启超《少年中国说》

师：今天我们学的《记梁任公先生的一次演讲》这篇文章，是一篇写人的记叙文，文章篇幅不长，在讲这篇文章之前，先请同学们在下面自由朗读一下这篇文章，并想想梁任公是一个怎样的人。

（学生们在下面按教师要求自由朗读，教师在学生中巡视。）

师：同学们，这篇文章，通过写梁任公的一次演讲，把梁任公的形象，活生生地展现在了我们的眼前。我们如闻其声，如见其人。那么，梁任公先生到底是一个怎样的人呢？今天，我们采用一种评点法（教师板书“评点法”三字）来把握梁任公的形象。评点法古已有之，它是一种传统的读书方法，古人有不动笔墨不读书的习惯，这习惯就是边读边想边记的方法。明清以来，对四大名著的评点可以说是异彩纷呈，流派众多。人们公认的比较好的四种评点本是——（教师出示幻灯片。）

脂砚斋评点《红楼梦》
金圣叹评点《水浒传》
毛宗岗评点《三国演义》
李卓吾评点《西游记》

从某种意义上说，他们的评点是另一种极具价值的名著。那么，什么是评点法呢？（幻灯片显示“评点法”。）

评点法是一种研究性的学习方法。在阅读过程中，圈圈点点，心有所感，笔墨追录，三言两语，生动传神。可以评点字词，也可评点句段；可以评点人物，也可评点情节、环境；等等。

师：举几个例子，如《红楼梦》中，当贾宝玉出现时，脂砚斋对这个人物做了如下点评。（教师出示幻灯片。）

说不得贤，说不得愚，说不得不肖，说不得善，说不得恶，说不得正大光明，说不得混账恶赖，说不得聪明才俊，说不得庸俗，又说不得好色好淫，说不得情痴情种，恰恰只有一颦儿可对，令他人徒加评论，总未摸着他二人是何等脱胎、何等心臆、何等骨肉。

师：（指着幻灯片）这是对贾宝玉这个人物形象的点评。下面再以《记梁任公先生的一次演讲》一文第三段为例，我和同学们一起来进行一次尝试性的点评。（教师出示幻灯片并要学生齐读。）

我记得清清楚楚，在一个风和日丽的下午，高等科楼上大教堂里坐满了听众，随后走进了一位短小精悍秃头顶宽下巴的人物，穿着肥大的长袍，步履稳健，风神潇洒，左右顾盼，光芒四射，这就是梁任公先生。

师：（指着幻灯片）下面，我们就这段文字进行点评，前面说了，我们可以评点字词。那么，我们可以针对“高等科楼上大教堂里坐满了听众”一句中的“满”字进行点评。哪个同学来点评一下？

生1：说明来听演讲的人很多。

生2：我觉得这是侧面描写，以此表现梁任公先生的演讲的魅力。

师：两位同学评点得很好。（教师出示点评幻灯片。）

以美的效果，表现美的本身，一个“满”字，侧面写出了任公演讲的魅力。

生3：下面我来评点一下人物。我着力于“短小精悍秃头顶宽下巴”这段人物描写。我的点评是这段是外貌描写，任公其貌不扬。

生4：我从“穿着肥大的长袍”一句，点评任公“不拘小节、随性洒脱”。

师：我们同学的点评是越来越娴熟了。

生5：我从“步履稳健，风神潇洒，左右顾盼，光芒四射”的描写，得出点评结论——气度不凡！好一个气宇轩昂、神采飞扬的梁任公，任公的风采，可谓夺人眼球。

（学生们“哇”的一声，为他的精彩点评而赞叹不已。）

师：刚才，我们以第三自然段为对象，进行尝试点评，没想到同学们点评得如此精彩。既然同学们学会了点评，下面，我们就请同学们对后面的段落进行点评。先请同学们选准点评点，然后用笔在点评点旁边加上点评内容。给大家5分钟时间。

（学生们认真点评，纷纷拿笔在书上写评语，教师在下面巡视，不时与学生交流。）

师：我看到同学们认真阅读课文，并且都在课文上写下了自己的点评。下面，请同学们来分享一下自己的点评。

（学生们热烈响应教师，纷纷举手。）

生6：我先来说吧。我研读了第四自然段。

师：好，你来说说你对第四自然段的点评。（教师出示第四自然段幻灯片。）

他走上讲台，打开他的讲稿，眼光向下面一扫，然后是他的极简短的开场白，一共只有两句，头一句是："启超没有什么学问——"眼睛向上一翻，轻轻点一下头，"可是也有一点喽！"这样谦逊同时又这样自负的话是很难得听到的。他的广东官话是很够标准的，距离国语甚远，但是他的声音沉着而有力，有时又是宏（洪）亮而激昂，所以我们还是能听懂他的每一字，我们甚至想如果他说标准国语其效果可能反要差一些。

生6："'启超没有什么学问——'眼睛向上一翻，轻轻点一下头，'可是也有一点喽！'"写梁任公演讲的开场白，写出了其独特的表情特点和既谦逊又非常自信的性情。"翻""点"两个动词让我感到梁老的幽默，感受到他老顽童的形象！

师：既谦逊又自信又幽默，点评得很到位。我要夸夸你啊！你认为任公像一个老顽童一样，你的这种观点居然跟胡适先生对任公的评价是一样的。胡适先生就认为任公孩子气，毫无城府，活脱脱的老顽童的形象！非常遗憾啊。当时没有留下什么影音资料，我们无缘一睹先生的风采，也无缘聆听他的声音。但是同学们可以试着来模仿一下任公当时的语气，来读这两句开场白，来传达任公的魅力。咱们两人一组，一个同学读，一个同学听，然后交流你们的感受。开始吧。

（学生们朗读、交流。）

师：梁启超是广东人，下面我们请一个男生上台，用广东话读"'启超没有什么学问——'眼睛向上一翻，轻轻点一下头，'可是也有一点喽！'"这个生动的细节，同时配以表演，好不好？

（学生们热烈响应，十几个男生举手要求上台表演，这时，有一学生自动走上讲台。）

师：好好好，你来说吧。

（生7用标准的广东话朗读"'启超没有什么学问——可是也有一点喽！'"这句开场白，同时眼睛向上一翻，然后点头，惟妙惟肖地把梁启超自信而又自负的特点表现出来了，引得同学们哈哈大笑。）

师：你表演得就像一个活着的梁启超。我再问你，把“启超没有什么学问——”这句话中的“启超”换成“鄙人”好不好？

生7：我觉得不好，“鄙人没有什么学问——”不够亲切。“启超没有什么学问——”这样讲，既平等又亲切。

师：你的语言感受能力特别强，的确是这样。看看，其他同学对这一段还有什么要点评的吗？

生6：老师，我还没说完呢！

师：喔，对不起，请你继续说。

生6：“他走上讲台，打开他的讲稿，眼光向下面一扫”，“扫”字写出了他的眼光的力度与渗透力，一个“扫”字，写出了他的极度自信与自负。

师：你点评得很细致，“扫”的确十分传神，不能换成“看”字，更不能换成“瞥”字。至此，我们看到了一个自信的梁任公，一个谦逊的梁任公，一个幽默的梁任公，一个亲切的梁任公，一个气度不凡的梁任公。（教师将上面所说的特点同时板书到黑板上）好，这是对第四段的点评。

生8：老师，我想对第七段进行点评。

师：好，我把第七段原文展示出来，看他是怎么点评的啊。（教师出示幻灯片。）

先生博闻强记，在笔写的讲稿之外，随时引证许多作品，大部分他都能背诵得出。有时候，他背诵到酣畅处，忽然记不起下文，他便用手指敲打他的秃头，敲几下之后，记忆力便又畅通，成本大套地背诵下去了。他敲头的时候，我们屏息以待，他记起来的时候，我们也跟着他欢喜。

师：（指着幻灯片）请你把这个自然段先读给大家听听。

（生8读，当读到“他便用手指敲打他的秃头”一句时，也用手敲打自己的头，引得同学们大笑。）

师：你读得很好，表演也到位。你说说你的点评吧。

生8：“成本大套地背诵”，足见先生的博闻强识；先生是个公众人物，但“用手指敲秃头”，不拘小节，全无城府，可亲可敬。

师：你读得很细，尤其关注了任公敲打秃头这个细节。梁实秋先生用这个细节，写活了一个人物，写出了这个大人物的平凡和不平凡。你还有什么要补充的吗？

生8：暂时没有了。

生9：我有补充。这段中，有“酣畅”一词，用得特别传神。一般我们会用“酣畅”来形容喝酒，还有睡觉。这里写先生背书“酣畅”，可见先生背书的时候，不是为背而背，而是一种享受。

师：对“酣畅”这个词点评得特别好！我们看到任公是那样的博闻强识，果然是学界泰斗；任公又是那样的平易近人，仿佛邻家老者。点评得太好了。任公的形象更加丰满了。我们看到了一个自信的梁任公，一个谦逊的梁任公，一个幽默的梁任公，一个亲切的梁任公，一个气度不凡的梁任公，一个不拘小节的梁任公，一个学识渊博的梁任公。请同学们继续点评。

生10：我点评的是第八自然段。

师：好，在你点评之前，我们先来花样朗读这一自然段。（教师出示第八自然段幻灯片。）

先生的讲演，到紧张处，便成为表演。他真是手之舞之足之蹈之，有时掩面，有时顿足，有时狂笑，有时太息。听他讲到他最喜爱的《桃花扇》，讲到“高皇帝，在九天，不管……”那一段，他悲从中来，竟痛哭流涕而不能自已。他掏出手巾拭泪，听讲的人不知有几多也泪下沾襟了！又听他讲杜氏讲到“剑外忽传收蓟北，初闻涕泪满衣裳……”，先生又真是于涕泗交流之中张口大笑了。

师：（指着幻灯片）同学们齐读这一自然段，同学们读的同时，我们叫一位同学上台，当同学们读这些加点的文字时，他就要表演，看他表演得如何，能不能再现任公先生的神韵，好不好？

（学生们十分兴奋，纷纷举手要当那个表演者，一学生赶快跑上了讲台表演）

师：同学们齐读时，我们的同学上台做了表演，表演惟妙惟肖，很成功。

生11：老师，他的确表演得活灵活现，但有一个地方表演出现了差错。

师：哪个地方？

生11：当我们读到“痛哭流涕”这个地方时，他拿着手帕在鼻子上重重地擦了几下，显然他将“痛哭流涕”的“涕”字理解成“鼻涕”了，这有损任公形象。（学生大笑）“涕”应该是古今异义字，“泪”的意思。

师：他观察十分仔细，对文本内容理解也很细。刚才的表演，的确在这个地方有点失误，但总体来说，表演很成功，让我们感受到了任公演讲的风采。（教师指着生10）好，你开始点评吧。

生10：一个感情丰富、至情至性的梁任公。一个毫不掩饰、个性率真的梁任公。

师：你是从文本中哪些地方得出这个点评结论的？

生10：我是从“有时掩面，有时顿足，有时狂笑，有时太息”这些地方得出这个点评的。一段短短的演讲，竟有如此丰富而又起伏变化的感情，可见先生感情丰富。而且这种感情，表露于外，显得十分率真。

师：理解不错，但我要问你，先生的感情为什么这么夸张呢？先生的感情为什么起伏这么大、变化这么快呢？

生10：这一点，我还没想好。

师：请坐，请同学们讨论一下，先生的感情为什么会这样夸张、这样丰富、起伏变化这样大？

（学生们热烈讨论，教师在学生中巡视，不时参与学生讨论，约3分钟后，有学生回答问题。）

生12：我认为，要理解先生感情为什么会这样夸张、这样丰富、起伏变化这样大，关键要注意文段中提到的《桃花扇》《闻官军收河南河北》两个作品。我看过《桃花扇》，这是写明代末年的历史剧。梁启超由写明代末年的历史悲剧，联想到自己生活的时代。他想要光复自己的祖国，进行变革。

师：由明朝的灭亡，想到自己国家的事，所以就动感情了。

生12：因为先生是爱国的，所以讲杜甫的诗时也特别有感情。

师：杜甫的那份欢心他感受到了，是吧？

生12：我觉得，当时中国的状况是半殖民地半封建社会，正处在水深火热之中，作者正在积极寻找救国的出路。因此当他读到《桃花扇》的时候，因亡国而感到悲痛；而当他读到《闻官军收河南河北》时，为官军收复失地而感到非常激动。

师：谢谢你，说得特别好。先生是感同身受的。同学们能理解吗？不管是《桃花扇》里的沉痛，还是《闻官军收河南河北》里的欢心，梁启超先生原本心里就有，对吗？所以，他读到这些，触及内心，才会这样痛哭流涕而不能自已，才会涕泗横流、开口大笑。是这样吧？如果我们真的能够理解到这一层，就能算是任公的一个知音了。可见，梁任公还是一个“内外皆热，心系天下”的梁任公。

生13：老师，文章第五和第六自然段我有些看不懂，他提到那首古诗《箜篌引》，与表现梁任公有什么联系？

师：你这个问题提得好，我在阅读这篇文章时，也产生过这样的疑问，说明我们的同学在读文本时很动脑筋。（教师出示《箜篌引》的幻灯片。）

公无渡河。
公竟渡河！
渡河而死；
其奈公何！

师：（指着幻灯片）我们请同学读一下这首诗。

（生14读。）

师：声音还算洪亮，但还是感觉少了点味，少了点情感。这首诗表现的是一出悲剧还是一出喜剧？同学们觉得在读这首诗的时候应该以什么样的情感？

生：悲剧。应有悲伤（悲痛）感。

师：你们看，这首诗当中有两个人。一个硬要渡河，一个劝他不要渡河。那这个要渡河的人最后渡河没？

生（齐）：渡了。

师：最后呢？

生（齐）：死了。

师：哪有这样的人？你们觉得这个渡河人怎么样？

生15：自作自受，活该。

生16：有勇气，有一种“明知山有虎，偏向虎山行”的执着。

师：嗯，我倾向于你（手指向生16）的观点。我觉得他就像飞蛾，扑向的是火苗，向往的却是光明。我觉得他是真的猛士。因为“真的猛士，敢于……”

生（接）：“直面惨淡的人生，敢于正视淋漓的鲜血。”

师：非常好。《人间词话》的作者王国维曾对此诗做了这样的评价——“这十六字构成中国诗坛最悲壮凄惨的一幕，是用血写成的”。我们的任公先生，在演讲时，讲着这首诗，感受着这种直面死亡的勇气，我想他之所以有万般感慨，之所以讲得如此真切，以至于作者20年后都能记忆犹新，可能更是因为他想到了昔日一起战斗过的有着相同经历的战友——“戊戌六君子”当中的……

生17：谭嗣同！

师：谭嗣同，是为了变法而主动赴死的。当初，变法失败，他把自己的书信、文稿交给梁启超，要梁启超东渡日本避难，并慷慨地说："不有行者，无以图将来，不有死者，无以召后起。"梁启超劝他（师抓住一生胳膊，生笑）："公无渡河。壮飞兄，你还是跟我一起去日本避避风头吧，留得青山在，不怕没柴烧。"但谭嗣同断然拒绝前往，他说："我要渡河！各国变法，无不从流血而成，今日中国未闻有因变法而流血者，此国之所以不昌也。有之，（生接）请自嗣同始！"于是，公竟渡河！后来，谭嗣同果然被捕，在狱中写下绝命诗，其中两句是"我自……"

生（接）："我自横刀向天笑，去留肝胆两昆仑。"

师：在临刑前，他仍意态从容，镇定自若，说："有心杀贼，无力回天，死得其所，快哉快哉！"那一刻，任公自是悲伤感慨，因为他曾经与谭嗣同一起为国家变法图强而努力，而面对友人的逝去，面对变法的失败，又无可奈何，"渡河而死；其奈公何"。好，了解了这些，我们再读此诗，就应该把感情融入。语气要沉重点，感情上显得悲痛而无奈，把握好起承转合、抑扬顿挫。

（学生齐读两遍。）

师：（指着生13）现在应该知道第五、第六段为什么提到那首古诗《箜篌引》了吧，他其实也是为了表现梁任公的爱国与担当的精神。是的，梁任公先生生活的时代距离现在有一个世纪之久，但通过文本，我们仿佛看到了一个呼之欲出的梁任公、一个活生生的梁任公。（教师出示幻灯片，归纳任公形象。）

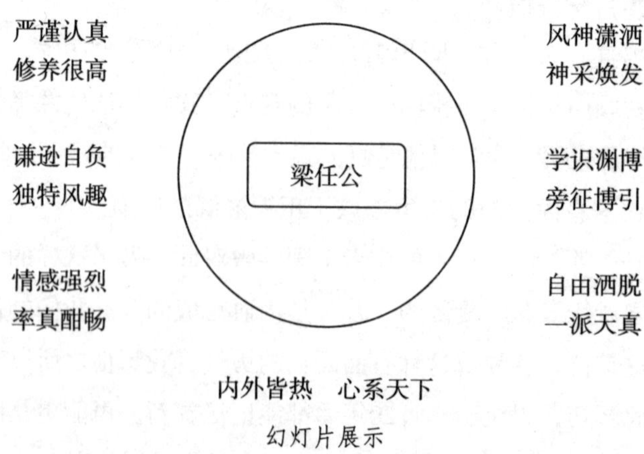

幻灯片展示

师：（指着幻灯片）到此为止，我们通过点评法，通过师生互动，终于立体地把握了梁任公的形象。梁任公是一个“风神潇洒、神采焕发、严谨认真、修养很高、谦逊自负、独特风趣、学识渊博、旁征博引、情感强烈、率真酣畅、自由洒脱、一派天真、内外皆热、心系天下”的“大写”的人，那么。梁实秋先生又是采用什么手法塑造出这样一个生动丰富的形象的呢？请同学们讨论一下，然后说一说。

（学生们热烈讨论，约3分钟后，有学生回答问题。）

生18：作者采用了肖像描写的手法来塑造梁任公的形象，也可以说是画外貌吧。“短小精悍秃头顶宽下巴的人物，穿着肥大的长袍，步履稳健，风神潇洒，左右顾盼，光芒四射，这就是梁任公先生。”相貌独特、稳健潇洒、神采照人。

生19：作者采用了语言描写的手法来塑造梁任公的形象，也可以叫绘语言。“‘启超没有什么学问——’眼睛向上一翻，轻轻点一下头，‘可是也有一点喽！’”风趣自信，令作者钦佩不已。

生20：我觉得作者还运用了动作描写来表现梁任公。“有时候，他背诵到酣畅处，忽然记不起下文，他便用手指敲打他的秃头，敲几下之后，记忆力便又畅通，成本大套地背诵下去了。”这里的“敲秃头”是一个非常传神的动作，写出了任公的孩子气。

师：同学们说得不错，那么这些描写在写法上有怎样的共同特点呢？

生21：我觉得作者是抓住演讲时细微而又具体的地方来写的，这些都是细节描写。

师：说得很好，细节描写，是指抓住生活中的细微而又具体的典型情节，生动细致地描写，它具体渗透在对人物、景物或场面的描写之中。一个个传神的细节，犹如人身体上的细胞，没有了它，人就失去了生命；文章少了细节，也就缺少了血肉和神采。好的文章总是于细微处见精神。这就是细节之美，细节的魅力。通过细节来刻画人物，生动传神，同学们写作上可以借鉴，可以写出独特的文章。好，这节课，我们主要采用评点法，把握了梁任公的形象，接着采用讨论法，探究此文塑造人物形象的方法。好，他山之石，可以攻玉，下面布置一个小作业，写一篇300字左右的作品，记一记我们班任何一位老师的任何一个上课片段。我们在明天的单元作文“写人要凸显个性”教学中进行交流。谢谢同学们！

《桃花源记》悬念教学实录

上课时间：2015年11月12日

上课地点：四川省都江堰市

上课对象：初二学生共90人

听课教师：来自四川省都江堰市教师共120人

一、初读课文，采用倒叙追问法设置悬念，从语言角度探究文本语义之丰

师：同学们，今天，我们学习《桃花源记》。请打开书，首先，请同学们自读课文，古人读书都是摇头晃脑地读，下面，也请同学们摇头晃脑地读课文，看谁读得投入。

（学生们响应教师召唤，摇头晃脑地读起来。）

师：下面请一名同学朗读课文，谁愿意朗读？（一学生举手）好，你来读一遍。大家注意，看他发音准确、感情把握到位没有。

（学生读。）

师：下面请同学们评价一下，他读得怎样？

生1：课文读得很流畅，声音也很清脆，但有些字发音错误。

师：请你指出来。

生1：“此中人语云”的“语（yù）”读成“语（yǔ）”了。

师：你听得很仔细。

生1：“夹岸数百步”的“夹（jiá）”，他读成“夹（jiā）”了。

师：到底应该怎么读？（学生争论）查一查字典。

生1：是我读错了，应读成“jiā”。

师：这个字也是多音字，“夹袄”的“夹”就应读作“jiá”。还有读音错误吗？

生1：（摇头）没有了。

生2：老师，还有。

师：哦，你说说看。

生2：他把“阡陌交通”的“陌（mò）”字读成了“陌（bǎi）”。

师：是的，你听得很仔细，那么“阡陌”是什么意思呢？

生2：根据“交通”一词推断，估计是纵横交错的小路。

师：你推断得十分有道理。陌，指东西走向的土埂，指田间小路。

生2：还有，“黄发垂髫（tiáo）”，他读成了“黄发垂髫（zhào）”。

师：对了，秀才读字读半边，的确，这个字不读“zhào”，而是读“tiáo”。什么意思呢？

生2：小孩下垂的短发，这里是借代的小孩，黄发是借代的老人。

师：理解正确，听得很仔细。还有没有读错音的？

生2：没有了。

生3：“便要还家”的“要”，他读错了。

师：那该读什么音呢？

生3：应读“yāo”。

师：为什么读这个音？

生3：因为这里是通假字，通“邀”，邀请的意思。

师：对了，通假字，从某种意义上来说，就是古人写的错别字，他们写的错别字，我们就叫通假字，我们写的错别字，就是错别字，同学们在考试中，千万别写通假字啊。刚才同学们朗读了课文，熟悉了文本，疏通了关键字词，下面，请同学们翻译一下课文第四自然段。（教师出示幻灯片。）

既出，得其船，便扶向路，处处志之。及郡下，诣太守，说如此。太守即遣人随其往，寻向所志，遂迷，不复得路。

师：（指着幻灯片）第四自然段，需要翻译的关键词有哪些？哪一位同学来说说？

生4：“便扶向路”中的“扶”和“向”字。

师：那这两个字的意思是什么？

生4：“扶”是“顺着”的意思。“向”是“原来”的意思。整句话的意思是“于是顺着原来的路”。

师：很好。这段话还有关键字词吗？

生4：“处处志之”的“志”，做标记。“诣太守”的“诣”，“到哪儿去”的意思。

师：翻译就是要注意落实关键字词，你落实得很好。下面你能把第四段全部翻译出来吗？

（生翻译：渔人出来以后，找到了他的船，就顺着旧路回去，处处都做了标记。到了郡城，到太守那里去，报告了这番经历。太守立即派人跟着他去，寻找以前所做的标记，终于迷失了方向，再也找不到通往桃花源的路了。）

师：刚才这位同学翻译了课文最后一段。这一段使我产生了一个疑惑，渔人出来时，本来做了标记，但再次来寻找桃花源时，却迷了路，找不到桃花源了。这事也太离奇了。但只要阅读全文，就可以找到答案。请同学们认真阅读全文，从文中找出渔人找不到路的理由，然后分组交流讨论，以课文为依据，给大家一个合理的解释。看哪个小组从课文中找出的理由更合理、更充分。

（这里采用倒叙追问法设置悬念，激发起了学生们强烈的探究兴趣，学生们认真阅读课文，然后分组讨论起来，6分钟后，教师让学生回答问题。）

师：刚才同学们研读了文本，下面，请同学们说说看，渔人为什么再次去寻找桃花源，却找不到路了？请以课文为依据，谈谈理由，哪个小组先说？

生5：我们先说。渔人去桃花源的路上，就处在恍恍惚惚的精神状态之中。“缘溪行，忘路之远近”，他顺着溪水行船，忘记了路程的远近，难以留下鲜明的印象。故再也找不到路，找不到桃花源了。

师：一个人在恍惚的精神状态下，好像做梦一般，确实对经历过的事情难以留下鲜明的印象。这个解释合理。

生5（生怕别人说了，赶快站起来发言）：他不是有意去寻找世外桃源，而是在无意中突然发现的。“忽逢桃花林，夹岸数百步，中无杂树，芳草鲜美，落英缤纷。渔人甚异之。”忽然遇到一片桃花林心中狂喜，容易得意忘形，难以留下鲜明的印象。故再也找不到路，找不到桃花源了。

师：你从渔人心理角度分析，很有道理。

生6：桃花源中，从来没有外来人进来过，现在，来了这么一个人，就好像外星人闯入地球，“因此，见渔人，乃大惊，问所从来”。查明身份和来历，渔人出来时，还叮嘱“不足为外人道也”，不值得对外面的人说啊！可见桃花源中人警惕性很高，渔人出来时，他们肯定派人跟踪了，发现他“处处志之”，到处刻标记，因此，及时毁去这些印记。

师：有意思，桃花源中人警惕性确实高，消除印记，自然找不到桃花源了。

生7：桃花源中人听渔人说起外面的世界，“问今是何世，乃不知有汉，无论魏晋。此人一一为具言所闻，皆叹惋”。当时是魏晋时期，社会十分动乱，桃花源中人，不希望外面的人来打扰他们宁静的生活，发现渔人出去后“处处志之”，知道他肯定会带人来，因此，就会想法让其找不到路。

师：桃花源中人希望外面的人不来打扰他们宁静的生活，因此会想办法让其找不到路。那么，这办法到底是什么呢？假如你是桃花源中人，会怎么做呢？

生8：老师，我有办法，进入桃花源，只有一个小口，“初极狭，才通人”，洞口很狭窄，仅容一人通过。因此，这个洞口很容易封闭，估计桃花源中人知道此人告密，故用水泥封闭了小口，使得渔人“遂迷，不复得路”。

（该生风趣幽默的解释引得师生会心微笑。）

师：你的解释挺有意思啊。以上每个小组的解释都合情合理，都在文本中能找到依据，值得表扬。好，以上我们通过初读课文，采用倒叙追问法设置悬念，从语言角度探究文本语义之丰。

接下来，我们再读课文，采用补叙内容法设置悬念，从文章角度体会文本构思之妙。（教师出示幻灯片。）

二、再读课文，采用补叙内容法设置悬念，从文章角度体会文本构思之妙

师：文中写到，渔人出来后“及郡下，诣太守，说如此”。同学们，你们说这几个句子有什么特点？

生9：句子整齐，句式短促，节奏很快。

师：是的，陶渊明为什么这样写？这就十分生动形象地再现了这个渔人急于去报告、去邀功的迫切心情，写出了一个告密者的形象、一个叛徒的形象。那么请问，渔人到底跟太守说了什么？请阅读文本，仔细思考，然后，邻座的

同学对着对方的耳朵悄悄地说出来。

（这个悬念设置，果然有趣味性且好玩，学生们纷纷阅读文本，琢磨渔人跟太守说的内容，不一会儿，窃窃私语，纷纷对着自己的同桌说悄悄话，教室里弥漫着一种告密的氛围。）

师：下面请一个同学上台大声地把渔人告诉太守的内容说出来，看谁上台，说说在你看来，渔人到底跟太守说了什么？

（有几个学生举手，还没等教师指定，一个学生就跑上讲台说起来了。）

生10：我认为渔人是这样说的，“太守，我是武陵人，以捕鱼为职业，有一天，我沿着一条河流打鱼，走到河流发源地，于是便出现一座山，山上有个小洞口，我进去一看，别有洞天，里面有一排排整齐的房舍，还有肥沃的田地、美丽的池沼、桑树竹林之类的。田间小路交错相通，鸡鸣狗叫到处可以听到。人们在田野里来来往往耕种劳作，男女的穿戴跟桃花源以外的世人完全一样。老人和小孩们个个都安适愉快，自得其乐。他们请我吃饭喝酒，我停留了几天，就出来了，那地方太好了，没有战乱，没有剥削，我们也可以去，我出来时做了记号，我可以带你们去的”。

师：同学们，渔人是不是跟太守说的这些内容？

生：是的。

师：是的，我也同意说的基本上是这些内容。我再请你把“其中往来种作，男女衣着，悉如外人”这句话翻译出来。

生10：其中来来往往耕田种地的男男女女，穿着都像外人。

师：“外人”能否译得具体点？

（生思考片刻，照原文答“桃花源以外的世人”，意思是穿戴跟桃花源以外的世人完全一样。）

师：有没有同学有异议？如果桃花源中人穿戴跟桃花源以外的世人完全一样，那为何会“见渔人，乃大惊”？见了渔人竟如见了外星人一样惊奇。

生11：应是指与渔人生活那个朝代不同的人。（学生纷纷表示赞同。）

师：对了，不是有句古话“尽信书不如无书”吗？我们课本的注解是错误的，在这里，他说的是对的。好了，渔人跟太守说的就是以上两位同学所说的内容，那作者为何不把这些内容一一写出来？可不可以写出来？

生12：当然可以写出来。

生10：我认为写出来不好。

师：为什么不好？

生10：这些内容基本上在前面已经出现过，再写出来，就会重复，给人啰唆的感觉，使文章重点不突出。

师：这就涉及文章结构、文章布局谋篇了。是的，文章在结构上是主次分明、详略得当、重点突出的。

生10：而且写出来会使文章失去不少神秘色彩，减少文章语言的魅力。这里不写出来，就留下了空白，给读者以无限想象的空间，起到了无声胜有声的效果，同时增加了文章的神秘气氛。

师：说得很好，刚才你提到一个重要词语神秘色彩。的确，我也觉得这篇文章写得很神秘。除了“说如此”这个地方显得很神秘外，其实还有不少地方显得很神秘。既然同学们发现了这个特点，下面，请同学们讨论讨论，看《桃花源记》哪些地方还体现了神秘色彩。

（教师抓住学生的问题，及时设置一个生成性悬念，激发起学生们强烈的兴趣。学生们积极响应教师召唤，再次细读文本，思考文本的神秘色彩，不时在教材上写写画画，还与周边同学讨论，3分钟过后，有学生举手回答问题。）

生13：这篇文章写得很神神秘秘，奇奇怪怪，有点像福尔摩斯笔下的侦探小说。

师：我也有这个感觉，但能说说作者是怎样使这篇游记蒙上神秘色彩的吗？

生13：我觉得《桃花源记》的神秘，一是行文神秘离奇，一次普通的游览，却写得一波三折，令人边读边好奇，心跳不已。

师：你能举几个例子吗？

生13：好的。“缘溪行，忘路之远近。忽逢桃花林”，一个“忽”字，让渔人惊喜，我们也惊喜，就好像贾宝玉第一次见到林黛玉一样惊喜，天上掉下个林妹妹，这里天上掉下个桃花源。“渔人甚异之”，渔人异，我们也异，我们仿佛跟渔人心情一样，游兴大增。“复前行，欲穷其林。林尽水源，便得一山，山有小口，仿佛若有光”，一个“若”字，若隐若现，若有若无，若明若暗，虚虚实实，实实虚虚，显得很神秘，这种神秘，召唤着渔人，也吸引着我们，我们与渔人心情一样，决心探个究竟。“便舍船，从口入。初极狭，才通人。复行数十步，豁然开朗”，一个“豁”字，让人心胸为之开阔，神清气爽，“山重水复疑无路，柳暗花明又一村”。但再来找的时候，又找不到了，“后遂无问津者”，桃花源这个门永久关闭。陶渊明把一个普通的旅游，写得一波三折，离奇曲折，神神秘秘，他为我们打开了一扇门，最后却又关闭了这扇门，陶渊明就好像一个导游，带领我们进行了这次神秘的旅游，这扇关闭的大门，令我们怦然心动。

师：你简直是一个出色的评论家，对陶渊明的行文特点分析得非常精辟，是的，《桃花源记》的行文的确显得神神秘秘、离奇曲折。这是一个伟大的发现，同学们，还有什么新发现吗？

生14：我觉得《桃花源记》的神秘色彩除了行文神神秘秘、离奇曲折外，《桃花源记》中所写的一些事件也显得十分离奇，无法解释。

师：哦，你说说看？

生14：第一件事是“武陵人捕鱼为业”，可见，他是一个打鱼的专业户，这条河，应该就是他平时打鱼的河，熟悉得很，为什么突然就“忘路之远近”？这件事很离奇，无法解释。

（学生们为他的精彩解读鼓掌。）

师：哎呀，你的见解十分独到啊，我都没想到。

生14：第二件事情，南阳刘子骥，欣然前往寻找桃花源，没有结果，不久就病死了。迟不死，早不死，偏偏这个时候死，这件事很离奇，无法解释。

师：谁能解释？刘子骥是不是被桃花源中人谋杀了？是的，整个这篇文章，在这些事件的笼罩下，显得神神秘秘、奇奇怪怪，假如把这些事件去掉，单独留下对桃花源的自然景色和人文景色的描写，恐怕文章就没那么神秘了。我们的同学真了不起啊，从行文和选材的角度探讨了文本的谋篇布局和神秘色彩。好，接下来，我们三读课文，采用添加虚词法设置悬念，从文学角度品味文本意境之美。（教师出示幻灯片。）

三、三读课文，采用添加虚词法设置悬念，从文学角度品味文本意境之美

师：我们阅读此文，仿佛看到了渔人探访桃花源丰富的微妙的心理活动，为了能把这种心理活动呈现出来，下面，我们采用添加虚词的方法，来把这种心理活动揭示出来。我们汉语中，有许多表达丰富情感的叹词，如“啊”，可

表示一种“赞叹享受”的情感，如“我来到四川，游览都江堰，放眼一望，啊，都江堰多么神奇美丽”。当然，“啊”字还可以表示其他情感，如惊讶、痛苦等。下面，请同学们根据你对课文的理解，在课文适当的地方，加一个“啊”字。只能加一次“啊”，不能多加，看加在哪个地方最合适，并且你要说出加在这个地方的理由。

（这个创意悬念一抛出，学生们兴趣盎然地再次研读文本，边读边加“啊”，“啊”声此起彼伏。约4分钟后，教师让学生们回答问题。）

师：下面请同学们来分享自己加“啊”的地方。先说加在哪里，然后把“啊”字前后的话读出来，再说出加“啊”的理由。谁先分享？

（学生们纷纷举手。）

生14：我把“啊”加在“中无杂树”的前面。

师：好，你把“啊”字前后的话读出来。

（生读：“晋太元中，武陵人捕鱼为业。缘溪行，忘路之远近。忽逢桃花林，夹岸数百步，啊！中无杂树，芳草鲜美，落英缤纷。”读得特别投入，读到“啊”时，仰头，感情充沛，赢得师生阵阵掌声。）

师：你为什么将“啊”加在此处？

生14：渔人忽然看到这么美的景观，于是发出一声惊叹，这是一种惊讶和享受，对自然美的惊讶和享受。

师：不错，有道理。还有加在别的地方的吗？

生15：我加在“林尽水源，便得一山，山有小口”的后面。

师：好，你也把加“啊”连同前后的句子读一下。

（生读：“林尽水源，便得一山，山有小口，啊，仿佛若有光。”读到“啊”时，声音拖长，显得十分兴奋，师生不禁鼓掌。）

师：你为什么加在这儿？

生15：“林尽水源，便得一山”，以为这里就是路的尽头了，没想到，山上居然有一个洞口，再往洞口仔细一看，好像还有光线射出，于是“啊”的一声，这是一种意外的惊喜的发现。

师：看来你加在这儿，言之成理，不错。还有加在不同地方的吗？

生16：我把“啊”加在“豁然开朗”后面。

师：好，你先像前面的同学一样，把加“啊”的句子读一下。

（生读：“初极狭，才通人。复行数十步，豁然开朗。啊！土地平旷，屋舍俨然，有良田、美池、桑竹之属。”生声情并茂地读，同学们忍俊不禁，热烈鼓掌。）

师：你为什么将“啊”加在这里？

生16：因为渔人进洞，开始还很狭小，突然豁然开朗，别有洞天，洞中美景，又不是他在外面所能见到的，“啊”的一声，这是一种长期未见到美景突然遇到后的惊喜之情。

师：加得很好，很有道理，还有加“啊”的吗？

生17：我加在“寻向所志”后面。

师：喔，你加在这里？说说你的理由。

生17：渔人急忙跑去报告太守，太守马上派人跟随他去寻找桃源，没想到先前所刻下的标记不见了，渔人吃惊又失望，于是发出“啊”的一声，迷路，再也寻不到桃花源了。

师：你的分析真是与众不同啊。最后再给一次机会，还有要加“啊”的吗？

生18：我加在“未果，寻病终”后面。

师：读一下。

（生读：“未果，寻病终，啊！”“啊”拖得很长。）

师：为什么加在这儿？

生18：刘子骥满怀希望去寻找桃花源，结果不久后病死，抱憾终生，“啊”的一声长叹。

师：有意思，《桃花源记》太迷人了，一千个读者就有一千种理解啊。同学们，我们通过加“啊”，把握了文本的情感线索，同时，鉴赏了文本的意境之美。接下来第四步，四读课文，采用花样朗读法设置悬念，从文化角度享受文本文化之精。

四、四读课文，采用花样朗读法设置悬念，从文化角度享受文本文化之精

（教师出示幻灯片，叫一个学生读黑字，其他学生读加点字。）

晋太元中，武陵人捕鱼为业。缘溪行，忘路之远近。忽逢桃花林，夹岸数百步，中无杂树，芳草鲜美，落英缤纷。落英缤纷。落英缤纷。渔人甚异之。

复前行，欲穷其林。

林尽水源，便得一山，山有小口，仿佛若有光。便舍船，从口入。初极狭，才通人。复行数十步，豁然开朗。啊！土地平旷，屋舍俨然，有良田、美池、桑竹之属。阡陌交通，鸡犬相闻。阡陌交通，鸡犬相闻。阡陌交通，鸡犬相闻。

其中往来种作，男女衣着，悉如外人。黄发垂髫，并怡然自乐。怡然自乐。怡然自乐。怡然自乐。

（学生们十分投入地朗读课文。）

师：同学们刚才读得十分投入，你们仔细想想看，这段文字从表达方式的角度看，黑字主要运用了什么表达方式？红字又主要是运用了什么表达方式呢？

（学生们思考讨论，不一会儿有学生举手回答问题。）

生19：黑字是叙述的表达方式，红字主要是描写。

师：正确，那么，三段红字描写的内容分别是什么？同学们能说说吗？

生19：我认为，第一段文字主要是描写自然美景，第二段文字主要是描写人文美景，第三段主要是写人内心的和谐之美。

师：说得很好。我们归纳一下，第一段是写人与大自然的和谐，第二段是写人与人之间的和谐，第三段则是写人与自身的和谐。从文化角度来看，这体现了陶渊明的文化理想。

陶渊明的文化理想是大同世界。（教师板书如下。）

人与大自然和谐：芳草鲜美，落英缤纷；

人与人之间和谐：阡陌交通，鸡犬相闻；

人与自身的和谐：黄发垂髫，怡然自乐。

师：文中的渔人，是陶渊明，他做了一个“中国梦”。（教师板书如下。）

寻梦（缘溪行，忘路之远近）

入梦（便舍船，从口入）

酣梦（余人各复延至其家，皆出酒食）

出梦（既出，得其船）

失梦（遂迷，不复得路）

寻梦（欣然规往。未果，后遂无问津者）

（教师出示幻灯片。）

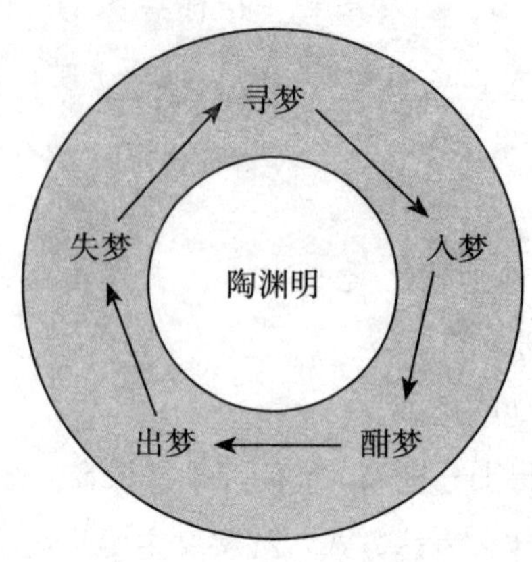

幻灯片绘示

好，这节课，我们采用悬念教学法，通过初读课文，采用倒叙追问法设置悬念，从语言的角度探究了文本语义之丰；再读课文，采用补叙内容法设置悬念，从文章的角度体会了文本构思之妙；三读课文，采用添加虚词法设置悬念，从文学角度品味了文本意境之美；四读课文，采用花样朗读法设置悬念，从文化角度享受文本文化之精。好，这节课就讲到这儿，谢谢同学们！

《锦瑟》悬念教学实录

上课时间：2016年4月15日

上课地点：广东省深圳市第二高级中学四楼考务室

上课班级：高一（19）班

听课教师：校内外共80多位教师听课。其中，广东省阳江市两阳中学40多名语文教师专程来深圳市第二高级中学听深圳市名师工作室主持人、语文特级教师何泗忠老师的语文课

师：今天，阳江市两阳中学40多名老师专程来我校听课，而且点名要听我的课，我相信同学们一定能够展示我们深圳市第二高级中学学生的风采，让我们以热烈的掌声欢迎校内外老师莅临课堂指导！（学生们热烈鼓掌。）

师：上课之前，我们先来听一首歌。（教师出示李商隐《无题》诗幻灯片。）

无题

相见时难别亦难，东风无力百花残。
春蚕到死丝方尽，蜡炬成灰泪始干。
晓镜但愁云鬓改，夜吟应觉月光寒。
蓬山此去无多路，青鸟殷勤为探看。

（教师接着播放《别亦难》一曲，同时用浑厚的男中音演唱，边演唱边打节拍，让学生们一起唱，营造了一种凄美忧伤的课堂氛围，师生迅速进入课堂教学情境。）

师：这首歌，好不好听啊？

生：好听！

师：是我唱得好，还是这首词写得好？

生：老师唱得好。

师：刚才我唱的这首歌，听来凄美忧伤，一往情深，歌词就是我们看到的《无题》，这首诗是谁写的呢？

生（齐）：李商隐。

师：对了，作者是李商隐。（教师出示幻灯片。）

李商隐（约813—858年），晚唐诗人。字义山，号玉溪生。

师：对于唐朝诗人，大家认为最著名的会是谁？

生（齐）：李白。

师：是的，大家会认为是李白或是杜甫吧。但是同学们，世人对于李商隐的评价，其实也是挺高的啊！（教师出示幻灯片并读幻灯片内容。）

清朝吴乔："于李、杜后，能别开生路，自成一家者，唯李义山一人。"

师：李义山，就是李商隐。（教师再出示如下幻灯片，并读幻灯片内容。）

李商隐不能说是最伟大的诗人，但我们可以说李商隐是对后世最有影响的唐代诗人，因为爱好李商隐的人比爱好李、杜、白诗的人更多。

师：（指着幻灯片）这可不是我说的哟，这是当代著名诗人、学者施蛰存说的。

师：（拿出一本《唐诗三百首》）在清代孙洙编选的这本《唐诗三百首》中，收入李商隐的诗作22首，数量仅次于李白（27首），居第四位，而王维入选29首、杜甫入选38首。这个唐诗选本在中国家喻户晓，由此也可以看出李商隐在普通民众中的巨大影响。

（教师通过烘托渲染法制造悬念，强化了李商隐在学生们心目中的印象，大大激发了学生们学习李商隐诗歌的兴趣。）

师：今天，我们就一起来学习李商隐的《锦瑟》。（教师出示李商隐《锦瑟》诗的幻灯片。）

锦瑟

李商隐

锦瑟无端五十弦，
一弦一柱思华年。
庄生晓梦迷蝴蝶，
望帝春心托杜鹃。
沧海月明珠有泪，
蓝田日暖玉生烟。
此情可待成追忆?
只是当时已惘然。

师：当一个诗人发表了一首诗以后，可能会引来众多粉丝点评。深圳有一座塘朗山，有一位诗人，登了塘朗山后，写了一首诗歌——《周末登塘朗山》。（教师出示幻灯片并要学生们齐读此诗。）

周末登塘朗山

塘朗一长啸，
清风万里春。
拔山气盖世，
豪气满乾坤。

师：诗歌一发表，结果引来众多点赞，你们知道，这首诗歌的作者是谁吗?

（此处设置悬念，学生们纷纷猜测，说出不少当代诗人的名字。）

师：这位诗人就是——何泗忠。（学生们听说是老师自己，欢快地笑起来，听课师生纷纷鼓掌）他把诗歌放到朋友圈，结果许多人点赞并评论。（教师出示如下幻灯片。）

中国移动 10:57
朋友圈
何泗忠
周末登塘朗山

塘朗一长啸
清风万里春
拔山气盖世
豪气满乾坤

18天前 删除

♡ 刘铁(海南), 吴从惠文敏 / 从惠, 冷小红, 宝中赵月琳, 张改河, 黄江红, 高志, 首燕子, 崛起学校陈勇, 谢宝章, 郑颖梅, 李爱林, 黄济民, 刘灿雷, 岑, 小向, 罕罕💖, 游周倩, 张美华, 黄校, 七高小陈, 何开泉

何泗忠: 周末登塘朗山

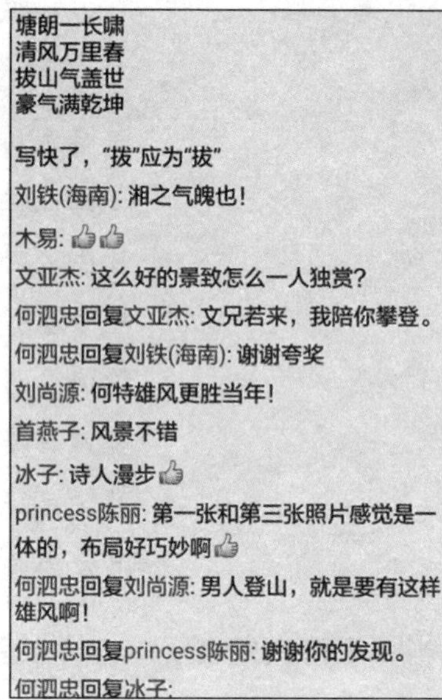
塘朗一长啸
清风万里春
拔山气盖世
豪气满乾坤

写快了，"拔"应为"拔"
刘铁(海南): 湘之气魄也！
木易: 👍👍
文亚杰: 这么好的景致怎么一人独赏?
何泗忠回复文亚杰: 文兄若来，我陪你攀登。
何泗忠回复刘铁(海南): 谢谢夸奖
刘尚源: 何特雄风更胜当年！
首燕子: 风景不错
冰子: 诗人漫步👍
princess陈丽: 第一张和第三张照片感觉是一体的，布局好巧妙啊👍
何泗忠回复刘尚源: 男人登山，就是要有这样雄风啊！
何泗忠回复princess陈丽: 谢谢你的发现。
何泗忠回复冰子:

首燕子: 风景不错
冰子: 诗人漫步👍
princess陈丽: 第一张和第三张照片感觉是一体的，布局好巧妙啊👍
何泗忠回复刘尚源: 男人登山，就是要有这样雄风啊！
何泗忠回复princess陈丽: 谢谢你的发现。
何泗忠回复冰子:
一路春风一路景
一路登山一路诗
陈静: 何特老骥伏枥
何泗忠回复陈静: 还未气喘吁吁。
陈静回复何泗忠: 您是正值壮年
何泗忠回复陈静: 哈哈😄
龚志民: 何特生活优雅，归于自然。
何泗忠回复龚志民: 知我者，龚先生也。
龚志民: 生活美是众美之大成。
森林无边: 何特~恰同学少年
何泗忠回复森林无边: 王特的夸奖让我更年轻😊😊😊
李克英: 你只会爬山，哪能拔山😁😁😁
何泗忠: 总回复:
一首登山诗

龚志民: 何特生活优雅，归于自然。
何泗忠回复龚志民: 知我者，龚先生也。
龚志民: 生活美是众美之大成。
森林无边: 何特~恰同学少年
何泗忠回复森林无边: 王特的夸奖让我更年轻😊😊😊
李克英: 你只会爬山，哪能拔山😁😁😁
何泗忠: 总回复:
一首登山诗
众多点赞声
感谢各位朋友的点赞与评论。
登山则情满于山
观海则意溢于海
昨天，阳光明媚，春色正好。
一路石阶一路绿
一路春花一路痴
一路游人一路笑
一路高歌一路诗
你们的点赞使我感动
你们的点赞是最美的春天
陈霞: 回复比原诗还要激情澎湃👍
何泗忠回复陈霞: 谢谢鼓励！

何泗忠朋友圈评论截图

（将生活引入教学，学生们见到此幻灯片，兴致盎然，听课老师发出会心的微笑。）

师：你看，我还不是一个什么著名诗人吧，也赢得这么多点赞。同学们，李商隐发表诗歌，那就有更多粉丝啊！而且粉丝都是重量级的。他的《锦瑟》，更是赢得千百年来众多粉丝点赞。（教师出示幻灯片。）

若令举一首诗为中国诗之代表，可举义山《锦瑟》。若不了解此诗，即不了解中国诗。

——《顾随诗词讲记》，中国人民大学出版社2006年版，第195页。

师：（指着以上幻灯片）这是著名学者叶嘉莹对李商隐《锦瑟》诗歌的评价。（教师出示幻灯片。）

这是一个陷阱。这是一种诱惑。这是《锦瑟》的魅力。这是中华诗词的奇迹。这也是一种遐想，一种精神的梦游。

——著名作家王蒙

师：（指着以上幻灯片）这是著名作家王蒙对李商隐《锦瑟》诗歌的评价。今天，我们就来学习这首赢得众多点赞的诗歌。诗歌，是语言运用的最高艺术，我们采用朗读的方式，来学习这首诗歌。著名教育家夏丏尊说过——（教师出示幻灯片。）

读，原是很重要的，从前的人读书，大多不习文法，不重解释，只知在读上用死工夫。他们朝夕诵读，读到后来，文字也自然通顺了，文义也自然了解了。

师：可见朗读对于读书是多么重要。因此，我们今天采用以读为主的方式，来学习这首诗歌。

一、初读《锦瑟》，用直觉感受诗歌情调

师：古人读诗会摇头晃脑地读，下面，请同学们初读《锦瑟》，读出诗歌的原初感受，然后我会叫同学说说这种感受。

（学生们响应教师召唤，在下面摇头晃脑地读起来，感情饱满，语调抑扬顿挫。）

师：刚才同学们十分投入地读了这首诗歌。下面请同学们读给邻座同学听一下，并互相评价。

（学生们按照教师要求，兴致勃勃地读给邻座同学听，并认真评价，有的学生禁不住为对方鼓掌，教师走近学生，不时与他们交流。）

师：同学们自由读了这首诗，又读给邻座同学听了，好，下面我们请同学来说一说，你读了诗歌后，这首诗给你最原初的感受是什么？

（学生们纷纷举手，热烈响应教师召唤，有的学生把手举得高高的，生怕教师不能发现他而丧失表达的机会。）

师：好，你先说。

生1：有对时光流逝的怅惘。

师：我们知道李商隐写这首诗的时候应该已步入晚年，有对华年的追思之感。

生2：写得很美，“庄生晓梦迷蝴蝶”，虽然是虚幻的，但依然很美丽。

生3：我觉得这是一首悲伤忧愁的诗。

师：喔，悲伤、忧愁。这是你最直接的感受。她这个感受怎样？

生4：比较准确。但我觉得有些悲而不怨、哀而不伤。

师：感觉很准确。好，那请你按你的直觉感受把这首诗歌读一下，好不好？

（生4读，读完，学生们热烈鼓掌。）

师：她读得怎样？哪个同学评价一下？

生5：她读得温柔、委婉，节奏比较舒缓。

生6：她把握住了诗歌的感情基调，读出了一种怅然若失的忧伤。

师：评价中肯。她的确是读出了自己的原初感受。下面，我叫一位男同学读一下，因为李商隐是男的哦！你来读。

（生7站起来读。）

师：大家注意观察一下，看他读时，开口度是大还是小，还是适中，也就是说嘴巴是张得大，还是小，还是适中，好，你开始读吧！

（生7抑扬顿挫地读起来，感情十分投入，读完后，学生们热烈鼓掌。）

师：他读得如何？

生8：别看他是位男同学，感情却十分温柔细腻，将我们带到了那种凄美忧伤的情境。

师：你的评价很准确，也很诗意。你注意观察了没有？他读的时候，开口度是大还是小，还是适中？

生8：有时大，有时小，有时适中。

（学生们笑。）

师：从整体来看，张嘴是大还是小，还是适中？

生8：整体来看，我觉得他开口度不大不小，比较适中。

师：你观察还是比较仔细的。是的，他读这首诗时，嘴巴张得不大不小，确实是比较适中，这也是由诗歌本身的韵脚决定的。诗人写诗，尤其是古代诗人写诗，是讲究声韵的。李商隐这首诗，韵脚开口度都比较适中。（教师出示幻灯片。）

弦xián、年nián、鹃juān、烟yān、然rán

师：（指着幻灯片）读这些韵脚时，嘴巴适度张开，即开口度比较适中，所以，李商隐写诗不是随意的，这种开口度适中的字眼，就适合表达一种比较温婉哀伤的情感。开口度大的，适合表现一种豪情、一种兴奋的情感。（教师出示孟郊诗歌《登科后》的幻灯片并要学生齐读。）

昔日龌龊不足夸，kuā
今朝放荡思无涯。yá
春风得意马蹄疾，
一日看尽长安花。huā

师：（指着《登科后》诗歌幻灯片）这首诗歌的韵脚，开口度是大还是小，还是适中？

生（齐）：开口度大。

师：对了，开口度大，我们根本不需要了解诗歌意思，只一读，就知道诗人的情感，诗人的情感是什么？

生9：狂喜，有些得意扬扬，心花怒放。

师：感觉完全正确。这首诗是谁写的呢？原来是唐朝诗人孟郊。这首诗歌叫作《登科后》，即诗人进士及第后一种情感的流露。金榜题名，扬眉吐气，自由自在，这一情感，从诗歌韵脚“夸（kuā）”“涯（yá）”“花（huā）”的读音就可以体会到，这些字，开口度都比较大。因此，著名学者朱光潜先生在《诗论》中说“情感最直接的表现是声音节奏，而文字的意义反在其次。文字意义所不能表现的情调常常可以用声音节奏表现出来”。李商隐正是用这样的韵脚，将自己的悲情人生加以审美化，情调才悲而不淫，哀而不伤，所以韵脚字眼读音轻重程度居中，发声时开口合口程度居中。不是说随便选个字就放进诗歌中的，这里是有来头的。以上，我们通过初读诗歌，用直觉感受了诗歌的情调。“诗言志”是我国古代文论家对诗的本质特征的认识。“诗言志”，即“诗是抒发人的思想感情的，是人的心灵世界的呈现”。下面我们再读诗歌，探究诗歌思想内容。

二、再读《锦瑟》，探究诗歌思想内容

师：人教版这个诗歌单元挺有意思的，你们发现没有，就是在每篇课文中，给每个诗人配了一幅画像。你们看，在李白的《蜀道难》这首诗中，就给李白配了这样一幅画像。（教师出示李白画像幻灯片。）

师：（指着李白画像）你们观察一下，李白的外貌气质如何？

生10：眉毛上扬，杏眼，胡须飘逸，有仙气。

师：对了，你观察仔细，概括准确，这就是浪漫主义诗人。李白面对蜀道难，他可以大喊一声“噫吁嚱，危乎高哉！”哎呀呀，这蜀道好高好高呀！这一呼喊，充满浪漫主义精神。杜甫是喊不出来的。我们来看，在杜甫《登高》诗中也配有一幅杜甫的画像。（教师出示杜甫画像幻灯片。）

师：（指着杜甫画像）你们再观察一下，杜甫的外貌气质如何？

生11：眉毛紧锁，眼睛充满忧郁，胡须下垂，愁眉苦脸，一副悲天悯人的样子。

师：同学们对两位诗人的外貌气质概括得很准确。李白是浪漫的，杜甫是现实的。然而，古代没有照相机，文人的许多画像是根据他们作品风格，揣摩而画出来的。现在，我要你用《登高》中的诗句来概括杜甫这幅画像，你会用《登高》中的哪句诗？

生11：“艰难苦恨繁霜鬓。”

师：为什么用这句诗？

生11：因为“艰难苦恨”，可以概括他的神，即内心愁苦，“繁霜鬓”，可以概括他的形，即白发苍苍。

师：不错，选得很好，这句诗的确非常适合配杜甫的这幅画，可以说是画龙点睛。前面说了，古代没有照相机，这些画，其实都是后人根据他们作品的风格特点揣摩出来的。同样，教材在李商隐的《锦瑟》中配了李商隐的一幅画像。（教师出示李商隐画像幻灯片。）

师：（指着李商隐画像）有人说，这幅画像，就是根据《锦瑟》一诗画出来的。下面，请同学们仔细揣摩李商隐画像，并请你们用《锦瑟》中的诗句来描摹李商隐画像的神韵，好不好？想好后，同桌还可以相互讨论。

（教师采用图文对照法设置悬念，学生们一下子被吸引住了，学生们带着好奇心，认真钻研诗句，揣摩图画，不一会儿，各小组兴致勃勃地商讨交流起来。听课教师为这样奇怪的教学设计而惊叹不已。约3分钟后学生们讨论完毕。）

师：刚才同学们讨论很热烈，想必心中有了答案，下面，我叫同学来说一说，你是用《锦瑟》诗中的什么诗句来描摹李商隐画像的神韵的。

（学生们纷纷响应教师召唤，举手回答教师提出的问题。）

生12：我觉得可以用“此情可待成追忆？只是当时已惘然”这两句诗歌来描摹李商隐画像的神韵。

师：你为什么用这两句诗来概括李商隐画像的神韵？

生12（学生边说边用动作演示）：画像中的李商隐身躯微微弯曲，背着手，侧着身，双脚似乎要转动，给人一种回首一看的感觉，这回首，好像是在追忆什么。这一副神态，不正可以用“此情可待成追忆”来描摹概括吗？

师：观察仔细，言之有理，那“只是当时已惘然”从画像中哪里可以看出呢？

生12：看李商隐回眸的眼神，他并不是回眸一笑，而是眼神中有些迷惘，有些怅然若失的感觉。

师：所以对应了诗中的哪个地方？

生12：“只是当时已惘然。”惘然，就是怅然若失。

师：你用这两句诗概括李商隐画像的神韵，有道理哟！不错。看看，谁还有不同说法吗？

生13：我反复揣摩，我觉得用第一、二句“锦瑟无端五十弦，一弦一柱思华年”来描摹概括李商隐画像神态更妥帖。

师：为什么用这两句，你能说出道理吗？

生13：“锦瑟无端五十弦”，“五十弦”，可以寓意李商隐已步入晚年。

师：那画像中可以看出这一点吗？

生13：画像中李商隐的背部有些弯曲，可见他年纪不小了。

师：人生七十古来稀，是不是，唔，从画像中隐约可以看出，李商隐好像经历了人世沧桑。李商隐写这首诗时，多大年纪啦？

生（齐）：46岁。

师：所以《锦瑟》是李商隐诗歌最后的辉煌。“五十弦”寓意年过半百，不错。那“锦瑟无端五十弦”中的“无端”是什么意思？

生13：“无缘无故，没来由”的意思。

师：那“无端”二字反映了诗人内心的一种什么情绪？

生13：有点对光阴消逝的无可奈何的味道。“一弦一柱思华年”，一个“思”，就是若有所思的样子。画像上李商隐回头一望，一副若有所思的样子，那是对“华年”，即年轻时美好事物的回忆。

师：喔，李商隐回首一望，呵，我快50了，是不是？回首一望，若有所思。你说得有道理。同学们，被他这么一说，我感觉就是第一、二句诗来概括描摹李商隐画像比较恰当了。看看，谁还有不同意见吗？

生14：我觉得第三、四句其实也可以。

师：为什么第三、四句也可以呢？

生14：“庄生晓梦迷蝴蝶”，可以说是李商隐对美好事物的沉迷，对过去的怀念。

师：“庄生梦蝶”，你知道用了什么写作手法吗？

生14：用典。庄周梦蝴蝶，蝴蝶梦庄周，有一种迷离、执着和向往之感。

师：那画中有体现庄周梦蝴蝶，蝴蝶梦庄周的意境吗？

生14：李商隐曾经像庄周梦蝴蝶一样，沉迷在对美好事物的追寻之中，那回眸的眼神，看上去也有些迷离、执着和向往。

师：说得很有道理，那“望帝春心托杜鹃”一句在画中有体现吗？

生14：“春心”，在中国传统诗歌中所代表的，是一种浪漫而热烈的感情的萌动。“望帝托杜鹃”，这也是一种至死不休的执着，是一种如痴如狂的热情和希望。他那要转动的身躯，他那微微伸出的脖子，仿佛在期待什么、希望什么。

师：揣摩很细腻。经她这么一说，我又觉得她有道理哟！看谁还有不同说法吗？

生15：我觉得用“沧海月明珠有泪，蓝田日暖玉生烟”概括更好。

师：你又有新看法，能说出理由吗？

生15：这两句中的“珠”和“玉”用了比喻。他这么好的人才，却不被朝廷重用，像美丽的沧海明珠，不幸被采珠者遗落在苍茫苦海之中；像玲珑珍贵的蓝田宝玉，却幽闭埋没在岩石层中，怎能不流泪？

师：与这幅画有什么关系？

生15：看李商隐画像神态，有如怨如慕、如泣如诉的感觉。回头一望，眼神中蕴藏着苦闷与无奈之情，仿佛潸然泪下。

师：经他这么一说，我又感觉这两句能描摹李商隐画像的神韵。有人说，诗歌中的每一句话，都可以对应描摹李商隐画像的神韵，仔细观察，确实有道理，刚才，同学们的解读就证明了这一点。好，我们通过诗文去配画像这个活动，就基本上把这首诗歌的字面意思弄清楚了。

（图文对照教学环节，因为创设的情境给了学生极大的自主创造空间，同时又有细化的要求作导向，所以学生的学习既主动热烈，又井然有序。）

师：那么，根据诗歌，再参照李商隐的神态，这首诗歌到底是写什么内容的，抒发了什么情感，从诗中读出了一个怎样的李商隐呢？

（学生们积极响应教师召唤，说出自己的见解。）

生16：讲实话，这首诗歌，其实，我没怎么看懂。

师：没太看懂，这就对了。没太看懂，说明你还是看懂了一些。说说你看懂的部分。

生16：我认为当时诗人比较迷惘，并且把这种情感用典故表达出来。

师：诗人对往事的迷惘，这往事也可能是具体的某种往事。到底是指什么往事呢？这就引起读者许多猜想。正如鲁迅先生所说，一部《红楼梦》，“因读者眼光不同而有种种，经学家看见《易》，道学家看见淫，才子看见缠绵，革命家看见排满，流言家看见宫闱秘事……”作家王蒙认为，像《锦瑟》这类诗“没有定解也就是可以有多种解”。他认为“情种从《锦瑟》中痛感情爱，诗家从《锦瑟》中深得诗心，不平者从《锦瑟》中共鸣牢骚，久旅不归者吟《锦瑟》而思乡垂泪”。所以，刚才同学说没怎么看懂，不光是你没怎么看懂，一些大家也说看不懂。例如梁启超在《饮冰室合集》里说“义山的《锦瑟》说的什么意思我理会不着，我就觉得它美，读起来愉悦。须知美是多样化的，神秘的”。所以，刚才这位同学跟梁启超的水平差不多。

（学生们大笑。）

师：正所谓有一千个读者，就有一千个哈姆雷特。当然，我的解读是隐秘爱情说。（教师出示幻灯片。）

首联：锦瑟无端五十弦，一弦一柱思华年。

锦瑟为什么要有五十根弦，每根弦都让我追思美好青春。

颔联：庄生晓梦迷蝴蝶，望帝春心托杜鹃。

我曾经像庄周梦到蝴蝶一样沉迷在美好的爱情中，最终我只能像望帝那样，把自己的爱念托付给杜鹃。

师：（指着幻灯片）“庄生晓梦”句说热恋上了一个女孩。“望帝春心”句说恋情的夭折与爱心的不死。据钟来茵先生考证，义山23岁于河南玉阳山东峰学道。而玉阳山西峰的灵都观里，有一位姓宋的女道士，她本是侍奉公主的宫女，后随公主入道。宋姑娘年轻、聪明、美丽，因两峰之间的来往，很快就与义山坠入情网。后来，他们的爱情结局怎么样呢？

（这里教师采用故事法设置悬念，引起学生们无尽的想象，学生们在下面小声议论。）

师：他们恋情曝光后，男的被逐下山，女的被遣返回宫。但真诚的相恋，往往终生难忘。义山晚年在长安还与宋氏相逢……于是写下这首诗。（教师出示幻灯片。）

颈联：沧海月明珠有泪，蓝田日暖玉生烟。

我的爱情破灭，夜夜哭泣，流泪不止；我的如玉一般的爱人如烟似雾，可望而不可即。

“沧海月明”句说夜晚的痛苦。“蓝田日暖”句说白天的惆怅。

尾联：此情可待成追忆？只是当时已惘然。

这种悲欢离合的感情岂待如今追忆时才有，在事情发生的当时就已经感到怅然若失了。

师：其实，一些伟大的诗歌，它有一种召唤结构，不同的人，可以读出不同的意义。一首《锦瑟》诗，一道千古谜，历来无人能解，所以众说纷纭，莫衷一是。伟大的作品，往往给人以多种解读，这就是诗歌的永恒魅力，不需要有很多的定解。《锦瑟》这首诗，其实还有其他的说法，如“人生说”。（教师出示幻灯片。）

首联：看见锦瑟陷入回忆。

颔联：“庄生晓梦”句说人生如梦（美），“望帝春心”句说人生如寄（短）。

颈联：“沧海月明”句说人生如泪（悲），“蓝田日暖”句说人生如烟（幻）。

尾联：自始至终令人怅然若失。

师：如“仕途说”。（教师出示幻灯片。）

首联：看见锦瑟陷入回忆。

颔联：“庄生晓梦”句说在党争中无所适从。“望帝春心”句说也曾努力，但没有人帮助自己。

颈联：用沧海遗珠比喻怀才不遇并为之哭泣。用美玉生烟暗喻自己不得志但文采声名闻于世。

尾联：自始至终令人怅然若失。

师：（指着幻灯片）一首《锦瑟》诗，一道千古谜。著名学者季羡林先生说“义山诗词藻华丽，声韵铿锵。有时不知所言何意，但读来仍觉韵味飘逸，意象生动……”诗不一定要求懂。诗的辞藻美和韵律美直接诉诸人的灵魂。以上，我们探究了诗歌的思想内容。下面，我们来探究诗人内心的情感世界。

三、读《锦瑟》，深入诗人情感世界

师：现代文学史上曾流传这样一段佳话，北京大学的一位著名学者教授，一天在讲解《锦瑟》这首诗的课堂上，从开始到结束，一直在饱含感情地朗诵《锦瑟》诗，整整一堂课，读得教授最后老泪纵横，泪水涟涟。读到最后教室里仅剩下寥寥几个学生，却也已泣不成声。他们是李商隐的知音，估计他们读着读着，就走进了李商隐的情感世界。下面，我们也来走进李商隐的情感世界。首先，请同学们根据自己的理解，对诗歌进行创造性的朗读设计。

（学生们热烈响应教师召唤，拿起课本轻轻地读起来，边读边在书上写写画画，纷纷设计自己的个性化朗读。）

师：刚才，我在下面看到了不少成功的富于创造性的朗读设计，下面，我请同学们来展示一下，谁先来？

（生17深情地朗读自己设计的《锦瑟》诗。）

锦瑟无端五十弦，
一弦一柱，一弦一柱啊思华年。
庄生晓梦迷蝴蝶，啊！迷蝴蝶，

望帝春心，望帝春心——托杜鹃。
沧海月明珠有泪，
蓝田日暖玉生烟，玉生烟。
此情，此情可待成追忆？
只是，只是，当时已惘然。

（生17读着读着，泪流满面，她的朗读，感动了听课的师生，教室里出奇的静，一会儿，爆发出热烈的掌声。）

师：她的朗读为什么如此感人？她在设计时，进行了怎样的艺术化处理？

生18：加了叹词，同时用了停顿和反复来强化情感。

师：评价很准确，感受很深。刚才是一位女同学的创意朗读设计，看哪位男同学来一个？

（生19满怀感情朗读。）

锦瑟无端
无端五十弦，
一弦一柱思华年。
思华年。
庄生晓梦迷蝴蝶，
迷蝴蝶，
望帝春心托杜鹃。
托杜鹃。
沧海月明珠有泪，
珠有泪，
蓝田日暖玉生烟。
玉生烟。
此情可待——可待成追忆？
只是当时——当时已惘然。

（学生读得如怨如慕、如泣如诉，赢得听课师生热烈掌声。）

师：朗读是一种再创造，他的设计又不同，哪个同学来说说他的设计特点？

生20：首先，他对一些重点字词进行反复强调，而且，这种强调比较整齐，具有一种对称美。其次，用了停顿，使诗歌有了一种抑扬顿挫的节奏美。

这样处理，很好地再现了李商隐的情感世界。

师：朗读精彩，评价同样精彩。十分欣赏《锦瑟》诗的梁启超是广东人，我们学过《记梁任公先生的一次演讲》，梁启超演讲用的是广东话，想必梁启超用广东话朗读《锦瑟》，别有情趣。下面，我们也来叫一个同学用广东话朗读《锦瑟》诗歌，好不好？谁来读？

（由于学生中大多数是广东人，这个创意设计，正合学生们的趣味，学生们纷纷举手，一男生自动站起来用广东话朗读自己的《锦瑟》创意设计，师生热烈鼓掌。）

师：他用广东话朗读别有风味，我估计他与梁启超心心相印。好，像《锦瑟》这样脍炙人口的诗歌高考是要背诵的，接下来，我们就来理解背诵名言名句。

四、读《锦瑟》，理解背诵名言名句

师：全国卷高考，背诵也是理解性背诵，我出了一道高考题目，当然现在还没考（生笑），但今年高考有可能考哦。（教师出示幻灯片。）

1.《锦瑟》中以锦瑟起兴，引起对华年往事的追忆的句子是“________，________”。

2.《锦瑟》中表达“华年往事”如梦般凄迷、如杜鹃啼春般伤感的诗句是“________，________”。

3. 古代文人擅长借典故寄托情思，李商隐《锦瑟》中借鲛人泣珠和良玉生烟的典故抒写世间风情迷离恍惚、可望而不可即的两句是“________，________”。

师：（指着幻灯片）下面，我们一起来默写一下这些句子。你们在下面默写，我在白板上默写，看我能得多少分，你们可不要偷看我写的哟。

（听课师生为教师的风趣幽默而情不自禁地笑起来。）

（教师在白板上默写，故意将一些字写错，用故意错误法设置悬念，以引起学生注意。）

师：（指着白板默写的内容）下面请同学批改一下我默写的诗句，看我得了多少分。

生21：老师得了零分。

师：你为什么说我得零分？

生21：因为老师每句话里都有错别字。

师：说具体一点。

生21：老师将“锦瑟无端五十弦”的“弦”字默写成“炫”，将“一弦一柱思华年”的“弦”和“华”默写成“炫”和“花”。将“庄生晓梦迷蝴蝶”的“蝶”字默写成“碟”字，将“望帝春心托杜鹃”的“鹃”字默写成“娟”字，将“沧海月明珠有泪”的“沧”字默写成“苍”字，将“蓝田日暖玉生烟”的“蓝”字默写成“篮”字。

师：喔，我默写为什么会犯这样的错误？

生21：也许是因为这些字读音相近，字形也相近。

师：对了，我们汉字有大量的形声字，要想弄清这些形近字和音近字的意义，最好弄清形旁，“弦”“炫”，一个是“弓”，一个是“火”，前者与乐器有关，后者则是炫耀之意。

生21：“蝶”“碟”一个是“虫”，一个是“石”，前者与昆虫有关，后者与光碟有关。

师：因此，同学们在默写时，要关注这些细微差别，才不会犯错。好了，对于《锦瑟》这首诗歌，有人把它改成屈原写的《楚辞》那样。（教师出示幻灯片并手舞足蹈地读起来。）

锦瑟无端兮五十弦
一弦一柱兮思华年
庄生晓梦兮迷蝴蝶
望帝春心兮托杜鹃
沧海月明兮珠有泪
蓝田日暖兮玉生烟
此情可待兮成追忆
只是当时兮已惘然

师：（指着幻灯片）这样改好不好？

生22：不好，加上“兮”字显得太舒缓而悠闲，不适合表达淡淡忧伤的情感。

师：还有人把《锦瑟》改成五言诗。（教师出示幻灯片并读起来。）

锦瑟五十弦
弦柱思华年
庄生迷蝴蝶
望帝托杜鹃
沧海月明珠
蓝田玉生烟
此情成追忆
当时已惘然

师：（指着幻灯片）这样改又好不好呢?

生22：也不好，少了许多意象，缺少一种迷离感和梦幻感。

师：对了，所以，李商隐的诗歌是不能删改的，它是内容与形式的完美结合，可以说是一字值千金。下面请同学们再带着感情把李商隐这首诗歌齐读一遍。

（学生们齐读，声情并茂，将诗歌鉴赏推向高潮。）

师：好，这节课讲到这里，同学们再见!

（这节课将教学内容陌生化处理，变陈旧为新颖，变枯燥为生动，变被动为主动。同时，又贴近学生的现实生活，将教学生活化。可以说，新课标的达成、良好教学效果的实现，总是与教师的创意密切相关。事实证明，巧导才会有巧学。诗歌教学除了应重视朗读、品味、分析外，还应培养学生感悟、体验、想象、探究、创造、应用等能力，让学生既能读出个人的感受和理解，入情入境，又能提高创造与应用能力。这节课，之所以能达成如此美妙的教学效果，最重要的原因是运用了悬念教学法。悬念教学法，让学生感到其乐无穷。）

《庖丁解牛》悬念教学实录

2017年4月27日，深圳市高中语文名师和青年教师“异课同构”研究课活动在深圳市第二高级中学举行。本次活动由深圳市教科院主办，来自深圳市和广州市的上百所学校的1100多名教师前来观摩听课。在这次活动中，我受深圳市教科院邀请，上了一节《庖丁解牛》的公开观摩课。课后，教师们反响强烈。他们都说从来没有听过有人这样解读《庖丁解牛》，切入巧，角度新，方法奇，效果好。有不少听课教师问我为什么能设计出这样奇特的课例，还有教师对我说：“您的《庖丁解牛》真牛，如此解读，亏您想得出。”几天过去了，仍有不少教师发来微信鼓励我，其中有一位朋友套用《庖丁解牛》中的话，“何特《庖丁解牛》，技盖至此乎？”我亦答曰：“臣之所好者，道也。进乎技矣。”在这里，我所说的“道”，就是一种理想的追求。

上课时间：2017年4月27日

上课地点：广东省深圳市第二高级中学二楼报告厅

上课班级：高二（18）班

听课教师：来自广东省各地教师共约1100人

师：同学们，今天，我们来学习庄子的一篇散文《庖丁解牛》，学习之前，请同学们先自由地读一下，古人读书是摇头晃脑的，下面请同学们读起来，看谁摇头的幅度大。

（在教师的鼓励下，学生们在下面摇头晃脑地津津有味地自由读起来。）

师：这节课，我打算采用悬念教学法，从四个维度展开教学。（教师出示幻灯片。）

初读课文，品味《庖丁解牛》的语言艺术

再读课文，赏析《庖丁解牛》的文学形象

三读课文，探究《庖丁解牛》的文章结构

四读课文，挖掘《庖丁解牛》的文化意蕴

我们先开始第一个步骤来学习这篇文章，初读课文，品味《庖丁解牛》的语言艺术。（教师出示幻灯片。）

一、初读课文，品味《庖丁解牛》的语言艺术

师：刚才同学们齐读得很好，下面，看哪个同学来单独读一下，哪个同学能自告奋勇地站起来？（一女生举手。）

师：好，你读一下。大家认真听，看她读得怎样。

（女生声情并茂地读起来，读完，学生们热烈鼓掌。）

师：她读得怎样？

生1：整体来看，读得很好，读出了一种庖丁解牛之美。但有一个字读错了。

师：哪个字？

生1："因其固然，技经肯綮之未尝"的"技"，她读成了"jì"，此处应读"zhī"。

师：为什么读"zhī"？

生1：因为此处是通假字，"技"通"枝"。

师：刚才同学们自由地读了此文，又有同学单独朗读了此文，对文本内容应该有一个大体的了解了。请问，这篇散文，涉及几个人物？

生（齐）：两个。

师：哪两个？

生1：一个是庖丁。

师：庖丁姓什么？

生1：姓庖。

生2：错了，姓丁。

生3：错了，既不姓庖，也不姓丁。庖，是厨师的意思，丁是名。"庖丁"意思是一个名叫丁的厨师。

（此处教师采用问题诱导法设置课堂悬念，激起学生的探究欲望，让学生

自己搞清了“庖”字的含义。)

师：对了，他的理解十分正确。春秋战国时期，人们称呼以某种技艺为职业的人，习惯在其名字前面加上一个表其职业的词。例如师旷，师，乐官的称谓，一个名叫旷的乐师；奕秋，奕，下棋的高手，一个名叫秋的下棋高手。好，刚才同学们知道了庖丁是一个怎样的人。书中两个人物，除了庖丁外，还有一个是谁呢?

生(齐答)：文惠君。

师：对了，文惠君在文中只说了两句话。(教师出示幻灯片。)

文惠君曰：“嘻，善哉！技盖至此乎？”

文惠君曰：“善哉！吾闻庖丁之言，得养生焉。”

师：(指着幻灯片)两句话都用了“善哉”这个词，但前面一句在“善哉”前面用了“嘻”字，“嘻，善哉！”后面一句没用。那么，我觉得，前面那句话的“嘻”字，也可以去掉。“善哉！技盖至此乎？”去掉“嘻”字，行不行?

生2：不行。

师：为什么不行?

生2：加了“嘻”字更真实，第一段说庖丁解牛非常厉害，文惠君看到这种高超的解牛场面发出感叹，这个“嘻”字有一种惊叹和由衷的赞扬之意。

师：这个“嘻”字，相当于现在的什么感叹词?

生(齐答)：哇!

师：哇！善哉！“善哉”什么意思啊?

生(齐答)：好啊!

师：哪位同学把文惠君这句话读一下，读出惊叹感来。

(学生们纷纷举手。)

生4(摇头晃脑地读)：“嘻，善哉！技盖(gài)至此乎？”

师：她读得怎样?

生5：稍显平淡了些，没有读出这种惊讶和赞叹的情感，另外，“盖”字读错了，应读“hé”音。

师：为什么?

生5：因为它是通假字，通“盍”。

师：那你来读一下，好不好？

（生5摇头晃脑地声情并茂地读，听课师生发出由衷的微笑。）

师：他读得很好，“盖”字重读，“乎”字拖长并升高，读出了一种惊叹感。下面全体同学齐读，读出惊叹感来，在读“乎”字的时候，都要摇头，好不好？

生：好。

师：全体同学站起来读这句话。

（学生们站起来，齐读，当读到“乎”字时，同时摇头，听课教师为此教学设计惊叹不已。）

师：那么，庖丁解牛，文惠君为何会发出“嘻”的惊叹之声？请同学们研读第一自然段，看看庖丁解牛到底有什么特点。

（学生们认真研读，约3分钟过后，有学生站起来回答问题。）

生6：庖丁解牛的每个动作都十分优雅。

师：在第一段中能找到依据吗？哪个地方看出来很优雅？

生6：“合于《桑林》之舞，乃中《经首》之会。”

师：“合于《桑林》之舞，乃中《经首》之会。”“中”是什么意思？

生6：“中”是符合的意思。就是说，庖丁解牛合乎（汤时）《桑林》舞乐的节拍，又合乎（尧时）《经首》乐曲的节奏。将杀牛舞蹈化、音乐化，有一种听觉美。

师：理解正确。文惠君感受庖丁解牛，除了用听觉之外，还通过什么感官去感受庖丁解牛呢？

生6：还通过视觉去感受庖丁解牛。

师：正确，通过视觉去感受庖丁解牛。那么文惠君看到庖丁解牛用了哪些动作呢？

生6：“手之所触，肩之所倚，足之所履，膝之所踦”，庖丁解牛，用到手、肩、脚、膝盖，而且动作十分熟练、协调。

师：分析十分精彩。那么，“手之所触，肩之所倚，足之所履，膝之所踦”中的“所”是什么意思呢？

生6：所，是“……的地方”的意思。手所接触的地方，肩膀所倚靠的地方，脚所踩的地方，膝盖所顶的地方。

师：对“所”字理解正确。所，“……的地方”，我们以前学过没有？

生6：学过，在韩愈的《师说》中学过。

师：对，你能说出那句话吗？

生6：“是故无贵无贱，无长无少，道之所存，师之所存也。”道理存在的地方，就是老师存在的地方。

师：很好，现在，我们来总结一下庖丁解牛有什么特点。（教师出示幻灯片。）

视觉（动作）手触—肩倚—足履—膝踦

（舞蹈化）——合于《桑林》之舞

听觉（响声）砉、騞，莫不中音

（音乐化）——乃中《经首》之会

师：（指着幻灯片）同学们请看，庖丁解牛，动作舞蹈化，响声音乐化，这些，刚才同学们都提到了。那么，现在请同学们考虑一下，我把庖丁“解”牛换成庖丁“宰”牛、庖丁“杀”牛、庖丁“屠”牛行不行？

（教师采用词语替换法设置悬念，学生们兴趣盎然，认真思考，有的同桌之间不禁窃窃私语、相互讨论起来，约3分钟后，学生自动举手回答问题。）

生7：我觉得可以换成宰牛、杀牛、屠牛，因为庖丁是一个厨师，他干的就是宰牛、杀牛的事情，我们平时也都是这样说的，倒是很少说解牛。庖丁解牛，其实就是说的庖丁杀了一头牛。

生8：我不同意他的观点，这里不能换。

师：为什么？

生8：因为庖丁不是一个一般的厨师。他的技艺特别高超，对牛的结构十分了解。解，是解剖，必须懂得牛的结构，才能去解剖，普通的厨师，他只是杀牛。

师：他解释得非常好。（教师出示幻灯片，并解释《说文解字》对“解”的解释）《说文解字》是这样解释的，“判也，从刀，判牛角。本义，剖牛，取牛角”。所以，的确如刚才同学所说的那样，庖丁不是一个普通的厨师，他懂得牛的结构，他不是一般的杀牛，而是解剖牛，所以这里不能换成庖丁宰牛、杀牛、屠牛。同学们，你们看过杀猪吗？看过杀鸡吗？

（学生们兴致非常高，大声回答“看过”，听课教师也发出了笑声。）

师：杀猪、杀鸡的时候，你们听到的声音，会是什么声音？

（有的学生答会听到惨叫的声音，有的学生还模拟猪惨叫、鸡惨叫的声音，课堂气氛十分活跃。）

师：对了，就这惨叫的声音！

（听课师生大笑。）

师：然而，庖丁解牛，我们听到了牛的惨叫声吗？

生：没有，听到的只是音乐的声音。

师：对了，写解牛时不闻牛惨叫，只能听到悦耳的刀声，暗示了牛在毫无痛苦的情形下被“解”了，说明庖丁的技艺确实到达了至高境界。（听课师生发出会心的微笑）下面，请同学们用一个恰当的成语来描绘一下这种境界，好不好？

（学生们纷纷举手。）

生9：炉火纯青。

生10：出神入化。

生11：随心所欲。

生12：登峰造极。

生13：登堂入室。

师：很好，这些成语都能概括庖丁解牛的境界。其实，庖丁的这种至高无上的解牛境界，从庄子的语言表现形式中也可以体现出来。这种诗意的美，从庄子的语言形式外化出来了。（教师出示如下幻灯片。）

品味《庖丁解牛》的语言艺术

庖丁为文惠君解牛，
手之所触，
肩之所倚，
足之所履，
膝之所踦，
砉然向然，
奏刀騞然，
莫不中音。
合于《桑林》之舞，
乃中《经首》之会。

文惠君曰："嘻，善哉！技盖至此乎？"

师：（指着幻灯片）同学们看看，我这样排，像不像诗歌呀？庄子有很高的语言驾驭能力，散文词汇丰富，描情状物多姿多彩，句式整齐，读起来声调铿锵，富有诗意。所以，通过庄子语言的外化，也可以看出庖丁解牛这种出神入化之美。同学们，君子远庖厨，但庖丁解牛，我们都想看。我们现在来美读一下第一自然段，来领略一下庄子的语言艺术。（教师出示幻灯片。）

庖丁为文惠君解牛，
手之所触，
肩之所倚，
足之所履，
膝之所踦，
砉然向然，
奏刀騞然，
莫不中音。
合于《桑林》之舞，
乃中《经首》之会。
文惠君曰："嘻，善哉！嘻，善哉！
嘻，善哉！
技盖至此乎？"

师：（指着幻灯片）请一个同学朗读，遇到画线句子，全班同学加入读。你们发现没有，最后三行画线句子，字号由小到大，你们读时，声音也要由小到大，以直观形象地体现出文惠君的惊讶赞叹的情感。

（教师通过奇妙的板书设置课堂悬念，激起学生们极大的朗读文言文的兴趣，使文言文教学有趣味又高效，果然，学生们按照教师要求兴趣盎然地摇头晃脑地读起来，教师也手舞足蹈，课堂气氛十分活跃，听课教师对这个精妙设计大加赞赏。）

师：美不美呀？美，怪不得文惠君看到庖丁解牛以后会发出"嘻"这样赞叹的声音。好，我们前面初读了课文，品味了《庖丁解牛》的语言艺术。接下来，我们再读课文，赏析《庖丁解牛》的文学形象。（教师出示幻灯片。）

二、再读课文，赏析《庖丁解牛》的文学形象

师：同学们，这篇散文是放在第四单元中的。这个单元的主题是创造形象、诗文有别。形象是理解作品的重要依据。这篇课文，创造了庖丁这个艺术形象。前面讲了，庖丁解牛艺术高超，但庖丁成为解牛高手，并不是天生的。请同学们认真研读第三自然段，寻找庖丁的成功秘诀，谈谈庖丁为什么能成为解牛高手，用我们现在的话来说，他为什么能成为大国工匠？

（教师在此处，采用问题诱导法设置课堂悬念，引导学生们带着问题去阅读文本，深度思考，学生们产生了浓厚的兴趣，认真阅读第三自然段，探究庖丁成功的原因，有的邻座同学间展开讨论，约3分钟后，学生们纷纷举手回答问题，谈自己的看法。）

生14：我觉得庖丁勤于思考。他喜欢的是“道”。“臣之所好者，道也。进乎技矣。”

师：“道”，是什么东西呀？

生14：道教。

（师生笑。）

师：是不是道教？

生14：错了错了，应该是事物的自然规律。用我们现在的话说，就是他遵循自然规律。

师：你的意思是说，庖丁能成为解牛高手，是因为他遵循自然规律。好，这是一个很好的发现，她发现了庖丁成功的秘诀之一。

生15：我认为庖丁成功，还因为他善于总结。他解牛达到如此境界，经过了三个阶段。

师：哪三个阶段？

生15：目有全牛、目无全牛、游刃有余三个阶段。

师：你能具体说说这三个阶段的内容吗？

生15：“始臣之解牛之时，所见无非牛者”，这是第一阶段，意思是说，刚开始杀牛时，见到的无不是一头完整的牛，也就是目有全牛。

师：目有全牛，这不是挺好吗？说明庖丁胸有成竹嘛！

生15：不是这么理解，我的理解是，这说明庖丁这时对牛的结构还不了

解，看到的只是牛的表象。

师：你的理解有深度，不错。继续说。

生15："三年之后，未尝见全牛也。"这是第二阶段，意思是说，过了三年，庖丁不断积累经验，不断摸索，终于弄清了牛的内部结构，出现在他眼前的牛，不是一头完整的牛了，这是目无全牛的阶段。

师：你的理解有道理。三年之后，他了解了牛的结构，所以目无全牛了。这是对的，就好像医生看人一样。我们不懂医的人，看到的无非是一个完整的人，但是医生，尤其是学过解剖的医生，他看人可能就看到了人的五脏六腑。这个时候，说明庖丁对牛体有了深入的了解。不错，理解很到位。那么，第三阶段呢？

生15："方今之时，臣以神遇而不以目视，官知止而神欲行。"这是游刃有余的阶段。现在庖丁杀牛，凭直觉，根本不用眼睛看了，"神遇"，就是用精神去接触牛，这是一种杀牛的至高境界了。

师：我们的同学理解很透彻呀。你们看过郎朗弹钢琴没有？

生：看过。

师：郎朗用手弹钢琴时，他的眼睛看不看琴键啊？

生：不看。

师：对啦。郎朗弹钢琴时，眼睛根本不看琴键。（教师边说边模仿郎朗弹钢琴动作，引得听课师生大笑）这就是"以神遇而不以目视，官知止而神欲行"啊！刚才两位同学已发现了庖丁成功的两个秘诀，一是有对理想的追求，"臣之所好者，道也"；二是不断探索，善于探索规律。好，不错，这些都是庖丁取得成功的原因，还有新发现吗？

生16：做事谨慎，不骄傲。

师：从哪里可以看出？

生16："虽然，每至于族，吾见其难为，怵然为戒，视为止，行为迟，动刀甚微。"从这里可以看出来。

师：不错，那么，刚才你说的这段文字里，有些古今异义词，你发现了没有？

生16：我觉得"虽然"算是一个，虽然，现在是表转折的连词，这里应该是"即使这样"的意思，还有"行为迟"的"行为"，现在是"行动"，这里是“动作因此”的意思。

师：很好，的确这两个词是古今异义词，那么，你能不能把这段文字翻译出来呢？

生16：好的。即使这样，每当碰到（筋骨）交错聚结的地方，我看到那里很难下刀，就格外小心谨慎，目光因此而集中，动作因此而放缓，动起刀来非常轻。

师：翻译做到了字字落实，高考文言文翻译是一个常考题目，10分，就要求字字落实，凭你的实力，假如你今年参加高考，翻译估计可以得满分。好，他又发现了庖丁成功的秘诀。做事谨慎，不骄傲。

生17：老师，我也有发现。

师：哦，好啊。说说看。

生17：庖丁成功，我认为是因为他有一种坚持不懈的精神。“今臣之刀十九年矣，所解数千牛矣，而刀刃若新发于硎。”专心做一件事情19年，而且杀了几千头牛，几十年如一日，而且长期反复练习，不想成为专家，也会变成专家。

师：说得多好。现在有一种说法，一项技能反复练习10 000个小时就能成为专家，我看，庖丁就是这样练出来的。你这个发现了不起。

生18：老师，我也有新发现，庖丁解牛时，注意方法，不去碰硬骨头，“依乎天理，批大郤，导大窾，因其固然，技经肯綮之未尝，而况大軱乎！”按照牛的天然结构，击入牛体筋骨缝隙，顺着骨节间的空处进刀，不去碰骨头，所以，他的刀具总能保持锋利无比，杀起牛来，也自然比别人干脆利索。这也是庖丁成为大国工匠的原因。

师：说得好！

生18（迫不及待地说）：老师，我还有新发现。俗话说，知之者不如好之者，好之者不如乐之者。庖丁能成为大国工匠，一个最重要的原因是他喜欢自己的事业，他陶醉在自己的事业中。

师：何以见得？

生18：“謋然已解，如土委地。提刀而立，为之四顾，为之踌躇满志，善刀而藏之。”当杀牛成功后，他提着刀站立起来，为此举目四望，为此悠然自得，心满意足，（然后）把刀擦抹干净，收藏起来。从这里可以看出，他内心喜欢、热爱自己的职业，没有这种对事业的热爱，即使练习10 000个小时，也不可能成功！

（听课师生为学生精彩的发言而热烈鼓掌。）

师：我们的同学真了不起，有些看法，我都没想到啊！可以说，通过同学们的探究，基本上找到了庖丁的成功秘诀。（教师归纳总结。）

庖丁成功，一是有对理想的追求。二是庖丁有坚持不懈的探求精神。这种探求经历了三个阶段。（教师出示幻灯片。）

解牛的三个阶段：

（1）“始臣之解牛之时”——“所见无非牛者”

（2）“三年之后”——“未尝见全牛也”

（3）“方今之时”——“以神遇而不以目视”

目有全牛 → 目无全牛 → 游刃有余

（不懂规律）（认识规律）（运用规律）

师：由庖丁解牛的三个阶段，我想到另一位大学者王国维的人生三境界说。（教师出示幻灯片。）

（清）王国维《人间词话》人生三境界说：

昨夜西风凋碧树。独上高楼，望尽天涯路。

臣之所好者，道也——不畏艰难，目标高远

衣带渐宽终不悔，为伊消得人憔悴。

三年之后、方今之时——坚定不移，孜孜以求

众里寻他千百度，蓦然回首，那人却在灯火阑珊处。

以神遇而不以目视——千锤百炼，终成正果

师：庖丁解牛的三个阶段，正与王国维的人生三境界相对应。一个人在事业上要取得成功，必须要经历这三个阶段。

庖丁能成功，三是因为庖丁顺其自然，不去强求。“依乎天理，批大郤，导大窾，因其固然，技经肯綮之未尝，而况大軱乎！”四是庖丁谨慎行事，绝不莽撞。“每至于族，吾见其难为，怵然为戒，视为止，行为迟，动刀甚微。謋然已解，如土委地。”五是庖丁热爱自己的本职工作。“提刀而立，为之四顾，为之踌躇满志，善刀而藏之。”

我想，一千个读者，就会有一千个庖丁，其实，庖丁形象的内涵还远远

不止这些，由于时间关系，我们只能探究到这儿。同学们，庄子在塑造庖丁形象的时候，还用了许多成语，请同学们再度阅读第三自然段，从中找出一些成语，看谁找得多，我们来一个找成语比赛，好不好？

（此处，抓住学生们的好奇心和好胜心理，设置悬念，激起学生们斗志，学生们再度迅速进入文本，研究文本，约2分钟后，学生们跃跃欲试，纷纷举手回答问题。）

生19：“目无全牛。”

师：正确，你能用“目无全牛”造句吗？

生19（略做思考后说）：只要肯下功夫，你的技艺日后必能达到庖丁目无全牛的境界。

师：他造得对不对？

生：正确。

师：造句正确，说明他对这个成语理解了。好，谁再来说说成语？

生20：“切中肯綮”。

师：找对了，的确是个成语，你能解释这个成语吗？

生20：指解决问题的方法对，方向准，比喻切中要害，找到了解决问题的好办法。

师：不错，解释得很好。

生21（迫不及待地回答）：“游刃有余”也是成语。

生22：“踌躇满志”也是成语。

师：哇，我们的同学眼光锐利，找到了好几个了。

生23：老师，“庖丁解牛”也是成语呢！

生24：我觉得“怵然为戒”也是成语。

师：为什么？

生24：因为是四个字。

师（笑）：四个字的就一定是成语？你查过字典没有？

生24：查不到。

师：那就是你创造的一个成语，成语是语言中经过长期使用、锤炼而形成的固定短语，“怵然为戒”应该不是成语。还有没有成语呢？（学生没有举手的了，教师于是出示幻灯片。）

找成语比赛：

（1）庖丁解牛

（2）目无全牛

（3）官止神行

（4）切中肯綮

（5）批郤导窾

（6）游刃有余

（7）踌躇满志

（8）善刀而藏

（9）新硎初试

师：《庖丁解牛》中有9个成语，我根据这9个成语，给你们出了一道成语高考题目。（教师出示幻灯片。）

下列各句中画线词语的使用，全都正确的一项是（　　）。

①《人民的名义》中的省警察厅厅长祁同伟做事情只考虑自己，毫无集体观念，真是目无全牛。

②《人民的名义》中的汉东省委书记沙瑞金同志看问题总是高瞻远瞩，分析起问题来能够切中肯綮，使人豁然开朗。

③《人民的名义》中的主人公侯亮平毕业于汉东大学，是汉东大学的高才生，有着多年的反贪工作经验，有不少贪官在他手上落网。现在从最高检来到汉东做反贪局长，办起案来自然游刃有余。

④《人民的名义》中的季警察长在抓捕丁义珍一事上老是怕这怕那的，犹豫不决，一副踌躇满志的样子，导致抓捕失败，丁义珍潜逃美国。

⑤《人民的名义》中的李达康书记敢闯敢干，得罪了不少人。有人对他说，你现在已经功高盖主，必须善刀而藏，才能全身而退。

⑥《人民的名义》中的工人郑西坡在大风厂车间工作了30多年，拆装机器神速准确，如同庖丁解牛，令人赞叹。

A. ①③⑤　　B. ②④⑥　　C. ②③⑥　　D. ①④⑤

师：最近，大家不是看了《人民的名义》吗？我把《人民的名义》和成语结合起来了。你们现在看看，哪个答案的选项全都正确？

（这里，教师把课文中的成语与电视热播剧结合起来，激起听课师生极大兴趣，学生们认真思考，一会儿，有学生举手回答问题。）

生25：我认为全部正确的一项是C项。

师：为什么？

生25：首先，第一句，“目无全牛”用错，目无全牛，本意是用来指技艺达到极其纯熟的程度，达到得心应手的境界。这里，却犯了望文生义的毛病，认为是没有全局观念的意思，所以，有①项的要排除，这样就排除了A和D两项。其次，第四句“踌躇满志”也用错，“踌躇满志”是“悠然自得、心满意足”的意思。踌躇，一般用于形容犹豫不决的样子。踌躇满志，指对自己取得的成就扬扬得意的样子，而这里却只理解成犹豫不决的样子，因此也用错，故有④的项，即B项也要排除，因此答案就是C。

师：分析很正确，看来你对《庖丁解牛》中的成语也理解了。这个题目要记住，会考哦！（听课师生为教师的风趣幽默而发出会心的微笑）到此为止，我们采用悬念教学法，从语言的角度、文学的角度，一起来学习了《庖丁解牛》，下面，我们从文章的角度，来进一步探究《庖丁解牛》这篇课文的结构。（教师出示幻灯片。）

三、三读课文，探究《庖丁解牛》的文章结构

师：我们说，文章中，文惠君说了两句话。（教师出示幻灯片。）

文惠君曰：“嘻，善哉！技盖至此乎？”

文惠君曰：“善哉！吾闻庖丁之言，得养生焉。”

师：（指着幻灯片）前面一句，文惠君说，“嘻，善哉！技盖至此乎？”后面一句，文惠君就不说“嘻”了，你们想想看，前面“嘻”，后面就不“嘻”了，为什么？

（在这里，教师抓住“嘻”，采用对照法设置课堂悬念，激起听课师生极大兴趣，听课师生为教师的独到方法发出惊叹之声，学生们思考并与同桌讨论，不一会儿，有学生举手回答问题。）

生26：前面有“嘻”，是因为文惠君看到庖丁解牛的出神入化，视觉上产生了震撼，而发出惊叹，翻译成现在的话就是“哇，好厉害呀！”而后面，不“嘻”，是因为庖丁阐释了自己能达到这种境界的原因，于是，文惠君明白了道理，就不“嘻”不“哇”了。

师：是不是这么回事啊？我们的同学真厉害呀。实际上，这位同学把这篇文章的结构揭示出来了。下面看哪位同学能在刚才这位同学的基础上，来说说这篇文章的结构特点？

生27：我从“嘻”字和刚才我的同学的回答中受到启发，我觉得这篇文章属递进式结构。

师：你能说具体一点吗？

生27：第一段，是正面描写庖丁解牛很厉害，技术高超。第二段，是通过文惠君的赞叹，从侧面描写庖丁解牛技术的高超。第三段，则是进一层，阐明庖丁解牛为什么技术高超。最后一段，明白道理，点出主旨。所以，我认为文章是递进式结构。

师：说得很好，通过刚才同学们的探究，基本上把握了这篇文章的结构特点。的确，这篇文章是递进式结构。（教师出示幻灯片。）

第一段：描写庖丁解牛的场面，突出了庖丁解牛技术的高超。

第二、三段：阐述了庖丁解牛技术高超的原因。

第四段：文惠君“得养生焉”，点出本文主题。

（卒章显志递进式结构。）

师：叶圣陶先生说，“思想是有一条路的，一句一句、一段一段都是有路的，好文章的作者是决不乱走的”。以上，我们从三个层面，解读了《庖丁解牛》这篇课文，下面，我们从第四个维度，挖掘这篇课文的文化意蕴。（教师出示幻灯片。）

四、四读课文，挖掘《庖丁解牛》的文化意蕴

师：同学们，文章的标题是《庖丁解牛》，而结尾文惠君却说“善哉！吾闻庖丁之言，得养生焉”。可见，庄子是以此文谈养生之道的。前面三段谈解牛之道是为了引出最后谈养生之道。那么请问，解牛之道与养生之道有什么相似之处？请同学们讨论一下这个问题。

（这里，教师采用问题诱导法设置悬念，以引发学生思考，学生先独立思考，继而热烈讨论，约3分钟后，学生纷纷举手回答问题。）

生28：庖丁解牛是顺其自然，遵循牛的生理结构，然后庄子谈的养生之道也是要顺其自然的。“良庖岁更刀，割也；族庖月更刀，折也。今臣之刀十九

年矣，所解数千牛矣，而刀刃若新发于硎”，这把刀，就相当于人的身体。只有像庖丁解牛一样，遵循自然，像爱护保养那把刀一样，顺应自然，才能永葆青春，才能活得久。

师：说得很好，庄子写这篇文章的本意，就是告诉人们如何养生、全生。在这里，庄子是用牛体的复杂结构来比喻社会，用刀来比喻人。谁还有补充?

生29：庖丁面对交错聚结的牛的筋骨，能够游刃有余，主要是因为他解牛时能“依乎天理”“因其固然”，并持“怵然为戒”的审慎、关注的态度。人要在纷繁芜杂的社会里做到“游刃有余”，做到养生，就必须像庖丁那样，做事顺乎其理，勿强行，小心翼翼，虽踌躇满志但不得意忘形、锋芒毕露，这样才能保身、全生、养亲、尽年。

（听课师生为该生的精彩解读热烈鼓掌。）

师：我们的同学对这篇文章的解读很深啊，了不起！这篇课文是《庄子·养生主》里的一则寓言。题目是后来加的，原意是讲养生之道的。“养生主”指养生的主要方法。《庄子·养生主》所揭示的主题思想是护养精神生命的方法莫过于顺其自然。（教师出示幻灯片，介绍庄子的思想。）

中国的先秦时期是一个属于思想家的年代。在群星璀璨的夜空中，庄子是那类耀眼的星座之一。这个枯瘦的老人家像一只下蛋的鸡，趴在大自然的巢穴里勤勉地生产思想的鸡蛋，然后咯咯地叫着“天道自然，养生全生”八个字，向人们传播自己的思想。庄子的思想被后人称为最早的关注人心灵的哲学。

师：同学们，春秋战国时期，社会政治也像牛的结构一样，那么复杂，不同的文化流派开出了不同的药方。（教师出示幻灯片。）

纵横家开“暴力”之药方，逆天理，伤民众；

法家开“法律”之药方，认为“人性本恶”，驾驭统治臣民；

儒家开“仁义”之药方，教化民众，积极救世。

师：庄子则开“自然”之药方，庄子认为，治理国家要依乎天理，遵从自然，善待生命。“小心依道而行”，就要像庖丁解牛一样，解了牛而不伤刀，治理了国家又不劳民伤财才是最高境界。

其实，庄子的《庖丁解牛》，对我们今天为人处世也是有启发意义的。著名的文化学者于丹说过一段话。（教师出示幻灯片。）

（学生们深情朗读，课堂教学达到高潮。）

师：以上，我们采用悬念教学法，通过“初读课文，品味《庖丁解牛》的语言艺术；再读课文，赏析《庖丁解牛》的文学形象；三读课文，探究《庖丁解牛》的文章结构；四读课文，挖掘《庖丁解牛》的文化意蕴”这四个步骤，全方位地解读了庄子的《庖丁解牛》。下面，我给大家出了一道高考作文题，会考的哦。（听课师生为教师的幽默风趣而发出会心的微笑，教师出示幻灯片。）

（1）当今提倡工匠精神，要想成为大国工匠，我们从《庖丁解牛》中能得到怎样的启示？

（2）阅读下面的材料，根据要求写一篇不少于800字的作文。

材料一：明人魏学洢在《核舟记》一文中表现了明代工匠王叔远高超的雕刻技艺。文中描绘他能以径寸之木，为宫室、鸟兽、木石，各具形态。令人啧啧称奇，久久不能忘怀。

材料二：纵观世界工业发展史，凡工业强国都是技师技工的大国。在日本，整个产业工人队伍中，高级技工占40%，德国则达50%。而中国这一比例仅为5%，全国高级技工缺口近1000万人。在职业教育方面，德国采用双元制，学校和企业进行密切合作，从理论学习到实践技能的培养，以及整个工作思维、问题思维、职业思维的养成，便是“德国制造”的基石。

要求：综合材料内容并结合生活实际作文。选好角度，确定立意，明确文体，自拟标题。不要套作，不得抄袭。

师：（指着幻灯片）尤其第二道题目像高考题。请同学们课后写好这篇作文，今天的课讲到这里，谢谢同学们！

《登幽州台歌》悬念教学实录

上课时间：2018年3月29日

上课地点：广东省佛山市太平中学

上课班级：初一（6）班

听课教师：来自广东省佛山市西樵镇各校教师共约120人

师：同学们，今天，我非常高兴能够来到佛山与同学们一起交流学习。今天，我想与同学们一起来学唐代诗人陈子昂写的一首诗歌《登幽州台歌》，我认为，古代诗文教学，从内容上来说，应该要讲一体四面，即文言、文章、文学、文化，这节课，我将采用语文悬念教学法，从四个角度去把握这首诗歌。（教师出示幻灯片。）

语文悬念教学法：

（一）初读课文，从文章角度探究诗歌丰富内涵

（二）再读课文，从文学角度鉴赏诗歌意境形象

（三）三读课文，从语言角度品味诗歌节奏韵律

（四）四读课文，从文化角度挖掘诗歌登高情结

师：下面，我们先进行第一个环节。

一、初读课文，从文章角度探究诗歌丰富内涵

师：先请同学们在下面自由朗读诗歌，读准字音。一会儿，我会叫个别学生朗读。

（学生们兴致勃勃地在下面自由朗读，2分钟后，纷纷举手要求朗读。）

师：看来同学们都非常积极，谁来读？我们请课代表来读一下，好不好？

大家认真听，看字音读准了没有。

（课代表站起来读，读完后，教师订正字音。怆chuàng然涕tì下。）

师：刚才课代表读了，读得字正腔圆，下面，请同学们带着感情读，读时，可以配一些动作进行表演，同学们，我还带来了一块手帕，在读这首诗歌的时候，有一个地方可以用到手帕，下面，请同学们仔细揣摩这首诗歌，看哪个地方能用上手帕。2分钟后，我会叫同学上台表演的。

（此处以道具法设置课堂悬念，激发起学生强烈的学习兴趣，听课教师也为这个精彩的教学设计击节叫好。）

师：下面，我请一个同学读，并且叫两个同学上台表演。（有两位男同学自愿上台）你们两人一人一块手帕，请同学们一起来评判，看哪个同学使用手帕准确到位。（当学生读到“独怆然而涕下”一句时，同学甲拿着手帕往鼻子上抹，同学乙则往眼睛上擦拭。听课师生笑得前仰后合。）

师：下面请同学们评判一下，谁手帕使用得准确到位？

生1：甲同学往鼻子上抹是对的。

师：为什么？

生1：因为“涕”是“鼻涕”的意思。

生2：不对，乙同学往眼睛上抹才是对的。“涕”是古今异义字，现在是“鼻涕”，鼻子里流出来的水，但在古代，则是眼睛里流出来的水，是“眼泪”的意思，“涕下”，就是“流泪”，眼泪掉下来的意思。杜甫有诗“戎马关山北，凭轩涕泗流”，也是指泪流满面。

师：对了，“涕下”，这里的确是“流泪”的意思，因此，往眼睛上擦拭是对的，如果是鼻子里流出来的水，诗人站在幽州台上，鼻涕流个不停，那多不雅观啊。好，现在同学们确认了，这个“涕下”，是“流泪”的意思。但我们平时流泪，经常有两种情况，一种是高兴得流泪，一种是悲伤得流泪。你们认为，陈子昂是属于高兴得流泪还是悲伤得流泪呢？

生3：悲伤得流泪。

师：你能从诗歌中找到依据吗？

生3：“怆然而涕下”，怆然，就是悲伤。

师：正确，怆然，就是悲伤的样子。你看，怆，这边是心字旁，与心情有关，如凄惨、忧伤，这边都有心字旁。那么，我再问问同学们，诗人登上幽州台，为什么会怆然、会悲伤、会流泪呢？陈子昂怆然、悲伤、流泪的原因是什么？下面请同学们仔细研读诗歌前三句，探究诗人悲伤流泪的原因。邻座的同学可以讨论，2分钟后，我会叫同学说原因，看谁能说出更多原因，知道多少说多少。（教师采用问题诱导法与倒叙追问法设置课堂悬念，学生们跃跃欲试，纷纷讨论，2分钟后，有学生作答。）

生4：我认为陈子昂是因为寂寞孤独而流泪。

师：何以见得？请说出理由。

生4：诗人登上幽州台，往前看，看不见古人，向后看，见不到来人，前后没人，这不是很孤独寂寞吗？

师：当然，你说出了这两句诗歌的字面意思。那么，我问你，这里的“古人”指谁？“来者”指谁呢？同学们能猜出一些来吗？前后左右的同学可以相互讨论。

（学生们响应教师召唤，展开热烈讨论，并提出了自己的看法。）

生5：“古人”，应该是以前的人，历史上的人；“来者”，应该是未来的人，后世的人，这些人，可能是陈子昂心目中所想象的知己、知音。

师：你说得有一定道理，要弄清“古人”“来者”的具体含义，这就要知人论世了。陈子昂这里登的是幽州台。（教师出示幻灯片。）

幽州：古十二州之一，现今北京市。幽州台：战国时期燕国燕昭王所建的黄金台。因燕昭王将黄金置于其上而得名，燕昭王修建黄金台用于招纳贤才，很快就招到了郭隗、乐毅等贤能之人，国家迅速强大。

师：那么陈子昂是在什么情况之下登上幽州台的呢？我们来看看陈子昂是个什么人和这首诗歌的写作背景。（教师出示幻灯片。）

陈子昂，唐代诗人，是一个很有政治头脑和军事眼光的人，武则天当政时，契丹南侵，武则天派建安王武攸宜出兵抗敌，任陈子昂为参军。陈子昂提出的正确主张武攸宜都不予理睬，结果兵败，但武攸宜不思悔改，反而把失败的责任推到陈子昂身上。陈子昂内心无比痛苦，于是他独自一人来到附近的幽州台上，写下了这首诗。

师：“前不见古人”一句五个字，“古人”包括了燕昭王在内的许多古代贤王，前代的贤王见不着，后代的贤君等不到，空有治国安民的理想，终一生不得实现，这该是多么令人忧郁的事情啊！“前不见古人，后不见来者”，没有人赏识，没有知音，作者是多么孤独寂寞啊！“前不见古人，后不见来者”，在艺术上，这两句是从时间的角度表现主人公的孤独。不错。我们共同解读了陈子昂流泪的一个原因，寂寞孤独而流泪。还有流泪的原因吗？

生6：我认为陈子昂是因为生不逢时、怀才不遇而流泪。

师：请谈谈你的见解。

生6：“前不见古人，后不见来者”，这里的“见”，解释成“遇见”更恰当。他生在这个时代，遇不到古代燕昭王这样的贤君，生命有限，也遇不见像燕昭王这样贤明的来者。空有一身抱负，生不逢时，报国无门啊！因此作者悲愤得流泪。

师：分析得很好。我们找到了作者流泪的第二个原因，生不逢时、怀才不遇而流泪。还有原因吗？

生7：作者为宇宙无穷而人生渺小而流泪。

师：又是一个新发现。从哪里看出？

生7：如果说，一、二句是从时间的维度来说宇宙的无穷，那么，第三句，则是从空间上来表现宇宙的无穷。“念天地之悠悠”，悠悠，就是渺远的样子。天地宽广，宇宙无穷，在广阔无垠的背景中，诗人寂寞地站在幽州台上，感慨天地悠悠，而人生却是这样渺小短暂，作者为生命短促而流泪。

师：说得真好啊！那么，通过同学们的分析，我们看到了一个什么样的陈子昂的形象呢？下面，我们再读课文，从文学角度鉴赏诗歌意境形象。（教师出示幻灯片。）

二、再读课文，从文学角度鉴赏诗歌意境形象

师：我来自深圳市第二高级中学。我们学校注重营造文化氛围，打造文化校园，我们学校开辟了一个文化长廊，文化长廊中有不少名人画像。请同学们猜猜看，这是谁的画像？（教师出示幻灯片，学生答毛泽东）毛泽东，你们当然认识，而且这幅画像，有伟人气象，“江山如此多娇，引无数英雄竞折腰”，指点江山。再请同学们猜猜看，这是谁的画像？（教师出示幻灯片，根据画像特点，学生猜人，有学生说是李白，有学生说是陶渊明。）

师：当然是李白，凭什么把李白画成这种神态？古代又没有照相机，那是根据这首诗歌画的。（教师出示诗歌——“李白一斗诗百篇，长安市上酒家

眠。天子呼来不上船，自称臣是酒中仙。”）李白爱喝酒嘛！李白不是有一首诗歌吗？“花间一壶酒，独酌无相亲。举杯邀明月，对影成三人。”在我们学校文化长廊里，也有一幅陈子昂的画像，是我们学校的学生画的。现在，我也要同学们画画陈子昂，然而，陈子昂这个人，我们也没见过，古代也没有照相机、手机什么的给他拍照留下照片，那么，我们凭什么来给陈子昂画像呢？有一句话，叫文如其人，现在请同学们根据陈子昂的这首《登幽州台歌》来为陈子昂设计画像，看陈子昂会是一个什么形象。请同学们拿出纸笔，来给陈子昂画一幅像，请从外貌、动作、神态等方面来进行设计。

（教师在这里借用绘画艺术设置悬念，引起学生极大兴趣，学生们纷纷拿出纸笔，边研读诗歌，边给陈子昂画像，教师在学生中巡视，5分钟后，教师拿出学生作品进行评论，看谁画得最像，然后出示学生作品。）

师：接下来，我们再进一步把握陈子昂的形象，请同学们在陈子昂前面加定语，来丰富陈子昂形象。如对李白，我可以这样加定语（教师出示幻灯片），一个飘飘欲仙的李白，一个才华横溢的李白，一个充满傲骨的李白，一个充满豪气的李白，等等。那么，请同学们根据《登幽州台歌》这首诗，给陈子昂加定语，看谁加得多，加得越多越好，当然不能无中生有，要在诗歌中找到依据。

（在这里，教师采用空白艺术，即填空法设置悬念，再次激发学生们的兴趣，学生们再度研读诗歌，在下面加定语，5分钟后，学生们纷纷举手回答问题。）

生8：我看到一个孤独寂寞的陈子昂。诗人看不见前代贤人，古人也没来得及看见诗人；诗人看不见未来英杰，未来英杰同样看不见诗人。

生9：我看见了一个怀才不遇的陈子昂。像燕昭王那样前代的贤君既不复可见，后来的贤明之主也来不及见到，自己真是生不逢时。

生10：我看见了一个深沉思索的陈子昂。当我读这首诗的时候，眼前总仿佛有一位诗人的形象，他像一座石雕孤零零地矗立在幽州台上。那气概，那神情，有点像屈原，又有点像李白。风雅中透出几分豪情，激愤中渗出一丝悲哀。他的眼睛深沉而又怅惘，正凝视着无尽的远方。

生11：我看见了一个仰望长天、俯视大地、潸然泪下的陈子昂。登台远眺时，只见茫茫宇宙，天长地久，而人生短暂，不禁悲从中来，怆然流泪了。

生12：我看见了一个为不能实现自己人生价值怆然而涕下的陈子昂。

生13：我看见一个有着积极的人生追求、渴望实现自身价值的陈子昂。诗人具有政治见识和政治才能，他直言敢谏，但屡受打击，理想破灭，孤寂郁闷。

生14：我看见了一个顶天立地的陈子昂。当我读这首诗歌时，眼前仿佛出现了一幅北方原野的苍茫广阔的图景，而在这个图景面前，兀立着一位胸怀大志却因报国无门而感到孤独悲伤的诗人，他是那样的高大，因而我深深为之激动。

生15：我看见了一个忧国忧民的陈子昂。当陈子昂登上幽州台的时候，举目四顾，大地苍茫，仰天长啸，壮怀激烈，古往今来多少历史兴亡的惨痛，一齐涌上心头。

师：同学们讲得真好，我们以上通过师生互动，从文学的角度鉴赏了诗歌的意境形象，看到了丰富的陈子昂形象。下面，我们从语言的角度品味诗歌的节奏韵律。（教师出示幻灯片。）

三、三读课文，从语言角度品味诗歌节奏韵律

师：在我的印象中，诗歌句式要整齐。你看，这里选的古代诗歌五首，后面四首，句式十分整齐，要么每句话都五个字，要么每句话都七个字，如《望岳》与《登飞来峰》。（教师出示幻灯片。）

望岳

杜甫

岱宗夫如何？
齐鲁青未了。
造化钟神秀，
阴阳割昏晓。
荡胸生层云，
决眦入归鸟。
会当凌绝顶，
一览众山小。

登飞来峰

王安石

飞来山上千寻塔，

闻说鸡鸣见日升。

不畏浮云遮望眼，

自缘身在最高层。

我们带着感情一起来齐读一遍《望岳》《登飞来峰》，这两首诗歌，句式整齐，《望岳》八句话，每句五个字，《登飞来峰》是四句话，每句七个字。《登幽州台歌》句子却不整齐。（教师出示幻灯片。）

登幽州台歌

陈子昂

前不见古人，

后不见来者。

念天地之悠悠，

独怆然而涕下！

师：（指着幻灯片）你们看，《登幽州台歌》前面两句五个字，后面两句六个字，我觉得这样不好。我这样改，去掉后面两句中的虚词“之”和“而”，句式就整齐了。（教师出示幻灯片。）

登幽州台歌

陈子昂

前不见古人，

后不见来者。

念天地悠悠，

独怆然涕下。

师：同学们，请你们在下面讨论一下，看到底是我改得好，还是陈子昂的原诗好？要说出理由。

（学生们响应教师召唤，在下面展开讨论，不一会儿，有学生举手回答问题。）

生16：老师改得好，改后句式整齐，读起来朗朗上口。

生17：我觉得原诗好，句式参差错落，节奏富于变化，更有利于表达诗人复杂的感情。

师：对的，我也认为原诗好，前两句音节比较急促，表达了诗人生不逢时的不平之气；后两节各增加了一个虚词，多了一个停顿，音节就比较舒缓流畅，而且强化了“悠悠”和“涕下”，更好地突出了一位胸怀大志而又不逢其时、独立悲叹的动人的诗人形象，更好地表达一种孤独悲愤、起伏强烈的慨叹之情。虚词不虚啊！（教师出示幻灯片。）

陈子昂是唐诗革新的先驱者，主张诗歌要用恰当的形式去表现合适的内容。他倡导改变六朝到初唐的形式主义作风，一反初唐艳丽纤弱的诗风，而开盛唐朴素雄健的诗风，把诗歌引到朴实而具有真实生命的道路上。《登幽州台歌》全诗直抒胸臆，气势磅礴，意境阔大，格调雄深，具有震撼人心的艺术魅力。

师：下面，请同学们摇头晃脑地朗读这首诗歌，要读出节奏，读出情感。（教师出示朗读幻灯片，学生们摇头齐读。）

师：好，以上我们从文章角度探究了诗歌的丰富内涵，从文学角度鉴赏了诗歌意境形象，从语言角度品味了诗歌节奏韵律，最后，我们从文化角度挖掘诗歌登高情结。（教师出示幻灯片。）

四、四读课文，从文化角度挖掘诗歌登高情结

师：这个单元古诗五首，我发现前面三首，在内容上，有一个共同的特点，尤其是《登幽州台歌》与《登飞来峰》。这个共同的特点，不看诗歌正文，只看诗歌标题，就可以看出来，这个共同特点是什么？请同学们讨论一下。

（教师在这里运用诗歌标题设置课堂悬念，学生们顿时产生兴趣，探究起来。）

生18：两首诗歌的标题都有一个“登”字。

师：对了，“登”是一个动作，是走路，我们用“登”来组词，好不好？

生19：登山。

生20：登楼。

生21：登高。

生22：登峰造极。

生23：登堂入室。

师：刚才同学们所组的这些词的一个共同点，就是往高处走。《登幽州台歌》与《登飞来峰》，就是登高，登上了高处。《望岳》是杜甫写的，岳，是

指泰山，杜甫写这首诗歌的时候，登上了泰山没有？没有，但他想登上泰山之巅，“会当凌绝顶，一览众山小”。可见，陈子昂、王安石、杜甫，都有登高的情结。其实，古代有许多诗人有登高情结，我们还学过关于登高的诗歌吗？（学生答《登鹳雀楼》）对了，“白日依山尽，黄河入海流。欲穷千里目，更上一层楼”。还学过王维的《九月九日忆山东兄弟》吧，“独在异乡为异客，每逢佳节倍思亲。遥知兄弟登高处，遍插茱萸少一人”。那么，中国古代文人为什么会有一种登高情结呢？登高作为一种文人独特的文化活动，具有深厚的文化渊源。登高是一种精神境界，是一种看待世界的视角，文人在现实生活中常常遭到贬斥，不得志，他们追求自由的理想境界，只有在登高望远的时刻才可以使自己饱受束缚的心灵得到暂时的释放，使自身获得片刻的自由空间。我心飞扬，不能与鸟同飞，也要站在离天更近的地方，去品味飞翔的快感。以上三首诗歌，都是诗人在失意、遭受挫折时写的。《登幽州台歌》是陈子昂怀才不遇、报国无门的时候写的，抒发的是作者的孤独寂寞和悲愤的情感。《望岳》是杜甫开元二十三年（735年），到洛阳应进士，落第而归后漫游各处途中写的。诗人没有灰心丧气，我们读诗，尤其要注意诗歌最后两句，往往是画龙点睛。“会当凌绝顶，一览众山小。”有朝一日，我一定要登上泰山的顶部，傲视群雄，这表明了作者的决心和追求，有超越万物之志向。《登飞来峰》的作者王安石是一个政治家、改革家，但他在改革中，由于触犯了权贵的利益，改革遇到重重阻力，可他“不畏浮云遮望眼”，反映诗人为实现自己的政治抱负而勇往直前、无所畏惧的精神。

儒家思想倡导“达则兼济天下，穷则独善其身”，而他们则是无论穷达，都要兼济天下。他们悲天悯人，他们精神崇高。

好，到此为止，这节课我们运用语文悬念教学法，从文章角度探究了诗歌丰富的内涵，从文学角度鉴赏了诗歌意境形象，从语言角度品味了诗歌节奏韵律，从文化角度挖掘了诗歌登高情结。最后，请同学们全部站起来，昂起头，双目注视前方，美读一下这首诗歌。

好，这节课我们讲到这里。谢谢同学们！